高等学校法学系列教材
Gaodeng Xuexiao Faxue Xilie Jiaocai

华东政法大学
课程和教材建设委员会

主　任	叶　青				
副主任	曹文泽	顾功耘	唐　波	林燕萍	王月明
委　员	王　戎	孙万怀	孙黎明	金可可	吴　弘
	刘宁元	杨正鸣	屈文生	张明军	范玉吉
	何　敏	易益典	何益忠	金其荣	洪冬英
	丁绍宽	贺小勇	常永平	高　汉	
秘书长	王月明（兼）				
秘　书	张　毅				

Fangdichanfa Shiwu

房地产法实务

主　编　杨勤法
参　编　曾大鹏　周　珺
　　　　刘言欣　王　敏

北京大学出版社
PEKING UNIVERSITY PRESS

图书在版编目(CIP)数据

房地产法实务/杨勤法主编. —北京:北京大学出版社,2017.5
(高等学校法学系列教材)
ISBN 978-7-301-28391-2

Ⅰ.①房… Ⅱ.①杨… Ⅲ.①房地产法—中国—高等学校—教材 Ⅳ.①D922.181

中国版本图书馆 CIP 数据核字(2017)第 108209 号

书　　　名	房地产法实务 Fangdichanfa Shiwu
著作责任者	杨勤法　主编
责 任 编 辑	朱梅全　朱 彦
标 准 书 号	ISBN 978-7-301-28391-2
出 版 发 行	北京大学出版社
地　　　址	北京市海淀区成府路 205 号　100871
网　　　址	http://www.pup.cn
电 子 信 箱	sdyy_2005@126.com
新 浪 微 博	@北京大学出版社
电　　　话	邮购部 62752015　发行部 62750672　编辑部 021-62071998
印 刷 者	三河市北燕印装有限公司
经 销 者	新华书店 730 毫米×980 毫米　16 开本　16 印张　261 千字 2017 年 5 月第 1 版　2019 年 11 月第 3 次印刷
定　　　价	39.00 元

未经许可,不得以任何方式复制或抄袭本书之部分或全部内容。
版权所有,侵权必究
举报电话: 010-62752024　电子信箱: fd@pup.pku.edu.cn
图书如有印装质量问题,请与出版部联系,电话: 010-62756370

目 录

第一章 房地产法概述 ………………………………………………… (1)
  第一节 房地产相关概念 ……………………………………………… (1)
    一、房地产与不动产 ………………………………………………… (1)
    二、房地产的概念与特征 …………………………………………… (2)
    三、房产与地产 ……………………………………………………… (3)
  第二节 房地产法 ……………………………………………………… (7)
    一、房地产法的概念 ………………………………………………… (7)
    二、房地产法的特征 ………………………………………………… (7)
    三、房地产法的调整范围 …………………………………………… (8)
    四、房地产法的基本原则 …………………………………………… (9)
  第三节 房地产法律关系 ……………………………………………… (10)
    一、房地产法律关系的概念与要素 ………………………………… (10)
    二、房地产法律关系的特征 ………………………………………… (11)
  第四节 房地产权利制度 ……………………………………………… (14)
    一、房地产权利的概念与特征 ……………………………………… (14)
    二、房地产权利体系 ………………………………………………… (14)

第二章 土地制度 ……………………………………………………… (26)
  第一节 土地制度概述 ………………………………………………… (26)
  第二节 土地所有权制度 ……………………………………………… (27)
    一、土地所有权制度的含义 ………………………………………… (27)
    二、土地全民所有制的含义与特征 ………………………………… (27)

三、土地劳动群众集体所有制的含义与特征 …………………… (28)
　第三节　土地用益物权制度 …………………………………………… (30)
　　　一、建设用地使用权 ……………………………………………… (30)
　　　二、土地承包经营权 ……………………………………………… (37)
　　　三、宅基地使用权 ………………………………………………… (41)
　　　四、地役权 ………………………………………………………… (44)
　第四节　土地担保物权制度 …………………………………………… (47)
　　　一、担保物权的含义与类型 ……………………………………… (47)
　　　二、土地抵押权的含义与特征 …………………………………… (47)
　　　三、土地抵押权的类型 …………………………………………… (48)
　第五节　土地征收征用制度 …………………………………………… (53)
　　　一、土地征收与征用概述 ………………………………………… (53)
　　　二、土地征收与征用的条件 ……………………………………… (55)
　　　三、征地补偿安置争议协调裁决制度 …………………………… (59)

第三章　房地产开发 ……………………………………………………… (62)
　第一节　房地产开发概述 ……………………………………………… (62)
　　　一、房地产开发的含义 …………………………………………… (62)
　　　二、房地产开发的分类 …………………………………………… (63)
　　　三、房地产开发的主要特点 ……………………………………… (64)
　　　四、房地产开发的基本要求 ……………………………………… (65)
　　　五、房地产开发的基本流程 ……………………………………… (66)
　第二节　房地产开发企业 ……………………………………………… (67)
　　　一、房地产开发企业的含义与特征 ……………………………… (67)
　　　二、房地产开发企业的设立 ……………………………………… (68)
　　　三、房地产开发企业的资质管理 ………………………………… (70)
　　　四、合作开发房地产 ……………………………………………… (74)
　第三节　房地产开发中的工程建设 …………………………………… (78)
　　　一、从业资格要求 ………………………………………………… (78)
　　　二、建设工程的施工许可 ………………………………………… (79)
　　　三、建设工程的发包与承包 ……………………………………… (79)
　　　四、建设工程合同 ………………………………………………… (81)

五、建设工程监理 …………………………………………………(88)
　　六、建设工程安全生产管理 ………………………………………(89)
　　七、建设工程质量管理 ……………………………………………(91)

第四章　房地产交易 ……………………………………………………(94)
　第一节　商品房销售 …………………………………………………(94)
　　一、商品房销售的含义 ……………………………………………(94)
　　二、商品房销售的条件 ……………………………………………(95)
　　三、商品房销售合同 ………………………………………………(98)
　　四、房地产开发企业的义务 ………………………………………(99)
　　五、买受人的义务 …………………………………………………(103)
　第二节　二手房买卖 …………………………………………………(120)
　　一、二手房买卖的含义与特征 ……………………………………(120)
　　二、二手房买卖的当事人 …………………………………………(121)
　　三、二手房买卖合同的形式与内容 ………………………………(123)
　　四、二手房买卖合同的效力 ………………………………………(123)
　第三节　房地产抵押 …………………………………………………(128)
　　一、房地产抵押的含义 ……………………………………………(128)
　　二、房地产抵押的设立 ……………………………………………(129)
　　三、房地产抵押的效力 ……………………………………………(135)
　　四、房地产抵押权的实现 …………………………………………(138)
　　五、房地产最高额抵押 ……………………………………………(140)
　　六、在建房屋抵押 …………………………………………………(142)
　第四节　房屋租赁 ……………………………………………………(144)
　　一、房屋租赁概述 …………………………………………………(144)
　　二、房屋租赁合同的形式 …………………………………………(144)
　　三、房屋租赁合同的主要内容 ……………………………………(145)
　　四、房屋出租人的义务 ……………………………………………(148)
　　五、房屋承租人的义务 ……………………………………………(152)
　　六、房屋租赁合同与第三人 ………………………………………(154)

第五章　房地产税费 (158)

第一节　房地产税 (158)
一、房地产流转税 (158)
二、房地产收益税 (161)
三、房地产财产税 (163)
四、房地产行为税 (166)

第二节　涉房地产费 (171)
一、房地产费概述 (171)
二、房地产行政性收费 (172)
三、土地使用费 (173)
四、房地产事业性收费 (174)

第六章　物业管理制度 (175)

第一节　物业管理概述 (175)
一、物业管理的概念与类型 (175)
二、与物业管理有关的权利 (180)

第二节　物业管理权 (181)
一、物业管理权制度设计的理由 (181)
二、物业管理权的权源 (182)

第三节　我国物业管理的制度构建 (186)
一、我国物业管理状况 (186)
二、我国物业管理制度的构建 (191)
三、物业服务纠纷处理 (197)

附录　房地产法律法规 (202)

后记 (249)

第一章 房地产法概述

【教学目的】

通过本章的学习,能够了解房地产、不动产、房产、地产等相关概念,重点掌握房地产的特点、房地产法的调整范围和基本原则、房地产法律关系的特征,全面深入理解和领会房地产所有权和房地产用益物权的权利体系。

第一节 房地产相关概念

一、房地产与不动产

在通常的理解和观念之中,"房地产"与"不动产"被视为同一概念。但是,房地产与不动产之间还是有显著区别的。

不动产,是指无法移动或一旦移动就会引起其性质和经济价值发生改变的有形财产,如土地、建筑物、土地上生长的植物等。根据我国《担保法》第92条的规定,不动产是指土地以及房屋、林木等地上定着物。该定义为外延列举式的定义。房地产,是指房产和地产,并不包括土地上生长的植物等。因此,除房屋、土地以外,不动产还包括其他无法移动或一旦移动就会引起其性质和经济价值发生改变的地上定着物。在外延方面,与房地产相比,不动产所涉及的范围要大得多。

另外,在出现的时间方面,"房地产"概念要比"不动产"概念晚许多。同时,房地产法律制度的功能,不仅在于保护私有财产、维护房屋和土地权利人基于其房地产所享有的利益,还着眼于维护社会公共利益。例如,房地产法律制度中的住房保障制度,在社会保障工作中发挥着重要的作用,而这是不动产法律制度的功能所不能涵盖的内容。所以,在法律部门归类中,我们更倾向于将房地产法归于经济法的范畴,而将不动产法归于物权法或财产法的范畴。

二、房地产的概念与特征

（一）房地产的概念

由上文可见，房地产与不动产的概念、范围是不同的。但是，房地产是不动产各种类型中的一种，对房地产下定义之时，也不能完全否认房地产与不动产之间存在的共性。房地产是房产和地产的总称，是指土地和定着于土地之上的建筑物及其附属设施，还包括依托于土地和建筑物所产生的权利。

（二）房地产的特征

房地产作为不动产的一种，也是当前市场上的一种商品，具有其自身的特征：

第一，不可移动性，也称"固定性"。无论是房产还是地产，都与土地有着密切的关系。房地产的开发利用、建筑建造都必须依托土地完成，而土地是无法移动的，因此房屋及其附属设施也是无法移动的。这也是房地产与其他商品的显著区别，它不能移动自身的地理位置以满足消费者的需求。所以，在房地产投资开发、房地产消费中，对于房地产的位置选择至关重要。

第二，耐久性。商品可分为快速消费品和耐用消费品。房地产属于耐用消费品，一旦开发完成，在不发生自然灾害或其他意外的情况下，使用周期可以达到几十年甚至上百年。古今中外，许多名胜古迹中的老建筑都有几百年的历史。土地是最典型的不可消耗物。在正常情况下，房地产是非常耐用的，具有很强的耐久性。

第三，稀缺性。土地属于稀缺资源，具有不可再生性。即使通过设计、规划，使土地的空间利用率达到最大化，在同一时间内，对同一块土地的开发利用也不可能是无限的。房地产又是定着于土地的，无法移动。因此，房地产具有稀缺性。这也是房地产价格，尤其是在人口密度大、土地紧缺的发达城市，居高不下的重要原因之一。

第四，价值的差异性。一方面，在同一区域，不同地段、年代、功能用途的房地产，其价值是不同的。例如，同一区域的商业用地、建设用地与农业用地，商用住房与民用住房，其价格和使用年限等都存在很大差异。另一方面，在不同区域和地段，房地产的价值也是不同的。全国沿海各大城市的土地、房屋的价格，有时会高出内陆中小城市几倍甚至十几倍。

从法律角度分析,房地产有以下属性:

第一,房地产是定着物。房地产不可移动,或者移动后会显著降低其使用价值或经济价值。作为定着物(固定物),地理位置是房地产价值和影响房地产投资的重要因素,也是确定诉争房地产管辖权的依据。

第二,房地产是特定物。因地理位置、周围环境、建筑材料、建筑风格、装饰装修等的差异,每一宗房地产都有区别于其他房地产的独特个性,因而房地产属于特定物。

第三,房地产是耐用物。土地是可以永续利用的资源,房屋也可以长时间使用。因房地产属耐用物,一般将其作为保值增值的投资对象。根据《物权法》第149条的规定,住宅建设用地使用权期间届满的,自动续期。非住宅建设用地使用权期间届满后的续期,依照法律规定办理。该土地上的房屋及其他不动产的归属,有约定的,按照约定;没有约定或者约定不明确的,依照法律、行政法规的规定办理。

三、房产与地产

房产是指在法律上具有明确所有权权属关系的房屋财产。房产在不同的所有者和使用者之间可以进行出租、出售,或者由所有者自用或作其他用途,具体包括:住宅、厂房、仓库,以及商业、服务、文化、教育、办公、医疗、体育等多方面的用房。

房产与我们通常所说的"房屋"是有区别的。房屋体现了建筑物本身的自然属性,而房产则体现了建筑物的社会属性。房产,即房屋财产,赋予房屋财产属性和权利属性,使房屋成为法律调整的对象。此外,也不是所有的房屋都是受房地产法规范的房产。

受房地产法规范的房产,是指能够在房地产市场自由流转的房产。禁止流转或者限制流转的房屋,如违章建筑、公益建筑等,不属于房地产法规范的范围,而应适用相关的特别法规范。

案例 1-1[①]

中国人民解放军某后勤部(以下简称"后勤部")因军队建设的需要,经过解放军总后勤部的审批,作为某某号军队大院房产产权、军用土地使用权的原管理和使用人,与某某市某房地产开发有限公司(以下简称"A公司")达成合作意向,于1995年9月6日委托后勤部管理科(已被撤销)与A公司签订《合作建房合同书》,合作开发建设某某号军队大院地块。双方约定,由后勤部提供建设用地,A公司提供建设资金,对于建成的高层综合楼,即后来建成的某某大厦,其中42%的房产归后勤部所有,余下58%归A公司所有。之后,双方办理了建房所需的一系列审批手续。1998年3月28日,在未报经解放军总后勤部批准的情况下,后勤部管理科又与A公司签订《补充合同》,约定由A公司出资6000万元,收购后勤部应分得的某某房屋42%的股权及产权;A公司出资330万元,作为后勤部通信连楼房的拆迁费用。后勤部由此增加合建房屋的军用土地使用面积300平方米。

某某大厦建成后,A公司在某某市国土房管局办理了大确权手续后,又将某某大厦西塔楼——泰兴阁的部分房屋抵押给中国农业银行T支行,将某某大厦地下室第一、二、三层抵押给中国建设银行B支行,并办理了抵押物登记等相应手续。

由于A公司未能如期支付后勤部上述款项,后又涉及合同诈骗罪,无法履行《补充合同》中约定的债务,后勤部起诉至法院,要求判令双方签订的《补充合同》无效,返还后勤部所有的房产,对不能返还的房产提供经济补偿,并确认A公司对某某大厦中的军队房产所设定的抵押无效。

经过庭审,两审法院均认定《补充合同》无效,但是对某某大厦中的军队房产所设定的抵押有效。认定《补充合同》无效的理由是合同内容涉及军用土地、房屋,没有依据军队的有关管理规定取得批准,合同是无效的。

>> 评析

本案争议的焦点问题是:某某大厦中属于后勤部的房屋是否属于军产?后勤部

[①] 案例来源:http://www.lawyee.org/Case/Case_Display.asp?ChannelID=2010100&RID=5556869&keyword=,2017年1月3日访问。

与 A 公司签订的《补充合同》是否具有法律效力？

在普通的房地产转让交易过程中，只需双方对房地产的转让具有真实的意思表示，签订书面合同并办理房地产权属登记，便完成了房地产的转让行为。在本案中，后勤部与 A 公司合作建房，为此签订的《合作建房合同书》是经过其上级部门解放军总后勤部批准的，故具备合同的生效要件，对双方当事人当然产生法律拘束力。

在此之后签订的《补充合同》，虽然达成了转让后勤部对某某大厦所拥有的 42％房产的意思表示，但是未经过上级管理部门的批准。根据《军用土地使用权转让管理暂行规定》第 17 条的规定，军用土地使用权转让经批准后，其建设规模、转让土地数量发生改变的，必须重新报批；转让对象发生改变，其他转让条件不变的，由大单位后勤基建营房部门审批，报总后勤部基建营房部备案。各大单位后勤基建营房部门，在每年 12 月底前，将项目落实情况上报总后勤部基建营房部。根据解放军总后勤部基建部对本条的解释，本案中后勤部门转让其分得的房屋的行为，是改变转让土地数量的行为，必须重新报批。根据《合同法》第 44 条第 2 款、第 52 条的规定，《补充合同》应当重新报经解放军总后勤部批准；未报经批准的，则违反了法律、行政法规的强制性规定。因此，该合同属于无效合同。

从本案中，我们可以看出，由于相关房屋属于不能随意流转的军队房产，是涉及特殊用途的土地、房屋，不能适用房地产法的一般规定，而必须依照特殊的法律规范进行处理。占有、使用、转让这类房屋、土地的程序不同于普通的房地产，需要经过审批。如果不报经上级管理部门批准，那么该房屋转让行为就不能发生效力。近年来，有关经济适用房、廉租住房等的纠纷屡见不鲜，这些房屋的交易、转让也需要满足一定的条件，并不能像普通的房地产那样自由转让。

地产是指土地及依托于土地所产生的权利。地产有广义和狭义之分。狭义的地产，是指在法律上有明确的权属关系，可以由所有者、经营者和使用者进行土地开发经营并能够带来相应经济效益的建设用地。[①] 广义的地产，从性质上说，仅是土地财产，是指有明确权属关系的土地，而这个土地是由土地物质（纯自然土地）和全部土地资本构成的。[②] 地产的权利载体是土地资源，是房地产发展的基础。

房产与地产之间的关系非常密切，两者是不可分割的一个整体。从物理属

---

① 参见于光远主编：《经济大辞典》，上海辞书出版社 1990 年版，第 622 页。
② 参见毕宝德编著：《中国地产市场研究》，中国人民大学出版社 1994 年版，第 2 页。

性来看,房屋必须建筑在土地之上,并不存在能够离开土地而单独存在的"空中楼阁"。从房地产开发的过程来看,要建设房屋,就必须对土地进行开发,地产是房产建设的基础;对土地进行开发,是为了在土地上建设建筑物,房产是地产开发的目的。从价值形态来看,房产与地产的价值不可能完全分开,两者总是相互包含的。虽然房产与地产总是相互依存,房产不能脱离地产,但是地产可以脱离房产而单独存在。例如,尚未建造建筑物的土地,就是单独存在的地产。

土地与建筑物的关系,不等于土地与房屋或地产与房产的关系。① 但是,房屋是典型的建筑物,所以仍旧沿用"地随房走""房随地走"或"房地同走"原则,对土地与建筑物的关系进行概括。在比较法上,土地与建筑物的关系是各国立法所不能回避的重要问题。主流观点认为,在土地与建筑物的关系上,存在两种立法例:一是一元主义,即建筑物是土地的重要组成部分,建筑物本身不是独立的物。如德国和瑞士,这是直接继承罗马法的结果。但是,此种立法例之下有较多的例外。二是二元主义,即土地及其上之建筑物都是独立存在的不动产。法国、日本、我国大陆和台湾地区采用此立法例。② 在具体讨论的场合,需要说明的是,我国学界最常用的二分模式中的一元/二元主义与附合/分立土地观、结合/分别主义、吸收/分离主义的含义基本相同,只是所涉外延略有不同。

对土地与建筑物的关系,近现代各国法律不存在一元主义与二元主义的绝对分野,而是采用一种折中的做法,即"一元推定主义"模式。一元推定主义,即若无法律的特殊规定或当事人的另行约定,建筑物推定为土地的组成部分,并据此一体化地安排土地权利和建筑物权利的得丧变更。当推定被推翻,则由法律拟制的一元主义调整为二元主义;当推定不可推翻,则恒定为一元主义,此为添附原则之体现。③

我国有的立法把房地产视为一个独立的物,有的立法把土地置于主导、核心地位,房产及房产权利为依附。房地产在法律上如果不被视为一个独立的物,就存在房产与地产的关系问题。即使房地产在法律上被视为一物,毕竟也是两种财产的结合,对两者之间的关系亦应予澄清;从物质角度而言,房地产虽为两种财产的结合,但并非主次不分,土地是原生物,是独立永存的,房屋则为再生物,

---

① 参见王卫国:《中国土地权利研究》,中国政法大学出版社1997年版,第62—66页。
② 参见江平主编:《中国土地立法研究》,中国政法大学出版社1999年版,第205、206页。
③ 参见曾大鹏:《论民法上土地与建筑物的关系——以一元推定主义为中心的理论探索》,载《南京大学法律评论》2008年春秋合卷。

须依地而建,否则就成为"空中楼阁";从立法上看,如果不被视为一物,一般均以地产为主物,以房产为从物。依据《现代汉语词典》,建筑即建筑物;构筑物与建筑物并不相同,指一般不直接在里面进行生产和生活活动的建筑物,如水塔、烟囱等;住宅即住房,多指规模较大者;房产是个人或团体保有所有权的房屋;设施或设备则指为进行某项工作或供应、满足某种需要所必需的成套建筑或器物,或者建立起来的机构、系统、组织、建筑等。我国有些立法的概念运用并不严谨,如《物权法》第 58 条并列使用"建筑物"和"设施",而《城市房地产管理法》第 2 条将"房屋"定义为"土地上的房屋等建筑物及构筑物"。这其中存在的主要问题是:用"房屋"的偏正结构来定义房屋,明显是循环定义;将具有种属关系的概念"建筑物""构筑物"并列,有违基本的逻辑;"房屋"和"构筑物"不具有种属关系,用后者来定义前者,不符合定义的方法论。[①]

第二节 房地产法

一、房地产法的概念

房地产法是调整房地产经营和管理法律关系的法律规范的总称。在我国,形式意义上的房地产法,仅指带有"房地产法"名称的法律,即《城市房地产管理法》。实质意义上的房地产法,是调整包括土地使用权取得、房地产开发、房地产交易、房地产管理等房地产各个方面的法律规范。本书采用的是实质意义上的房地产法。

二、房地产法的特征

(一)房地产法的综合性

房地产法不是单一的某一部门的法律,其中包括民商事法律规范、经济法律规范和行政法律规范。房地产的开发、建设、出租、抵押、转让等活动,既要适用《合同法》《物权法》等民商事法律规范,又要遵守《城市房地产管理法》等行政法律规范。对于房地产市场的宏观调控、保障性住房政策等的规定,则属于经济法律规范的范畴。

---

① 参见张忠野、曾大鹏编著:《房地产法学》,格致出版社、上海人民出版社 2010 年版,第 29 页。

(二) 房地产法的广泛性

房地产法既包括全国性法律法规,也包括大量的地方性法规。由于房地产在地域上的差异性,在我国各个省级行政区内,房地产业的发展是存在极大差异的。在全国性法律法规的基础上,各地通常会根据自身的发展状况,制定出符合本地状况和发展需要的地方性法规,这对各地房地产业的健康发展至关重要。

(三) 房地产法的国家干预性

基于房地产作为商品具有特殊性,尤其是现阶段我国的房地产立法尚不健全,房地产市场的发展还不成熟,房地产投资也不够理性,因而维持房地产市场健康发展,维护房地产投资者、房地产权利人的合法权益都需要国家的干预。这种干预并不是对房地产业的直接干涉,而是通过政策的调整进行宏观调控。近几年来,国家对房地产市场的干预主要是通过这种途径实现的。

三、房地产法的调整范围

房地产法的调整范围,即房地产关系,是指围绕房地产而产生的各种社会经济关系。房地产关系既包括城市房地产关系,也包括农村房地产关系;既包括平等主体之间的房地产关系,也包括不平等主体之间的房地产关系。因此,房地产关系可以分为房地产民商事关系、房地产行政关系和房地产经济法律关系三类。

(一) 房地产民商事关系

房地产民商事关系是地位平等的民商事主体围绕房地产而发生的经济利益关系。在外延上,它包括房地产物权关系、房地产建设合同关系、房地产转让关系、房地产租赁关系、房地产抵押关系、房地产典当关系、房地产居间合同关系、物业管理服务关系、房地产继承关系等。房地产民商事关系最大的特征在于,它发生在平等的民商事主体之间。

(二) 房地产行政关系

房地产行政关系是行政主体与行政管理相对人之间基于房地产而产生的具有行政性质的房地产关系。在外延上,它包括房地产规划关系、土地管理关系、建设用地使用权划拨关系、房地产征收关系、房地产市场管理关系、房地产税费关系等。房地产行政关系的主体之间的地位是不平等的,它主要体现了国家对于房地产的管理和干预。

(三) 房地产经济法律关系

房地产经济法律关系是国家基于公平正义而对房地产进行间接的宏观调控

所产生的房地产关系。房地产法的重要功能之一,是维护社会公共利益。由于房地产具有稀缺性,随着经济和社会的发展,受人口增长等因素的影响,房地产的价格更多地表现为增长,而非下跌。在这种情况下,如何保障中低收入群体的购房能力、住房条件,成为衡量社会保障体系是否健全的一个重要标准。经济适用房、廉租房等住房保障制度,是国家维护社会公平的社会保障措施,也是房地产法的调整范围。

四、房地产法的基本原则

房地产法的基本原则,是房地产法本质的集中体现。它是始终贯穿于房地产法之中的基本精神,是我们理解房地产法律规范的指导方向,也是填补房地产法律缺漏的重要手段和机制。对于哪些原则可以成为房地产法的基本原则,不同学者有不同见解,其中下列原则受到普遍认可:

(一)土地公有制原则

公有制经济是我国社会主义经济制度中最重要的内容,也是社会性质最重要的体现。土地作为最重要的自然资源,必须归国家和集体所有。根据《宪法》第10条第1款和第2款、《土地管理法》第8条、《物权法》第47条的规定,城市的土地属于国家所有,农村和城市郊区的土地,除由法律规定属于国家所有的以外,属于集体所有;宅基地和自留地、自留山,也属于集体所有。可见,宪法和相关法律对土地公有制这一重要原则进行了明确的规定。在房地产法领域,我们必须坚持土地公有制,从而确保国有土地和集体土地的权属明晰、流转合法进行,不发生公有土地所有权的流失。

(二)有偿使用原则

我国的土地所有权属于国家和集体,但是这并不意味着国家和集体以外的组织和个人不能利用土地。建设用地使用权、土地承包经营权以及宅基地使用权,都是利用公有土地的具体体现和有效形式。土地使用权的流转,根据土地用途加以区分,分为有偿出让和无偿划拨两种途径。对于一般用途,由于土地具有稀缺性,因此必须坚持有偿使用原则。只有旨在满足公共利益、公共需要的土地开发利用,才能够无偿使用土地。

(三)合理规划与可持续发展原则

由于房地产的不可移动性和耐久性,如果在建成以后才发现存在的问题,想要去修正就需付出很大代价,有时甚至要将整个建筑拆毁,这对于国民经济和公共资源是一种极大的浪费。尤其是在城市化进程不断加快的当今社会,房地产业的发展规模急剧膨胀,在房地产开发过程中,对城市的建设必须有一个整体性、全局性的规划,确保合理利用土地,实现城市政治、经济、文化、体育等各个层面的协调发展。譬如,在进行规划建设的过程中,环境保护是必须考虑的问题之一。"先污染再治理"、只注重经济效益的发展模式,已经不符合人类的需求。如果在规划建设之时,未预先考虑环境因素,待问题出现后,就要花费比建设时多得多的成本予以弥补和完善。因此,对城市的建设应当有一个长远的、持续性的规划。

(四)维护房地产权利人合法权益原则

房地产权益是房地产权利人从事房地产行为的依据和基础。房地产法的立法目的就在于保护房地产权利人的合法权益不受侵害。房地产法对房地产权益予以保护,也是对房地产市场正常秩序的维护。《城市房地产管理法》在土地使用权出让、土地开发、土地使用权交易以及房屋买卖、出租、抵押、权属登记等方面对房地产权利人的合法权益均作了具体规定,对侵犯合法房地产权益的行为规定了制裁措施,这些规定保证了房地产权利人的合法权益。房地产权是公民私权和财产权的重要组成部分。目前,我国宪法关于公有财产与私有财产的保护力度之规定并不完全相同。为了充分保障公民的私有财产,有必要在房地产法中明确确立维护房地产权利人合法权益原则,从而达到充分保护公民私有财产的目的。

第三节 房地产法律关系

一、房地产法律关系的概念与要素

房地产法律关系,是指受房地产法律规范调整的权利义务关系。与其他法律关系一样,房地产法律关系也包括三要素,即主体、客体和内容。

房地产法律关系的主体,是房地产法律关系的参加者,是房地产权利的享有者和义务的承担者。在房地产民商事法律关系中,主体包括自然人、法人、其他组织和国家。这里的"国家"不是作为房地产市场的管理者,而是与自然人、法人、其他组织地位平等的参与者。但是,在房地产行政法律关系和经济法律关系中,国家是作为房地产市场的监管者,对房地产经营者和消费者的行为行使监督管理权,相互之间的法律地位并不平等。

房地产法律关系的客体,是房地产权利和义务指向的对象。土地、房屋都是房地产权利和义务指向的对象。例如,国家对城市土地的所有权、农村集体经济组织对宅基地的所有权等。此外,房地产法律关系的主体所进行的各种房地产经济行为,也是房地产法律关系的客体。例如,房地产转让活动、房地产租赁行为等。

房地产法律关系的内容,是房地产法律关系的主体所享有的权利和承担的义务。房地产法律关系的内容主要包括:一是房地产民商事权利和义务,如房地产物权、房地产债权、房地产继承权;二是房地产行政权利和义务,主要是指行政主体对房地产市场进行监督管理的各项职权和所承担的义务;三是房地产经济权利和义务,如房地产税收职权、房地产社会保障职权等。

二、房地产法律关系的特征

(一) 房地产法律关系是新型法律关系

房地产法律关系是随着现代城市的形成以及现代房地产的发展而形成的,体现了新型社会经济关系,具有新生活力的灵活性和各种变化的可能性。房地产法律渊源体系正处于一个不断完善和发展的过程中,而房地产法律关系也体现了现代社会新型法律关系的原则和价值。[①]

(二) 房地产法律关系具有综合性

通过对房地产法律关系的要素进行分析可知,无论是将房地产法律关系单独地归类于民商事、行政还是经济法律关系中,都不足以涵盖其全部内容。房地产法律关系具有很强的综合性。房地产法律关系的内容之中,包含了民商事、行政、经济等各方面的权利和义务。

(三) 房地产法律关系是要式法律关系

房地产法律关系客体的特殊性,使房地产法律行为的安全性和稳定性十分重要。因此,房地产法律关系的产生、变更和消灭都必须遵行某种特定的形式,它是要式法律关系。例如,房地产的交易,必须签订书面合同;房地产权利的变

---

① 参见李延荣主编:《房地产法研究》,中国人民大学出版社2007年版,第20页。

更和转让,需要办理权属登记等。

(四)房地产法律关系具有广泛性

房地产法调整房地产领域的房地产关系,包括房地产开发、经营、管理、服务等,以及与房地产有关的房地产关系,如房地产金融、房地产保险等。由于房地产涉及的领域众多,因此房地产法律关系相应地具有广泛性的特征。

案例 1-2[①]

马某某原是被告 A 公司的承包人即法定代表人,在终止承包经营后,于 1998 年 3 月 18 日以 A 公司的名义与原告蒋某某签订商品房购销合同,约定将 A 公司开发的某某路 A6-1-23 号门面房出售给蒋某某,总价款为 98413 元(单价为每平方 2180 元)。合同加盖 A 公司合同专用章和马某某的私章。蒋某某自 1997 年 12 月 29 日至 1998 年 6 月 23 日,分 6 次共交清房款 98413 元,但是被告一直没有向蒋某某交付门面房。

1998 年 11 月 18 日,时任 A 公司经理的曾某某以 A 公司的名义与第三人潘某某签订商品房购销合同,约定将 A7-1-7 号门面房出售给潘某某,单价为每平方米 3000 元,总价为 119490.6 元。合同加盖 A 公司公章及合同专用章并有曾某某签名。潘某某支付房款 50000 元。A 公司的发包方 B 公司于 1998 年 11 月 23 日登报声明,解除与曾某某的承包关系。A6、A7 商住楼房还未经验收时,潘某某便开始占有使用合同约定的门面房。经过查证,潘某某占用的门面房与蒋某某订立合同所购的门面房系同一间房屋,但是潘某某一直未办理房屋产权证。蒋某某一直无法取得其所购房屋,故起诉至法院,维护其合法权益。

一审法院认定,蒋某某、潘某某与 A 公司订立的商品房购销合同,意思真实,未违反法律法规的强制性规定,且合同上都加盖了 A 公司的合同专用章,所以都是有效合同。潘某某已实际占有、使用诉争房屋,应视为 A 公司按合同约定将门面房交付给了潘某某。蒋某某与 A 公司订立合同的目的已不能实现,故 A 公司应依法对蒋某某承担相应的违约责任。

蒋某某不服一审法院判决,提起上诉。二审法院经审理认为:潘某某与 A

---

① 案例来源:http://www.lawyee.org/Case/Case_Display.asp?ChannelID=20101000&RID=108694&keyword=,2017 年 3 月 4 日访问。

公司签订合同并不存在恶意串通,意思表示真实,合同有效。潘某某在未办理房屋移交手续的情况下擅自占用诉争房屋是违法行为,不能视为房屋的交付,因此不能因为其先占房屋就获得房屋的所有权。蒋某某的购房合同签订在先,且合同条款齐全,已经全面履行付款义务,遵守交易规定,应该得到法律的保护。因此,潘某某退还其所占的A公司的房屋,再由A公司将其收回的房屋交付蒋某某更妥当。二审法院判决撤销一审判决,认定两份商品房购销合同均为有效合同,诉争房屋应当交付蒋某某。

》》评析

本案的争议问题主要有:潘某某与A公司签订的商品房购销合同是否有效?潘某某对诉争房屋的占有、使用行为是否应当视为诉争房屋的交付?

对于第一个争议问题,两审法院一致认为该合同是各方当事人真实的意思表示,不存在恶意串通或违反法律强制性规定的情形。因此,答案比较明确,合同是有效的。第二个争议问题的存在,是由于本案发生在《物权法》颁布前。《物权法》第9条第1款规定:"不动产物权的设立、变更、转让和消灭,经依法登记,发生效力;未经登记,不发生效力,但法律另有规定的除外。"这里明确规定了只有经过依法登记,房屋之上的不动产物权才发生物权变动的效力。据此,潘某某擅自占有、使用诉争房屋的行为不属于交付,亦不发生物权变动的效力,也就不存在争议了。

房地产法律行为是要式法律行为,该项法律行为只有采用法定的形式才具有法律认可的效力。在进行房地产交易的过程中,必须签订书面合同;在不违反法律、行政法规的强制性规定的前提下,合同发生效力。在一般的情形下,只有在产权登记机关完成登记,房地产交易行为方告完成,房地产的物权才能真正发生转移。

由于近年来我国房价的飞速上涨,开发商、房主在经济利益的驱使下,将同一房屋卖给两人甚至数人的情形屡见不鲜。司法实践中,也出现了开发商"一房二(数)卖"而被追究刑事责任的案例。在"一房二(数)卖"的情况下,如果各买受人都是善意的,不存在恶意串通,那么各买卖合同都是有效的。但是,只有办理了不动产权属登记的一方,完成了不动产物权的转让,对房屋享有排他的权利。因此,要确保自己的合法权益不受侵害,在房地产交易时办理预告登记并及时办理产权变更登记是十分必要的。

第四节 房地产权利制度

一、房地产权利的概念与特征

房地产权利,是权利人基于其对房地产利益而享有的以房地产和房地产行为为客体的各项财产权利。在这里,我们仅对房地产权利作狭义的理解,而不包括房地产行政管理权。

狭义的房地产权利具有以下特征:

第一,房地产权利是财产权。财产权是相对于人身权的概念,是指可以与权利人的人格、身份相分离并以财产利益为内容的民商事权利。财产权以货币形态出现,或者可以换算为一定的货币。房地产权利是以房地产利益为内容的,可以换算成一定的货币,因此属于财产权。

第二,房地产权利是综合性的权利。房地产权利包括房地产物权、房地产债权、房地产继承权等,而房地产物权、房地产债权等又包含更多的次级权利。例如,房地产物权包含房地产所有权、用益物权、担保物权;房地产所有权包含土地所有权、房屋所有权等。如此,房地产权利层层向下,形成了"权利束"或"权利群"。这些层级的权利综合起来,就构成具有综合性、整体性的房地产权利。

第三,房地产权利的客体包括物和行为。[①] 由于房地产权利内容的综合性,房地产权利的客体不是单一的。一般而言,物权的客体是物,债权的客体是行为。房地产物权、房地产继承权的客体是物,而房地产债权的客体是行为。

二、房地产权利体系

房地产权利具有综合性,这里主要阐述房地产权利中比较有特点的房地产所有权和房地产用益物权。

(一)地产权利

1. 土地所有权

依照土地公有制原则,我国的土地所有权的主体只有国家和集体。

根据《宪法》第9条第1款和第10条以及《物权法》第42条、第47条和第48

---

① 参见房绍坤主编:《房地产法》(第四版),北京大学出版社2011年版,第19页。

条的规定,国家所有的土地,也就是属于全民所有的土地,包括城市的土地,法律规定属于国家所有的农村和城市郊区的土地,不属于集体所有的森林、山岭、草原、荒地、滩涂等土地,以及农村和城市郊区中已经被征收的土地。土地所有权与土地使用权是相分离的。一般情况下,对于国家所有的土地实行有偿使用制度,任何组织或个人只要取得了国有土地的使用权,向国家支付土地出让金,就有权使用该土地。但是,使用因划拨而合法取得的建设用地,无须缴纳土地出让金。

集体所有的土地,是一定范围内的集体组织全体成员共同所有的土地。根据《宪法》第10条第2款以及《物权法》第58条的规定,集体所有的土地包括法律规定属于集体所有的农村和城市郊区的土地和森林、山岭、草原、荒地、滩涂等土地,以及宅基地和自留地、自留山等。根据《物权法》第60条的规定,集体土地所有权的行使,根据土地所有者的不同而不同:属于村农民集体所有的,由村集体经济组织或村民委员会代表集体行使;分属村内两个以上农民集体所有的,由该集体经济组织或村民小组代表集体行使;属于乡镇农民集体所有的,由乡镇集体经济组织代表集体行使。

案例 1-3[①]

原告民权县野岗乡张堂村民委员会(以下简称"张堂村委会")原主任与被告赵某某于2004年6月签订土地承包协议,约定将村集体所有的东邻寇庄集体荒地、西邻某粮油加工有限公司、南邻杜某甲、北邻桑某某,南北长128米,东西宽59米,面积11.32亩的荒地承包给赵某某,承包期限为7年。该协议于2011年到期。2011年6月30日,张堂村委会主任又与赵某某续签了土地承包协议,承包期限为20年,赵某某一次付清承包费共计7000元。张堂村村民在得知该续签协议的内容后,认为赵某某并非本村村民,其承包土地程序违反法律强制性规定,承包价格过低,损害了张堂村集体利益,起诉至法院。

一审法院经过庭审认为,赵某某不是张堂村村民,根据法律规定,在2011年土地承包协议到期后能否继续承包张堂村土地,应当召开村民会议,由张堂村村

[①] 案例来源:http://www.lawyee.org/Case/Case_Display.asp?ChannelID=20101008&RID=6315268&keyword=,2017年1月5日访问。

民决定,经过村民会议2/3以上成员或者2/3以上村民代表同意后,才能够续签土地承包协议。当时的村委会主任杜某某在未召开村民会议并征得村民同意的情况下,与赵某某以低于市场价格的土地承包费续签了土地承包协议,违反了农村集体土地对外承包的法定程序,侵害了张堂村集体经济组织的合法权益。因此,法院判决赵某某与张堂村委会续签的土地承包协议无效,赵某某返还张堂村委会土地,并清除地面上的附属物。

赵某某不服一审判决而上诉,辩称原审认定的涉案土地属于张堂村委会不当,该土地应属于张堂村民小组所有,村民小组有权处分、租赁、转包等,所以张堂村民小组与上诉人签订的土地承包协议合法有效。二审法院认为,无论是村民委员会集体所有的土地,还是村民小组集体所有的土地,均由村民委员会作为发包方发包。因此,虽然张堂村民小组为土地承包协议上的发包方,但是结合村一级的集体土地发包方为村民委员会,张堂村委会应当是涉案土地的发包方,上诉人主张其与张堂村民小组签订的土地承包协议合法有效的理由不能成立。法院判决土地承包协议无效,赵某某返还张堂村委会土地,并清除地面上的附属物,张堂村委会退还赵某某7000元的租金。

>> 评析

本案的争议焦点问题是:张堂村委会主任是否有权将荒地承包给赵某某?本案中续签的土地承包协议是否有效?

根据《物权法》第58条、第59条和第60条的规定,法律规定属于集体所有的土地和森林、山岭、草原、荒地、滩涂是集体所有的不动产,属于本集体成员所有,村集体经济组织或者村民委员会代表集体行使所有权,将土地发包给本集体以外的单位或者个人承包,应当依照法定程序,经本集体成员决定。根据《农村土地承包法》第48条的规定,发包方将农村土地发包给本集体经济组织以外的单位或者个人承包,应当事先经本集体经济组织成员的村民会议2/3以上成员或者2/3以上村民代表的同意,并报乡(镇)人民政府批准。《土地管理法》第15条第2款也规定,农民集体所有的土地由本集体经济组织以外的单位或者个人承包经营的,必须经村民会议2/3以上成员或者2/3以上村民代表的同意,并报乡(镇)人民政府批准。另外,依据《合同法》第52条的规定,违反法律、行政法规的强制性规定的合同无效。本案中,双方当事人签订的土地承包协议并没有经过张堂村集体经济组织成员的村民会议表决同意,因此是无效的。

农民集体土地所有制是我国土地权属制度的重要组成部分,保证农民集体土地所有权不受侵犯,农村土地用途不随意变更,不仅是保障农民合法权益的重要内容,也是确保整个国家粮食安全、保障国计民生的重要途径。对于农村集体土地的承包、使用、转让等事项,必须在程序法和实体法中作出必要的限制。因此,《农村土地承包法》和《土地管理法》才会对集体经济组织外的单位或个人承包经营集体土地的程序进行规定,这是保护农民集体土地所有权的具体体现。如果集体经济组织或村民委员会作出的决定侵害了集体成员的合法权益,那么受侵害的集体成员可以请求人民法院予以保护。

2. 土地使用权

按照用途,土地可分为农业用地、建设用地和未利用土地。针对不同的客体,土地使用权的主体所享有的权利也是不同的。

土地承包经营权是对农业用地所享有的土地使用权。农民集体所有和国家所有依法由农民集体使用的耕地、林地、草地以及其他用于农业的土地,实行土地承包经营制度。土地承包经营权人对其承包经营的土地,有占有、使用和收益的权利。与土地所有权不同,土地承包经营权是有期限规定的。《农村土地承包法》第 20 条规定:"耕地的承包期为三十年。草地的承包期为三十年至五十年。林地的承包期为三十年至七十年;特殊林木的林地承包期,经国务院林业行政主管部门批准可以延长。"

建设用地使用权是对建设用地所享有的土地使用权。使用权人通过出让、行政划拨等方式取得建设用地使用权。其中,出让方式最为常见,使用权人向国家支付土地出让金,取得一定期限内的土地使用权。通过行政划拨方式取得的建设用地使用权,是无偿取得的,无须支付土地出让金。但是,这类土地使用权取得方式往往限定于某些特殊用途的土地。

宅基地使用权是权利人对集体所有的土地享有占有和使用的权利,有权依法利用该土地建造住宅及其附属设施。宅基地使用权与土地承包经营权都是对集体所有的土地所享有的使用权,其中宅基地使用权是专门用于建造住宅及其附属设施的,具有专门的用途。

地役权是权利人按照合同的约定,利用他人的不动产,以提高自己的不动产之效益的权利。与前三种权利不同,地役权的设立,以权利人已经享有不动产权利为前提。

(二) 房产权利

1. 房屋所有权

与土地所有权不同,房屋所有权并没有将权利主体限定为国家和集体,其主体具有广泛性,国家、集体、个人及其他组织都可以取得房屋所有权。房屋所有权的取得可分为原始取得和继受取得。在我国,原始取得房屋所有权的,其最主要的方式是建造房屋。但是,通过建造房屋取得房屋所有权的,必须以建造人对建筑物下的土地享有使用权为前提。通过继受取得房屋所有权的,方式呈多样化,包括买卖、赠与、继承等。

房屋所有权可分为单独所有的房屋所有权和共有的房屋所有权。共有的房屋所有权又可区分为按份共有的房屋所有权和共同共有的房屋所有权。根据《物权法》关于共有的规定,按份共有人对共有的房屋按照其份额享有所有权。共同共有人对共有的房屋共同享有所有权。共有人按照约定管理共有的房屋;没有约定或者约定不明确的,各共有人都有管理的权利和义务。处分共有的房屋以及对共有的房屋作重大修缮的,应当经占份额2/3以上的按份共有人或者全体共同共有人同意,但共有人之间另有约定的除外。对共有房屋的管理费用以及其他负担,有约定的,按照约定;没有约定或者约定不明确的,按份共有人按照其份额负担,共同共有人共同负担。共有人约定不得分割共有的房屋,以维持共有关系的,应当按照约定,但共有人有重大理由需要分割的,可以请求分割;没有约定或者约定不明确的,按份共有人可以随时请求分割,共同共有人在共有的基础丧失或者有重大理由需要分割时可以请求分割。因分割对其他共有人造成损害的,应当给予赔偿。共有人可以协商确定分割方式。达不成协议,共有的房屋难以分割或者因分割会减损价值的,应当对折价或者拍卖、变卖取得的价款予以分割。共有人分割所得的房屋有瑕疵的,其他共有人应当分担损失。

按份共有人可以转让其享有的共有的房屋份额。其他共有人在同等条件下享有优先购买的权利。因共有的房屋产生的债权债务,在对外关系上,共有人享有连带债权、承担连带债务,但法律另有规定或者第三人知道共有人不具有连带债权债务关系的除外;在共有人内部关系上,除共有人另有约定外,按份共有人按照份额享有债权、承担债务,共同共有人共同享有债权、承担债务。偿还债务超过自己应当承担份额的按份共有人,有权向其他共有人追偿。

共有人对共有的房屋没有约定为按份共有或者共同共有,或者约定不明确的,除共有人具有家庭关系等外,视为按份共有。按份共有人对共有的房屋享有的份额,没有约定或者约定不明确的,按照出资额确定;不能确定出资额的,视为等额享有。

业主的建筑物区分所有权,是指权利人对于一栋建筑物中自己专有部分的单独所有权、对共有部分的共有权以及因共有关系而产生的管理权(成员权)的结合。

建筑物区分所有权是一项很特殊的房屋所有权,它不同于共有的房屋所有权,其法律特征主要有:第一,建筑物区分所有权是一项复合型的权利,包括对建筑物专有部分的专有权、对建筑物共有部分的共有权和对建筑物共同事务管理的管理权(成员权);第二,建筑物区分所有权的客体是具有专有部分和共有部分的建筑物;第三,建筑物区分所有权的主体具有多重身份,权利人既是专有部分的专有所有权人,又是共有部分的共有权人,还是共有事务的共同管理成员。

《物权法》第73条规定:"建筑区划内的道路,属于业主共有,但属于城镇公共道路的除外。建筑区划内的绿地,属于业主共有,但属于城镇公共绿地或者明示属于个人的除外。建筑区划内的其他公共场所、公用设施和物业服务用房,属于业主共有。"第74条规定:"建筑区划内,规划用于停放汽车的车位、车库应当首先满足业主的需要。建筑区划内,规划用于停放汽车的车位、车库的归属,由当事人通过出售、附赠或者出租等方式约定。占用业主共有的道路或者其他场地用于停放汽车的车位,属于业主共有。"

《物权法》第76条规定:"下列事项由业主共同决定:(一)制定和修改业主大会议事规则;(二)制定和修改建筑物及其附属设施的管理规约;(三)选举业主委员会或者更换业主委员会成员;(四)选聘和解聘物业服务企业或者其他管理人;(五)筹集和使用建筑物及其附属设施的维修资金;(六)改建、重建建筑物及其附属设施;(七)有关共有和共同管理权利的其他重大事项。决定前款第五项和第六项规定的事项,应当经专有部分占建筑物总面积三分之二以上的业主且占总人数三分之二以上的业主同意。决定前款其他事项,应当经专有部分占建筑物总面积过半数的业主且占总人数过半数的业主同意。"

2. 房屋用益物权

房屋用益物权,是指权利人对他人所有的房屋享有的占用、使用和收益的权利。居住权是房屋用益物权的一种,是指非房屋所有人居住他人房屋的权利。

居住权制度起源于罗马法。居住权作为人役权的一种,其最初设立目的是保护无夫权婚姻者和那些被奴隶主解放的奴隶,由于他们没有继承权,丈夫或家主为了保障他们在自己离世后的生活,就把一部分家产的使用权、收益权等遗赠给妻子或被解放的奴隶。居住权制度为《法国民法典》《德国民法典》等大陆立法所公认。

我国法律虽然没有明确规定居住权是一项独立的物权,但是在某些法律文件中对居住权略有规定,这些规定主要是用于保护妇女、老年人和未成年人等在婚姻家庭中的合法权益。

居住权存在于他人所有的房屋之上,居住权人可以无偿居住该房屋。与其他权利不同,一般而言,居住权是一种消极的权利,不得转让给他人,也不能继承;权利人放弃居住权或居住权人去世的,居住权也随之消灭。

案例 1-4 [①]

原告张某与吴某某系夫妻关系,育有四子,即本案被告吴某甲、吴某乙、吴某丙、吴某丁。吴某某于 2006 年 6 月 5 日死亡。吴某甲与陈某原系夫妻,双方于 2012 年 12 月 8 日登记离婚。2005 年,张某、吴某某夫妻居住的房屋被拆迁。该房屋于 1989 年由吴某甲夫妻出资 30000 元进行了翻建,并领取了所有权人为吴某甲的房屋产权证。落款日期为 2005 年 9 月 23 日的《武进区拆迁安置人口审核表》(以下简称《人口审核表》)载明:享受应安置人口吴某某、张某;享受照顾安置人口吴某甲,享有原因"走空",照顾人口 2 人。同年 12 月 31 日,第三人吴某甲与常州市武进区湖塘镇人民政府(以下简称"湖塘镇政府")签订房屋拆迁补偿安置协议一份,该协议载明:应安置人口 2 人,安置面积 80 m²;照顾安置人口 2 人,照顾安置面积 80 m²,购买定销价 80 m²,户型确定 120 m² 2 套。另注明:吴某甲父母吴某某、张某随本户安置,另购 40 m² 定销价。张某、吴某某就房屋拆迁向吴某甲出具文书,载明:张某、吴某某拆迁安置的 80 m² 房屋面积给吴某甲。上述房屋拆迁安置时,张某、吴某某与吴某甲夫妻等约定,张某、吴某某两人的生老病死由吴某甲负责。2012 年,吴某甲、陈某欲将张某安排至其他地方居住,引

---

① 案例来源:http://www.lawyee.org/Case/Case_Display.asp? ChannelID=20101000&RID=64163668&keyword=5,2017 年 1 月 6 日访问。

起张某与吴某甲的其他兄弟的不满。

上述安置协议载明的房屋购房款,张某、吴某某均未出资,安置房已由吴某甲、陈某实际领取。诉争房屋于2012年9月13日进行产权登记,所有权人为吴某甲、陈某共同共有,该房屋主要由张某居住、使用。陈某与吴某甲的离婚协议约定诉争房屋归陈某所有,但是尚未办理产权过户手续。2013年,陈某向法院起诉,要求张某、吴某乙、吴某丙、吴某丁停止妨碍陈某对诉争房屋的使用。法院以房屋未经分割以及吴某甲对张某有赡养义务,张某有权居住、使用该房屋为由,判决驳回了陈某的诉讼请求。陈某不服上诉,经常州市中级人民法院判决,驳回上诉,维持原判。现张某起诉至法院,要求对诉争房屋进行析产并继承吴某某享有的 40 m² 房屋之权益。

一审法院经过审理认为,对于诉争房屋,当事人之间已达成一致意见,即张某、吴某某的拆迁安置权益归吴某甲,该行为的性质系赠与,吴某甲也据此支付相应款项后取得了两套安置房,并办理了所有权人为吴某甲、陈某的房屋产权证,应当认定吴某甲接受了赠与且赠与已实际履行。张某的诉讼请求无事实和法律依据。但是,法律规定老年人的住房应得到妥善安排,张某年事已高,且拆迁后一直居住于诉争房屋。对于张某的居住习惯及意愿,吴某甲、陈某应当充分尊重并予以保障,且陈某要求排除妨碍的请求在以前的判决中也予以驳回。因此,吴某甲、陈某不能依据对房屋享有所有权而排斥张某在房屋中的居住权。法院判决驳回原告张某的诉讼请求。

二审法院经过审理,认为一审法院认定事实清楚,适用法律正确,判决驳回上诉,维持原判。

>> 评析

本案的争议焦点是:张某与吴某某是否还享有诉争房屋的安置权益?

张某与吴某某在房屋拆迁时就已经将诉争房屋的安置权益赠与吴某甲,吴某甲也已经于2012年9月13日将包含该80 m²房屋安置权益的房屋登记在自己和陈某名下,表明赠与行为已经履行完毕,财产权利已经转移。因此,张某与吴某某不再享有诉争房屋的安置权益。

法院虽然认定张某对诉争房屋不享有所有权,但是认可张某在诉争房屋中的居住权,要求吴某甲与陈某不能依据本判决而排除张某在讼争房屋中的居住权,保障张某的居住环境和居住习惯。我国现行法律虽然没有明确提出"居住权"的概念,但是在《婚姻法》《老年人权益保障法》《妇女权益保障法》等法律中均有相关的规定。居住权是权利主体对他人所有的房屋及附属设施所享有的权利,这种权利仅限于对他人所有的房屋及附属设施的合理使用,不能处分该房屋及附属设施,亦不得被继承。本案中,张某与吴某某是拆迁房屋的应安置人,对诉争房屋仅享有居住权而不是所有权。

与"耕者有其田"的土地制度相对应,居住权旨在实现"居者有其屋"的住房制度。居住权在保障老年人、妇女、未成年人等社会弱势群体中发挥着重要的作用。我国法律虽没有明确提出"居住权"的概念,但无论是基于保护社会弱势群体,还是基于维护社会长治久安,在一定范围内保证人们对房屋的合法居住权益是十分必要的。

(三)相邻关系

相邻关系,是指两个或两个以上相互毗邻的不动产的所有人或使用人,在行使占有、使用、收益、处分权利时发生的,相互之间基于方便或接受限制的权利义务关系。相邻关系必须发生在两个或两个以上在地理上相互毗邻的不动产权利人之间,其主要目的是给各不动产权利人提供必要的便利,这种便利主要是基于生活的实际需要和习俗、习惯。相邻关系是由法律直接规定的,而非合同约定的。此外,相邻关系是无偿的,而地役权的设立可以是有偿的,也可以是无偿的。

《物权法》第85条规定:"法律、法规对处理相邻关系有规定的,依照其规定;法律、法规没有规定的,可以按照当地习惯。"该条规定认可了习惯的法源效力,适应了相邻关系的司法实际,值得肯定。该法涉及的其他相邻关系规则有:(1)用水、排水相邻关系。不动产权利人应当为相邻权利人用水、排水提供必要的便利。对自然流水的利用,应当在不动产的相邻权利人之间合理分配。对自然流水的排放,应当尊重自然流向。(2)土地相邻关系。不动产权利人对相邻权利人因通行等必须利用其土地的,应当提供必要的便利。(3)建筑相邻关系。不动产权利人因建造、修缮建筑物以及铺设电线、电缆、水管、暖气和燃气管线等必须利用相邻土地、建筑物的,该土地、建筑物的权利人应当提供必要的便利。(4)公法相邻关系。建造建筑物,不得违反国家有关工程建设标准,妨碍相邻建筑物的通风、采光和日照。(5)不可污染侵害。不动产权利人不得违反国家规定弃置固体废物,排放大气污染物、水污染物、噪声、光、电磁波辐射等有害物质。

(6)相邻防险关系。不动产权利人挖掘土地、建造建筑物、铺设管线以及安装设备等,不得危及相邻不动产的安全。(7)损害最小化原则。不动产权利人因用水、排水、通行、铺设管线等利用相邻不动产的,应当尽量避免对相邻的不动产权利人造成损害;造成损害的,应当给予赔偿。

在处理相邻关系问题时,还应当遵循以下原则:(1)有利生产、方便生活原则;(2)团结互助、公平合理原则;(3)尊重历史、习惯原则。

案例 1-5[①]

原告范某某系上海市安远路×××弄×××号×××室的房屋产权人,被告徐某某系上海市安远路×××弄×××号×××室的房屋共有人之一,双方是邻居关系。2013年10月左右,徐某某为了居住安全和防盗,在其分户门上安装了某智能科技(上海)有限公司出产的金刚盾智能猫眼,这种智能猫眼具有"记录门前停留访客照片/视频;日夜两用型安防摄像头;清晰记录访客信息;超广视角,门外显示无盲区;支持与电脑连接,进行数据备份;支持5级数码变焦"等功能。范某某认为,徐某某安装在其分户门上的所谓的智能猫眼其实就是摄像头,具有摄像和记录功能。由于范某某与徐某某的分户门相互对应,致使范某某所有的出入情况、生活起居全部暴露于徐某某的监控之下。当范某某开门时,范某某房屋内部的情况也将会被"一览无遗",使其终日生活在别人窥探摄像的阴影之中,妨碍了其自由平静的日常生活,使其完全失去安全感,构成对其的侵权。故范某某起诉至法院,要求判决徐某某拆除摄像头,赔偿精神损失。徐某某认为,智能猫眼拍摄、记录访客的照片和视频的功能,是针对访客的,公安部门也将智能猫眼作为安全防盗设备进行推广,且电视台也予以宣传报道,自己安装智能猫眼是为了居住安全和防盗,并不是为了窥探范某某的隐私,没有对范某某监控和侵权。

一审法院认为,不动产的相邻各方应当按照有利生产、方便生活、团结互助、公平合理的精神,正确处理好各方面的相邻关系,给相邻方造成妨碍的,应当停止侵害,排除妨碍。范某某与徐某某的分户门相对。当范某某、徐某某开门或使

---

① 案例来源:http://www.lawyee.org/Case/Case_Display.asp?ChannelID=2010100&RID=6413914&keyword=,2017年1月6日访问。

用门上安装的智能猫眼时,均能看到对方房屋的分户门,此是房屋的本身结构造成的。现徐某某在其分户门上安装的智能猫眼,虽然确有"记录门前停留访客照片/视频;日夜两用型安防摄像头;清晰记录访客信息;超广视角,门外显示无盲区;支持与电脑连接,进行数据备份;支持5级数码变焦"等功能,但是徐某某系针对其访客,而非对范某某进行监控,对范某某的生活起居等均无影响。故法院判决驳回范某某的诉讼请求,不予支持

范某某不服,提起上诉,称徐某某安装智能猫眼后,范某某及其访客已经多次遭受摄像头的拍摄,徐某某可以通过照片掌握其出入情况,使得范某某感觉自己生活在他人的监控和窥探之下,严重影响上诉人的正常生活起居,带来巨大精神痛苦。范某某为避免权益受到进一步侵害,只能长期闭门或在其他地方另开房门,由此影响了其通风、采光和自由通行。

二审法院认为,范某某与徐某某系同层邻居,双方住房的分户门相对而设。现徐某某为家庭防盗而在其房门上安装了通过正规渠道购买的智能猫眼,该行为的性质与设置普通猫眼一样,其本身尚不构成对范某某通风、采光和自由通行等方面的相邻妨碍。若范某某认为徐某某使用该猫眼对其正常生活起居进行秘密监控和记录,则属于侵权纠纷。但是,范某某未能充分证明徐某某存在监控其正常生活起居的侵权行为,故二审法院判决驳回其上诉,维持原判。

>> 评析

本案争议的焦点在于:范某某所主张的这种被现代电子设备侵害的权利能否适用相邻关系的要求,排除徐某某的妨害?

在本案庭审中,范某某主张,为了避免被徐某某安装的智能猫眼拍摄,保护自己的隐私,只能长期闭门或在其他地方另开房门,由此影响了其通风、采光和自由通行。依据我国法律的规定,不动产的相邻各方应当按照有利生产、方便生活、团结互助、公平合理的精神,正确处理相邻关系。各方在行使使用权时,应当互谅互让,接受必要的限制。给相邻方造成妨碍或者损失的,应当停止侵害、排除妨碍或者赔偿损失。相邻通风、采光关系和相邻通行关系是相邻关系的重要内容,要求不动产权利人在建筑、改造、使用自己的不动产时,不得妨碍相邻关系人的通风、采光,为相邻关系人的通行提供便利。相邻关系中要求不动产权利人提供的便利,不是无限制、

无原则的,这种便利应当是属于必要的。① 也就是说,非从相邻方得到这种便利,就不能正常使用这种不动产权利。

本案中,范某某长期闭门或在其他地方另开房门,都属于其自己的选择,并不是由于徐某某的妨碍而使其不能开门或无法通行,范某某的主张是没有法律依据的。因此,二审法院判决驳回其上诉,维持原判是合理的。

> **思考题**

1. 房地产的特征有哪些?
2. 房产与地产有哪些区别与联系?
3. 房地产法的调整范围和基本原则是什么?
4. 房地产法律关系具有哪些特征?
5. 如何理解房地产的权利体系?

---

① 参见房绍坤主编:《房地产法》(第四版),北京大学出版社2011年版,第42页。

第二章 土地制度

【教学目的】

通过本章的学习,掌握国家土地所有权和集体土地所有权的含义与特征,全面掌握建设用地使用权、土地承包经营权、宅基地使用权、地役权的基本法律制度,掌握土地抵押的主要操作规则,了解土地征收征用制度。

第一节 土地制度概述

土地是人类赖以生存和发展的最珍贵的自然资源,是农业最基本的生产资料,也是工业生产的场所。没有土地,人类就不能生存,国民经济各行业也无法发展。土地的重要性决定了在一切社会中,由国家或社会的其他代表对其实行社会化管理的必要性。因此,高度重视土地问题,对于国家的繁荣昌盛和人民的幸福安康至关重要。

我国的土地制度,经历了从奴隶制社会的土地公有制("普天之下,莫非王土")到封建制社会的土地私有制(君主土地私有、地主土地私有、自耕农土地私有),再到近代中国共产党通过土地革命变地主土地所有制为农民土地所有制,继而到新中国成立后经过"三大改造",废土地私有制为土地公有制,最后到改革开放初期通过农村改革,实行家庭联产承包责任制,在土地公有的前提下,国家(集体)把土地承包给农民,农民自负盈亏的演变过程。经过一系列的演进,当代中国土地制度的内容相当丰富,主要包括土地所有权制度、土地用益物权制度、土地担保物权制度和土地征收征用制度。

第二节 土地所有权制度

一、土地所有权制度的含义

土地所有权,是指土地所有人在法律规定的范围内占有、使用和处分土地并从土地上获得利益的权利。土地所有权制度是配置土地所有权的制度。《宪法》和《土地管理法》都明确规定我国的土地所有制为社会主义公有制,即土地全民所有制和土地劳动群众集体所有制。

二、土地全民所有制的含义与特征

土地全民所有制即国家土地所有权,是指国家独占性地支配其所拥有的土地,并排除他人干涉的权利。

土地全民所有制具有如下特征:

(一) 主体的唯一性

国家土地所有权的主体是国家,土地的所有权由国务院代表国家行使。《物权法》第 45 条规定:"法律规定属于国家所有的财产,属于国家所有即全民所有。国有财产由国务院代表国家行使所有权;法律另有规定的,依照其规定。"

(二) 客体的广泛性

《宪法》第 9 条第 1 款规定:"矿藏、水流、森林、山岭、草原、荒地、滩涂等自然资源,都属于国家所有,即全民所有;由法律规定属于集体所有的森林和山岭、草原、荒地、滩涂除外。"第 10 条第 1 款规定:"城市的土地属于国家所有。"第 2 款规定:"农村和城市郊区的土地……也属于集体所有。"根据《土地管理法》第 8 条和《土地管理法实施条例》第 2 条的规定,下列六类土地属于全民所有即国家所有:城市市区的土地;农村和城市郊区中已经依法没收、征收、征购为国有的土地;国家依法征用的土地;依法不属于集体所有的林地、草地、荒地、滩涂及其他土地;农村集体经济组织全部成员转为城镇居民的,原属于其成员集体所有的土地;因国家组织移民、自然灾害等原因,农民成建制地集体迁移后不再使用的原属于迁移农民集体所有的土地。

(三) 权利的恒久性

从所有权的客体看,土地不会消失。主体可能会变化,但是不影响所有权的客体。在土地所有权的变动中,只有集体土地通过国家征收形式转变为国家所有的情形,而不存在国家所有转为集体所有的情形。因此,国家土地所有权的范围不断扩大。

(四)权利的法定性

在权属上,国家土地所有权是直接依据法律规定的确认而产生的,不必进行确权登记。

三、土地劳动群众集体所有制的含义与特征

土地劳动群众集体所有制即集体土地所有权,是指农村集体经济组织对依法属于其所有的土地所享有的占有、使用、收益、处分的权利。

土地劳动群众集体所有制具有如下特征:

(一)集体土地所有权是一种所有权

集体土地所有权具备所有权的各项权能,即占有、使用、收益、处分。根据《物权法》第 40 条的规定,所有权人可以在自己所有的物上设立用益物权和担保物权。虽然农民不是土地的所有者,但是可以通过集体行使对土地所享有的用益物权,得到土地的使用权。需要指出的是,《物权法》第 184 条和《担保法》第 37 条都明确禁止将某些范围内的集体土地所有权用于抵押。

(二)集体土地所有权的主体是农村集体

《土地管理法》第 10 条规定:"农民集体所有的土地依法属于村农民集体所有的,由村集体经济组织或者村民委员会经营、管理;已经分别属于村内两个以上农村集体经济组织的农民集体所有的,由村内各该农村集体经济组织或者村民小组经营、管理;已经属于乡(镇)农民集体所有的,由乡(镇)农村集体组织经营、管理。"农民个人并不能行使集体土地所有权。

(三)集体土地所有权的客体是除国有之外的其他土地

集体土地所有权的客体具体包括:除法律规定属于国家所有的以外,农村和城市郊区的土地;宅基地和自留地、自留山;法律规定属于集体所有的森林和山岭、草原、荒地、滩涂。

(四)集体土地所有权需要进行登记

为了保障集体土地所有权,《土地管理法》第 11 条规定:"农民集体所有的土地,由县级人民政府登记造册,核发证书,确认所有权。农民集体所有的土地依

法用于非农业建设的,由县级人民政府登记造册,核发证书,确认建设用地使用权。单位和个人依法使用的国有土地,由县级以上人民政府登记造册,核发证书,确认使用权;其中,中央国家机关使用的国有土地的具体登记发证机关,由国务院确定。确认林地、草原的所有权或者使用权,确认水面、滩涂的养殖使用权,分别依照《中华人民共和国森林法》《中华人民共和国草原法》和《中华人民共和国渔业法》的有关规定办理。"2014年,国务院颁布了《不动产登记暂行条例》,由国土资源部负责指导监督全国土地、房屋、草原、林地、海域等不动产统一登记职责,做到登记机构、登记簿册、登记依据和信息平台"四统一"。

案例 2-1 [①]

2004年11月23日,A公司与某市土地局签订了《国有土地使用权出让合同》,约定土地局将位于该市城区西北角面积为8939.77平方米的国有土地使用权有偿出让给泰丰公司,使用期40年;同时,约定合同签订后30日内,A公司向土地局缴付土地使用权出让金总额15%的定金,在签订合同后60日内支付完全部土地使用权出让金,逾期30日仍未全部支付的,土地局有权解除合同。合同签订后,A公司于12月27日支付土地局全部定金及部分土地出让金。2004年12月28日,土地局给A公司核发了该出让土地的土地使用权证书。然而,由于资金困难,到2005年4月1日,A公司未将余款交付土地局。经多次催促后,土地局书面通知A公司,限其于9月30日前全部履行合同,否则按相关规定处理。A公司接到通知后,经过努力却未筹集到钱款,至2005年9月30日,仍未按规定履行合同。于是,土地局决定解除合同,收回土地使用权,对所发土地使用证书进行注销登记,于2005年10月24日将该决定通知书送达A公司。

>> **评析**

本案涉及的主要问题是:土地局是否可以在出让土地后又以对方违约为由收回土地使用权?如果土地出让合同规定的土地用途是建设办公楼,那么A公司是否可以用来建设高尔夫球场?如果土地局出让的是集体土地使用权,那么该土地出让合

---

① 案例来源:http://wenku.baidu.com/view/52a4020a581b6bd97f19ea57.html,2017年1月8日访问。

同是否有效?如果土地出让合同签订的时间是《城市房地产管理法》实施之前的1994年3月,那么在哪种情况下,A公司才能取得该集体土地使用权?如果本案的出让方是该市城市建设管理局,那么该土地出让合同是否有效?

我们认为,首先,土地局可以依照合同规定收回土地使用权。因为土地出让合同的主体、客体及程序合法,所以合同有效,双方应切实履行。但是,由于A公司具有违约行为,因此土地局可以依照合同规定收回土地使用权。其次,按照法律的规定,受让方取得土地使用权必须遵守出让方规定的土地用途,不得更改。如果土地出让合同规定的土地用途是建设办公楼,那么A公司不可以用来建设高尔夫球场。再次,如果土地局出让的是集体土地使用权,那么该土地出让合同无效。因为按照法律的有关规定,只有国有土地使用权才能出让,集体土地使用权不能出让。如果是在一审诉讼期间,那么A公司对于出让的集体土地使用权,必须依法补办征用手续,将其转为国有土地并补办出让手续,才能取得该土地的使用权。最后,如果本案的出让方是该市城市建设管理局,那么该土地出让合同亦无效。因为国有土地使用权的出让方只能是市、县人民政府土地管理部门,其他任何单位或部门无权出让土地。

第三节 土地用益物权制度

用益物权,是指对他人所有之物,在一定范围内进行使用和收益,以支配物之使用价值为内容的他物权。土地用益物权制度主要是指土地使用权制度。土地使用权,是指单位或个人依法或依约定对国有土地或集体土地所享有的占有、使用、收益和有限处分的权利,它是土地使用权制度在法律上的体现。土地使用权是从土地所有权中派生出来的一项相对独立的权利。依据土地所有权的不同,我国的土地使用权主要包括国有土地使用权和农村集体土地使用权,其中国有土地使用权主要是指建设用地使用权,农村集体土地使用权包括土地承包经营权、宅基地使用权、乡村企业和农村公用事业用地以及自留地和自留山使用权。同时,我国的土地使用权还包括地役权。

一、建设用地使用权

(一)建设用地的含义

根据《土地管理法》第4条的规定,按照土地用途的不同,我国将土地分为农用地、建设用地和未利用地。其中,建设用地是指建造建筑物、构筑物的土地,包括城乡住宅和公共设施用地、工矿用地、交通水利设施用地、旅游用地、军事设施用地等。根据国土资源部2001年颁发的《全国土地分类(试行)》,建设用地具体可分为以下八类:商服用地、工矿仓储用地、公用设施用地、公共建筑用地、住宅用地、交通运输用地、水利设施用地、特殊用地。

(二)建设用地使用权的含义及取得方式

建设用地使用权,是指权利人依法对国家或集体所有的土地享有的占有、使用、收益的权利,包括有权利用该土地建造建筑物、构筑物及附属设施。取得建设用地使用权的方式有出让、划拨和租赁等。

1. 土地使用权出让的含义及方式

土地使用权出让,是指国家以土地所有者的身份将国有土地使用权在一定年限内让与土地使用者,并由土地使用者向国家支付土地使用权出让金的行为。

土地使用权出让可以采取招标、拍卖、协议和挂牌等方式。根据《物权法》第137条第2款的规定,工业、商业、旅游、娱乐和商业住宅等经营性用地以及同一土地有两个以上意向用地者的,应当采取招标、拍卖等公开竞价的方式出让。

采取招标、拍卖、协议等出让方式设立建设用地使用权的,当事人应当采取书面形式订立建设用地使用权出让合同。建设用地使用权出让合同一般包括下列条款:当事人的名称和住所;土地界址、面积等;建筑物、构筑物及其附属设施占用的空间;土地用途;使用期限;出让金等费用及其支付方式;解决争议的方法。

设立建设用地使用权的,应当向登记机构申请建设用地使用权登记。建设用地使用权自登记时设立。登记机构应当向建设用地使用权人发放建设用地使用权证书。

2. 土地使用权划拨的含义、范围及程序

根据《城市房地产管理法》第23条的规定,土地使用权划拨,是指县级以上人民政府依法批准,在土地使用者缴纳补偿、安置等费用后将该幅土地交付其使用,或者将土地使用权无偿交付给土地使用者使用的行为。依照该法规定以划拨方式取得土地使用权的,除法律、行政法规另有规定外,没有使用期限的限制。

根据《城市房地产管理法》第24条和《土地管理法》第54条的规定,下列建设用地的土地使用权,确属必需的,可以由县级以上人民政府依法批准划拨:国家机关用地和军事用地;城市基础设施用地和公益事业用地;国家重点扶持的能源、交通、水利等项目用地;法律、行政法规规定的其他用地。

土地使用权划拨应当遵循下列程序:

第一,申请。由建设单位持有权部门批准的建设计划等有关文件,向土地所在地县级以上人民政府土地管理部门提出建设申请。

第二,审核。县级以上人民政府土地管理部门对建设用地申请进行审核,划定用地范围,组织商定用地补偿、安置或拆迁安置的方案。

第三,批准。县级以上人民政府土地管理部门按照规定的权限报县级以上人民政府批准,经批准后,由土地所在地县级以上人民政府发给建设用地批准书。

第四,划拨。土地所在地县级以上人民政府土地管理部门根据有关人民政府批准用地的文件所确定的用地面积和范围,到实地划拨建设用地。

第五,登记。建设项目竣工之后,由县级以上人民政府土地管理部门核查实际用地,经认可后,办理土地登记手续,核发国有土地使用证。

3. 集体所有的土地以及农用地如何转为建设用地

《物权法》第十二章"建设用地使用权"仅对国有土地的建设用地使用权作了具体的规定,而对集体所有的土地,仅在第151条规定:"集体所有的土地作为建设用地的,应当依照土地管理法等法律规定办理。"《土地管理法》第43条规定:"任何单位和个人进行建设,需要使用土地的,必须依法申请使用国有土地;但是,兴办乡镇企业和村民建设住宅经依法批准使用本集体经济组织农民集体所有的土地的,或者乡(镇)村公共设施和公益事业建设经依法批准使用农民集体所有的土地的除外。前款所称依法申请使用的国有土地包括国家所有的土地和国家征收的原属于农民集体所有的土地。"基于此,集体所有的土地(包括农业用地)除《土地管理法》前述规定的特殊情形外,若需转为建设用地,必须先由国家依法征收,将土地性质变更为国有土地后,再变更土地用途。

案例 2-2[①]

王某现住黑龙江省穆棱市下城子镇平安村,其丈夫蔡某,原籍莱州市下关

---

① 案例来源:http://gtj.pingyin.gov.cn/contents/3132/69061.html,2017年1月9日访问。

村,已病故。蔡某此前在莱州市下关村有住宅一处,1948年携全家去东北谋生后,房屋由邻居崔某居住。1952年,掖县人民政府为蔡某颁发了00377号《土地房产所有证》,注明"大街路北草房五间,面积七分五厘一毫(合500平方米),此证由崔某负责保管"。发证后,蔡某及其家人一直未与下关村和崔某有过任何联系。1953年,当地发大水,原房屋被冲倒。1960年,崔某病故,其子崔某某在原址对房屋进行了翻建,草房换成了瓦房,新盖了南屋和西厢房。1989年,土地初始登记时,崔某某提出了对该宅基地登记的申请,下关村为其出具了"土地权属来源证明材料",说明崔某某住宅属历史遗留问题,面积272平方米,四至无争议。莱州市人民政府经审核,认为符合发证要求,为崔某某颁发了《集体土地建设用地使用证》。2007年,王某欲回家乡定居,认为崔某某所使用的宅基地是蔡某的遗产,要求崔某某返还宅基地。2007年11月,王某向烟台市人民政府提起行政复议,要求撤销崔某某持有的《集体土地建设用地使用证》。

烟台市人民政府经审理认为:该宗土地在登记前,莱州市国土资源局进行了地籍调查,面积准确,四至清楚,四邻无争议,并盖章确认,登记程序合法。因该宗土地的所有权归下关居委会,在没有其他法律文书证明的情况下,对下关居委会出具的"土地权属来源证明材料"应予相信和采纳。王某要求撤销崔某某《集体土地建设用地使用证》的申请证据不足,不予支持;莱州市人民政府为崔某某颁发《集体土地建设用地使用证》的行为事实清楚,程序合法,适用法律正确,依法予以维持。

>> 评析

《继承法》第3条规定:"遗产是公民死亡时遗留的个人合法财产,包括:(一)公民的收入;(二)公民的房屋、储蓄和生活用品;(三)公民的林木、牲畜和家禽;(四)公民的文物、图书资料;(五)法律允许公民所有的生产资料;(六)公民的著作权、专利权中的财产权利;(七)公民的其他合法财产。"《确定土地所有权和使用权的若干规定》第49条规定:"接受转让、购买房屋取得的宅基地,与原有宅基地合计面积超过当地政府规定标准,按照有关规定处理后允许继续使用的,可暂确定其集体土地建设用地使用权。继承房屋取得的宅基地,可确定集体土地建设用地使用权。"第52条规定:"空闲或房屋坍塌、拆除两年以上未恢复使用的宅基地,不确定土地使用权。已经确定使用权的,由集体报经县级人民政府批准,注销其土地登记,土地由集体收回。"依据上述规定,蔡某自有的房屋既然不存在,且未恢复使用宅基地,那么其继承人王某无从继承蔡某的房屋或者集体土地建设用地使用权。另外,《土地管理法》第62条规定:"农村村民一户只能拥有一处宅基地,其宅基地的面积不得超过省、自治区、直辖市规定的标准。农村村民建住宅,应当符合乡(镇)土地利用总体规划,并尽量使用原有的宅基地和村内空闲地。农村村民住宅用地,经乡(镇)人民政府审核,由县级人民政府批准;其中,涉及占用农用地的,依照本法第四十四条的规定办理审批手续。农村村民出卖、出租住房后,再申请宅基地的,不予批准。"因此,崔某某基于其翻建的事实行为取得了房屋所有权,政府为其颁发《集体土地建设用地使用证》的行为合法有效。

(三) 建设用地使用权的转让

1. 出让建设用地使用权的转让

根据《物权法》的规定,建设用地使用权人有权将建设用地使用权转让、互换、出资、赠与或者抵押,但法律另有规定的除外。建设用地使用权转让、互换、出资、赠与或者抵押的,当事人应当采取书面形式订立相应的合同。使用期限由当事人约定,但不得超过建设用地使用权的剩余期限。建设用地使用权转让、互换、出资或者赠与的,应当向登记机构申请变更登记。

按照"房随地走"原则,建设用地使用权转让、互换、出资或者赠与的,附着于该土地上的建筑物、构筑物及其附属设施一并处分。按照"地随房走"原则,建筑物、构筑物及其附属设施转让、互换、出资或者赠与的,该建筑物、构筑物及其附属设施占用范围内的建设用地使用权一并处分。"房随地走"原则与"地随房走"原则合称"房地同走"原则。可见,建设用地使用权作为一项财产权是可以转让的。但是,根据《城市房地产管理法》第38条和第39条的规定,以出让方式取得土地使用权,不符合下列条件的,不得进行转让:按照出让合同约定已经支付全部土地使用权出让金,并取得土地使用权证书;按照出让合同约定进行投资开发,属于房屋建设工程的,完成开发投资总额的25%以上,属于成片开发土地的,形成工业用地或者其他建设用地条件。

2. 划拨建设用地使用权的转让

根据《城市房地产管理法》第40条的规定,以划拨方式取得土地使用权的,转让房地产时,应当按照国务院规定,报有批准权的人民政府审批。有批准权的人民政府准予转让的,应当由受让方办理土地使用权出让手续,并依照国家有关规定缴纳土地使用权出让金。有批准权的人民政府按照国务院规定决定可以不办理土地使用权出让手续的,转让方应当按照国务院规定将转让房地产所获收益中的土地收益上缴国家或者作其他处理。

在实践中,以划拨方式取得的土地使用权转让时,无论是否需要办理土地使用权出让手续,都必须以招标、拍卖、挂牌等公开竞价方式进行。

案例 2-3[①]

2006 年 7 月 20 日,某国有企业向 A 市人民政府请求对该企业一处划拨土地进行出让,经批准后,便与 A 市国土资源局签订了委托出让手续。经评估等手续,A 市国土资源局便将上述土地进行了公开挂牌出让。某房地产开发公司成功竞得该地块,当日与 A 市国土资源局签订了《挂牌成交确认书》及《国有建设用地使用权出让合同》。在某房地产开发公司缴纳相应的价款后,A 市国土资源局为其办理了建设用地颁证的登记手续,A 市人民政府核发了 A 国有〔2008〕第×号国有建设用地使用证。但是,某房地产开发公司并未实际取得该建设用地。原来,某国有企业并未按照 A 市国土资源局的要求交出建设用地,而是与某物流公司就该土地签订了长期的承包经营合同。某国有企业认为,虽然 2006 年 7 月 20 日向 A 市国土资源局提交的报告中载明了"国有公司与物流公司经协商一致同意,在办理出让手续时,解除长期承包经营合同和相应公证书"的承诺,但是由于 A 市国土资源局在对此建设用地进行出让竞标时未通知其参加,故认为无效,承包合同未解除,也无法交回建设用地。此后,某房地产开发公司向法院提起诉讼请求:判决 A 市国土资源局依法履行交付争议建设用地义务,并赔偿相应损失。

一审法院认为,A 市国土资源局在挂牌出让前未对国有公司持有的国有建设用地使用权证办理变更、注销手续,直接出让给某房地产开发公司,并办理了建设用地使用权证,造成了一地两证,违反了法定程序,故相关合同属于无效合同。《合同法》第 58 条规定:"合同无效或者被撤销后,因该合同取得的财产,应当予以返还;不能返还或者没有必要返还的,应当折价补偿。有过错的一方应当赔偿对方因此所受到的损失,双方都有过错的,应当各自承担相应的责任。"基于

---

① 案例来源:http://www.diji.com.cn/dj/cadastreDPolicy/8109.jhtml,2017 年 1 月 9 日访问。

此，法院判决某房地产开发公司与 A 市国土资源局之间签订的《国有建设用地使用权出让合同》无效，A 市国土资源局返还某房地产开发公司交付的建设用地价款 2806.23 万元，并赔偿自合同签订之日起至判决之日止的相应利息损失。

某房地产开发公司不服上述判决，于是向上一级人民法院上诉。二审法院认为，某房地产开发公司与 A 市国土资源局双方签订的合同，是当事人双方的真实意思表示，虽然程序上有些瑕疵，但是并没有《合同法》第 52 条中规定的"违反法律、行政法规的强制性规定"情形，故合同是有效的。同时，根据《物权法》第 9 条规定的"不动产物权的设立、变更、转让和消灭，经依法登记，发生效力；未经登记，不发生效力，但法律另有规定的除外"，A 市国土资源局已经依法为某房地产开发公司办理了相应的国有建设用地使用权证书，故 A 市国土资源局已经履行了交付出让国有建设用地使用权的义务，某房地产开发公司已经依法拥有了该幅建设用地的使用权。至于某房地产开发公司至今无法使用建设用地，是由于某国有企业的侵权行为，可另案处理。但是，某房地产开发公司在此诉讼请求中未提出停止侵权请求，故法院不予处理，判决：撤销一审判决，驳回某房地产开发公司的诉讼请求。

>> 评析

本案涉及划拨土地经批准变更为出让土地过程中引起的纠纷。根据《城市房地产管理法》《最高人民法院关于审理涉及国有土地使用权合同纠纷案件适用法律问题的解释》的规定，土地使用权划拨，是指县级以上人民政府依法批准，在土地使用者缴纳补偿、安置等费用后将该幅土地交付其使用，或者将土地使用权无偿交付给土地使用者使用的行为。划拨土地基于无偿而取得，其在转让时的批准手续严格，其中最关键的是要征得市、县人民政府的批准同意，否则其转让行为违法。本案中，系争地块原属某国有企业所有，在征得政府的批准同意后，该企业与 A 市国土资源局签订了委托出让手续，而 A 市国土资源局也依法经批准进行了挂牌公告。至于 A 市国土资源局在对此建设用地进行出让竞标时未通知某国有企业参加，并不影响出让的效力。

只要合同当事人具备相应的民事行为能力，意思表示真实、一致，且不违反法律、行政法规的强制性规定，那么合同就有效。在本案中，A 市国土资源局虽然在出让程序中疏忽，没有尽到合理的审查义务，导致某国有企业原持有的国有建设用地使用权证未被注销，但是这并没有违反"法律、行政法规的强制性规定"。根据《最高人民法院关于适用〈中华人民共和国合同法〉若干问题的解释(二)》,《合同法》第52条第5项规定的"强制性规定",是指效力性强制性规定。因此,二审法院判决A市国土资源局与某房地产开发公司签订的国有建设用地使用权出让合同合法有效。

二、土地承包经营权

(一) 土地承包经营权的含义与特征

根据《物权法》第125条的规定,土地承包经营权,是指土地承包经营权人依法对其承包经营的耕地、林地、草地等享有占有、使用和收益的权利。土地承包经营权人有权从事种植业、林业、畜牧业等农业生产。

土地承包经营权有如下特征:

第一,土地承包经营权的主体是农村集体经济组织内部的农户以及农村集体经济组织以外的单位和个人。根据《农村土地承包法》第3条的规定,国家实行农村土地承包经营制度。农村土地承包采取农村集体经济组织内部的家庭承包方式,不宜采取家庭承包方式的荒山、荒沟、荒丘、荒滩等农村土地,可以采取招标、拍卖、公开协商等方式承包。

第二,土地承包经营权的客体是农村土地。根据《农村土地承包法》第2条的规定,农村土地,是指农民集体所有和国家所有依法由农民集体使用的耕地、林地、草地,以及其他依法用于农业的土地。

第三,土地承包经营权的目的是进行农业生产。因此,农户承包土地不得用于非农建设。

(二) 土地承包经营权的取得及期限

根据《物权法》第127条的规定,土地承包经营权自土地承包经营权合同生效时设立。县级以上地方人民政府应当向土地承包经营权人发放土地承包经营权证、林权证、草原使用权证,并登记造册,确认土地承包经营权。

由此可见,土地承包经营权主要是依据承包合同而取得的,无论是采取家庭承包方式,还是采取招标、拍卖、公开协商等方式。此外,通过流转取得的土地承包经营权也自转让双方签订合同之日起生效。根据《合同法》的规定,通常合同生效与合同成立是一体的,只要法律、行政法规未规定应当办理批准、登记等手续生效,当事人对合同的效力未约定附条件、附期限。县级以上地方人民政府的行为只是为了确认土地承包经营权,并不影响土地承包经营权自土地承包经营权合同生效时设立。

《物权法》第 126 条规定："耕地的承包期为三十年。草地的承包期为三十年至五十年。林地的承包期为三十年至七十年；特殊林木的林地承包期，经国务院林业行政主管部门批准可以延长。前款规定的承包期届满，由土地承包经营权人按照国家有关规定继续承包。"这里规定的期限均是法定期限，不允许发包方随意缩短。

(三) 土地承包经营权的流转

土地承包经营权作为一项财产权，有使用价值和交换价值，可以流转。土地承包经营权的流转有两种情况：第一种情况是，根据《物权法》第 128 条的规定，土地承包经营权人依照《农村土地承包法》的规定，有权将土地承包经营权采取转包、互换、转让等方式流转。流转的期限不得超过承包期的剩余期限。未经依法批准，不得将承包地用于非农建设。《农村土地承包法》第 32 条规定，通过家庭承包取得的土地承包经营权可以依法采取转包、出租、互换、转让或者其他方式流转。第二种情况是，根据《物权法》第 133 条的规定，通过招标、拍卖、公开协商等方式承包荒地等农村土地，依照《农村土地承包法》等法律和国务院的有关规定，其土地承包经营权可以转让、入股、抵押或者以其他方式流转。《农村土地承包法》第 44 条规定："不宜采取家庭承包方式的荒山、荒沟、荒丘、荒滩等农村土地，通过招标、拍卖、公开协商等方式承包的，适用本章规定。"第 49 条规定："通过招标、拍卖、公开协商等方式承包农村土地，经依法登记取得土地承包经营权证或者林权证等证书的，其土地承包经营权可以依法采取转让、出租、入股、抵押或者其他方式流转。"

另外，根据《物权法》第 15 条和第 129 条，当事人之间订立有关设立、变更、转让和消灭不动产物权的合同，除法律另有规定或者合同另有约定外，自合同成立时生效；未办理物权登记的，不影响合同效力。土地承包经营权人将土地承包经营权互换、转让，当事人要求登记的，应当向县级以上地方人民政府申请土地承包经营权变更登记；未经登记，不得对抗善意第三人。因此，登记不是土地承包经营权互换、转让的生效要件，登记与否由当事人自由选择，登记只能产生对抗善意第三人的效力。同时，只有在土地承包经营权互换、转让的情况下才需登记，以其他方式流转的无须登记。

(四) 法律对土地承包经营权的保护

为了切实保障土地承包经营权人的土地承包经营权，《物权法》第 130—132

条就如何保障土地承包经营权人的权利作了原则性的规定:"承包期内发包人不得调整承包地。因自然灾害严重毁损承包地等特殊情形,需要适当调整承包的耕地和草地的,应当依照农村土地承包法等法律规定办理。承包期内发包人不得收回承包地。农村土地承包法等法律另有规定的,依照其规定。承包地被征收的,土地承包经营权人有权依照本法第四十二条第二款的规定获得相应补偿。"

《农村土地承包法》第26—31条对如何保障土地承包经营权人的土地承包经营权作了详尽而可行的规定:

一是承包权的合理收回规则。承包期内,发包方不得收回承包地。承包期内,承包方全家迁入小城镇落户的,应当按照承包方的意愿,保留其土地承包经营权或者允许其依法进行土地承包经营权流转。承包期内,承包方全家迁入设区的市,转为非农业户口的,应当将承包的耕地和草地交回发包方。承包方不交回的,发包方可以收回承包的耕地和草地。承包期内,承包方交回承包地或者发包方依法收回承包地时,承包方对其在承包地上投入而提高土地生产能力的,有权获得相应的补偿。

二是承包权的合理调整规则。承包期内,发包方不得调整承包地。承包期内,因自然灾害严重毁损承包地等特殊情形对个别农户之间承包的耕地和草地需要适当调整的,必须经本集体经济组织成员的村民会议2/3以上成员或者2/3以上村民代表的同意,并报乡(镇)人民政府和县级人民政府农业等行政主管部门批准。承包合同中约定不得调整的,按照其约定。

三是关于可用于调整承包的土地。下列土地应当用于调整承包土地或者承包给新增人口:集体经济组织依法预留的机动地;通过依法开垦等方式增加的;承包方依法、自愿交回的。

四是关于自愿交回承包地。承包期内,承包方可以自愿将承包地交回发包方。承包方自愿交回承包地的,应当提前半年以书面形式通知发包方。承包方在承包期内交回承包地的,在承包期内不得再要求承包土地。

五是妇女婚姻状况变更不影响承包权规则。承包期内,妇女结婚,在新居住地未取得承包地的,发包方不得收回其原承包地;妇女离婚或者丧偶,仍在原居住地生活或者不在原居住地生活但在新居住地未取得承包地的,发包方不得收回其原承包地。

六是关于承包继承。承包人应得的承包收益,依照《继承法》的规定继承。林地承包的承包人死亡,其继承人可以在承包期内继续承包。

案例 2-4[①]

2000年3月,某村村民王某将自己位于本村北大路旁的5亩承包地的承包经营权,以5000元的价格转让给本村李某之父。之后,李某之父一直耕种该承包地。2001年6月,李某之父又用这5亩承包地换取了本村陈某位于南头的5亩承包地,互换双方及王某三方又签订了承包地互换协议。此后,李某家耕种该土地7年之久。在此期间,三方共守约定,没有出现争议。2004年,李某之父因病去世。2008年秋,因机场建设需要,有关主管部门依法征用了李某从陈某家互换来的5亩承包地,并付给一定的征用补偿。但是,陈某看到政府补偿款时,称承包地互换违法,阻挠李某领取该地的补偿费。为此,李某诉至法院,要求确认与陈某的互换协议有效,同时享有该5亩承包地的征用补偿款。法院认为,原告之父与被告之间关于农村承包地的互换行为,是自愿流转的,是双方的真实意思表示,是合法有效的,没有登记只是不能对抗善意第三人。

>> 评析

《农村土地承包法》第38条规定:"土地承包经营权采取互换、转让方式流转,当事人要求登记的,应当向县级以上地方人民政府申请登记。未经登记,不得对抗善意第三人。"《物权法》第129条规定:"土地承包经营权人将土地承包经营权互换、转让,当事人要求登记的,应当向县级以上地方人民政府申请土地承包经营权变更登记;未经登记,不得对抗善意第三人。"《最高人民法院关于审理涉及农村土地承包纠纷案件适用法律问题的解释》第14条还规定:"承包方依法采取转包、出租、互换或者其他方式流转土地承包经营权,发包方仅以该土地承包经营权流转合同未报其备案为由,请求确认合同无效的,不予支持。"由上可见,土地承包经营权作为一项用益物权,遵循的并非登记生效主义,而是登记对抗主义,故土地承包经营权即使未经登记亦为有效。这也可以在《物权法》第127条第1款"土地承包经营权自土地承包经营权合同生效时设立"的规定中得到验证。因此,法院最终判决原告之父与被告的

---

① 案例来源:http://www.law-lib.com/lw/lw_view.asp? no=23995,2017年1月10日访问。

承包地互换协议有效,原告作为法定继承人享有南头的 5 亩承包地的承包经营权以及征用土地补偿款。

三、宅基地使用权

(一)宅基地使用权的含义与特征

根据《物权法》第 152 条的规定,宅基地使用权,是指农村集体经济组织的成员依法对集体所有的土地进行占有和使用,并依法利用该土地建造住宅及其附属设施的权利。

宅基地使用权具有如下特征:

第一,宅基地使用权在性质上为用益物权。依据法律规定,农村和城市郊区的土地除法律规定属于国家所有的以外,属于集体所有。个人不是土地的所有权人。因此,个人所有的宅基地使用权是一种用益物权。

第二,宅基地使用权的主体是农村集体经济组织的成员,不包括城镇居民。宅基地使用权具有很强的福利性质,农村村民可以无偿取得宅基地。[①] 就宅基地使用权的初始取得而言,城镇居民、外乡的农村村民都不具备拥有该项权利的主体资格,除非其成为本集体经济组织的成员。目前,只有一些"农转非"城镇居民或者因继承而取得宅基地的城镇居民,拥有宅基地使用权。

第三,宅基地使用权只能用于建造农村村民的住宅。所谓住宅,是指住房以及与居住、生活、生产相关的其他附属设施,如厕所、院墙、储藏室、牛棚、猪圈、沼气池等。

(二)宅基地使用权的取得及流转

《物权法》第 153 条规定,宅基地使用权的取得、行使和转让,适用《土地管理法》等法律和国家有关规定。《土地管理法》第 62 条规定:"农村村民一户只能拥有一处宅基地,其宅基地的面积不得超过省、自治区、直辖市规定的标准。农村村民建住宅,应当符合乡(镇)土地利用总体规划,并尽量使用原有的宅基地和村内空闲地。农村村民住宅用地,经乡(镇)人民政府审核,由县级人民政府批准;

---

① 1990 年,国务院转批国家土地管理局《关于加强农村宅基地管理工作请示的通知》,着手进行农村宅基地有偿使用试点,并确定了宅基地有偿使用收费标准。1993 年 7 月,为了减轻农民负担,中共中央办公厅、国务院办公厅发布《关于涉及农民负担项目审核处理意见的通知》,取消了宅基地有偿使用收费的做法。

其中,涉及占用农用地的,依照本法第四十四条的规定办理审批手续。① 农村村民出卖、出租住房后,再申请宅基地的,不予批准。"农村村民取得宅基地一般要经过申请、审批和登记。具体而言,有宅基地使用权的村民向村委会提出书面请求。村委会按照村镇规划,对申请进行全面的审核,必要时提请村民大会讨论,然后按规定权限上报乡镇人民政府审核,并由县级人民政府批准。在经批准后,申请人应当到县级以上土地管理部门进行登记,明确其权限范围。

农村村民在取得宅基地以后,必须按照批准的用途使用宅基地,不得擅自改变土地用途,否则土地所有权人有权收回宅基地使用权。农民使用宅基地时,应正确处理相邻关系,保障相邻权利人的合法权益。我国严格禁止单独的宅基地使用权的转让。依"地随房走"原则,法律允许房屋同宅基地使用权一并转让。但是,宅基地使用权转让后,再次申请宅基地的,不予批准。同时,宅基地使用权具有严格的人身属性,因具有农村集体经济组织成员资格而享有,因丧失农村集体经济组织成员资格而丧失。宅基地使用权不属于农民的个人财产,因此不发生继承。但是,根据《继承法》第 3 条的规定,公民的房屋是其个人合法财产,是可以继承的。同样,依"地随房走"原则,宅基地使用权可依房屋继承而被继承。此种继承是以房屋存在为前提的,如果房屋已经灭失,那么集体有权收回宅基地使用权。②

案例 2-5③

1981 年 2 月,黄某以一户三人(黄某与妻子张某、大儿子)的名义申请了宅基地建房。同年 12 月,小儿子出生。2002 年,大儿子结婚,黄某因车祸去世。2003 年,小儿子因结婚另行申请了宅基地建房;大儿子将房屋拆除,在原宅基地上建了新房,张某随大儿子居住。2004 年,大儿子居住的房屋面临拆迁,获得了

---

① 《土地管理法》第 44 条规定:"建设占用土地,涉及农用地转为建设用地的,应当办理农用地转用审批手续。省、自治区、直辖市人民政府批准的道路、管线工程和大型基础设施建设项目、国务院批准的建设项目占用土地,涉及农用地转为建设用地的,由国务院批准。在土地利用总体规划确定的城市和村庄、集镇建设用地规模范围内,为实施该规划而将农用地转为建设用地的,按土地利用年度计划分批次由原批准土地利用总体规划的机关批准。在已批准的农用地转用范围内,具体建设项目用地可以由市、县人民政府批准。本条第二款、第三款规定以外的建设项目占用土地,涉及农用地转为建设用地的,由省、自治区、直辖市人民政府批准。"
② 参见陈龙业主编:《物权法百问通——房地产物权》,中国法制出版社 2007 年版,第 231 页。
③ 案例来源:http://china.findlaw.cn/fangdichan/zhaijidi/zjdzs/249131.html,2017 年 1 月 10 日访问。

拆迁补偿款10万余元和宅基地使用权补偿款36万余元。小儿子得知后,认为宅基地补偿款属于申请宅基时的黄某、张某和大儿子共同所有,三人应各享有12万余元;父亲黄某已经去世,其享有的12万余元应作为遗产由母亲、哥哥和自己共同继承。大儿子反对,双方对簿公堂。

法院审理后认为,该案从表面看争议标的是宅基地补偿款,实质是对宅基地使用权归属的争议。因宅基地使用权是宅基地补偿款的发生原因,故明确了宅基地使用权的主体,即可确定宅基地补偿款的所有者。宅基地使用权作为一项特殊的用益物权,与农民个人的集体经济组织成员资格紧密相关,它因集体经济组织成员的出生而获得(不一定实际享有),因集体经济组织成员的死亡而消灭。在本案中,黄某于2002年因车祸死亡,自然失去了其集体经济组织成员资格,不再是宅基地使用权的主体,当然也无权享有宅基地补偿款。小儿子要求分割宅基地补偿款的诉请于法无据,故法院判决驳回其诉求。

>> 评析

《继承法》第3条规定,遗产是公民死亡时遗留的个人合法财产。本案的焦点问题是:农村宅基地使用权是否为"财产"?是否为"个人财产"?

第一,宅基地使用权是特殊的财产,不应作为遗产继承。在性质上,宅基地使用权属于用益物权。用益物权具有财产的性质,应允许流转、继承。但是,宅基地使用权是特殊的用益物权,是一项"特殊的财产",其特殊性表现为:首先,宅基地使用权的取得具有无偿性。其次,宅基地使用权具有人身依附性。宅基地使用权与集体经济组织成员资格密切相关,一经设定即具有极强的人身依附性,禁止流转。最后,宅基地使用权在功能上具有福利性。宅基地使用权是为保障农民"居者有其房"而设立的,具有社会保障职能。

宅基地使用权的上述特性,决定了它是一项不适于继承的"特殊财产":基于取得上的无偿性,如允许其继承,将使继承人无端受益,有违公平理念;人身依附性决定了它因具有集体经济组织成员资格而取得,因集体经济组织成员资格的消灭而消灭,不产生在不同主体之间的流转(继承)问题;福利性决定了如果允许继承,将导致宅基地无限扩大。因此,现行法规定村民一户只能拥有一处宅基地。

第二,宅基地使用权属于家庭共同共有,不是被继承人的个人财产,不能作为遗产继承。共同共有以共同关系的存续为前提,因共同关系的产生、消灭而产生、消灭。在共同关系存续期间,各共有人之间不产生份额问题,对共有财产的全部享有平等的权利,承担平等的义务,不得请求分割共有物。一般而言,共同共有主要在以下场合成立:一是因夫妻关系的存在,产生夫妻之间的共同共有;二是因家庭关系的存在,产生家庭共有;三是因遗产未分割,产生继承人之间的共同共有。

宅基地使用权是家庭共同共有财产,按照共同共有的法理,家庭成员之间不产生份额的问题。在家庭关系存续期间,家庭成员不得请求分割。只要家庭关系存在,宅基地使用权的共同共有关系就存在。家庭个别成员的死亡,并没有导致家庭关系的消亡,也就不会产生宅基地使用权的分割问题。在被继承人死亡之前,宅基地使用权并非其个人财产;在被继承人死亡之后,家庭关系仍然存在,宅基地使用权没有分割,仍然是家庭共同共有财产,而非被继承人的个人财产。因宅基地使用权并非个人财产,故不得作为遗产继承。

因此,本案法院的裁判见解是正确的。

四、地役权

(一)地役权的含义与特征

根据《物权法》第156条的规定,地役权,是指不动产所有人或使用人为了提高自己的不动产的效益而利用他人的不动产的权利。其中,他人的不动产为供役地,自己的不动产或自己使用的不动产为需役地。

地役权具有如下特征:

第一,地役权是一种他物权即用益物权。

第二,地役权的设立目的是提高地役权人不动产的效益。这种效益可以是经济效益,也可以是一种精神上的满足。

第三,地役权从属于需役地而存在。这主要表现为:需役地所有人或使用人不得自己保留地役权而将土地所有权或使用权转让;需役地所有人或使用人不得自己保留土地所有权或使用权而将地役权单独转让;需役地所有人或使用人不得将土地所有权或使用权与地役权分别转让给不同的人。

第四,地役权具有不可分性。具体而言,需役地分割的,分割后的每份土地仍然享有完整的地役权,只要分割后的需役地某方面的利用需要依靠供役地;供役地分割的,分割后的每份土地仍是需役地的供役地;当需役地或供役地属于两个以上的人共同共有时,地役权不按照共有人的份额存在于需役地或供役地之上,而是存在或消灭于需役地或供役地的整块土地之上。

第五，地役权的内容允许当事人自由约定，只要不违反法律和公序良俗。

(二) 地役权与相邻关系的区别

相邻关系，是指不动产的相邻各方因行使所有权或使用权而发生的权利义务关系。一般认为，相邻关系与地役权存在如下区别：

第一，权利性质不同。相邻关系不是一种单独的物权，而是相邻方所有权的延伸和扩展，是所有权权能的体现；地役权是存在于他人土地之上的物权，是一项他物权，具有从属性和不可分性。

第二，设立方式不同。相邻关系一般基于法定而产生，地役权则是通过当事人双方订立合同设立的。

第二，受到损害后的救济请求权不同。相邻关系受到损害，受害方不能以相邻权为基础提起损害赔偿，而应提起所有权的行使受到妨害之诉；地役权受到损害，受害方可直接以地役权受损害为基础提起损害赔偿。[①]

第四，提供便利的内容不同。相邻关系下的相邻权是法律为了维护相邻不动产所有人或使用人之间一种正常和睦的生活和生产关系而强制一方提供的便利，是为了满足基本生活的需要；地役权的设立则是为了满足在基本生活、生产需要基础上的更高层次需要，因此在便利上有一个更高的标准。

第五，权利实现的代价不同。相邻关系下的相邻权是一种法定的权利，其实现无须支付对价；而地役权的实现一般需要向供役地人支付费用，费用多少由双方当事人协商。

第六，权利存续的期间不同。只要相邻关系存在，相邻权就存在；而地役权是通过约定确定存续期间的，只要不超过土地承包经营权或建设用地使用权等用益物权的剩余期限即可。

第七，对不动产是否相互毗邻的要求不同。相邻关系通常发生在相互毗邻的不动产之上，而地役权则不要求不动产相互毗邻。

(三) 地役权的取得和消灭

地役权的取得方式有两种，即基于法律行为取得和基于法律行为以外的事实取得。

基于法律行为取得包括：

---

① 参见陈耀东主编：《房地产法》，清华大学出版社2012年版，第46页。

第一,基于双方法律行为取得,即通过订立合同取得。地役权人有权按照合同约定,利用他人的不动产,以提高自己的不动产的效益。设立地役权,当事人应当采取书面形式订立地役权合同。地役权合同一般包括下列条款:当事人的姓名或者名称和住所;供役地和需役地的位置;利用目的和方法;利用期限;费用及其支付方式;解决争议的方法。地役权自地役权合同生效时设立。当事人要求登记的,可以向登记机构申请地役权登记;未经登记,不得对抗善意第三人。

第二,基于单方法律行为取得,如遗嘱、让与。《物权法》第164条规定:"地役权不得单独转让。土地承包经营权、建设用地使用权等转让的,地役权一并转让,但合同另有约定的除外。"即当事人可以约定地役权不随之转让。

第三,基于事实取得,如继承。地役权作为一种用益物权,当然可以由继承人继承。此时,地役权的取得不以登记为要件,但是只有办理登记后才可以处分。

地役权可因下列原因灭失:

第一,土地灭失。即需役地全部灭失。

第二,目的不能。例如,当事人订立引水地役权,遇水源枯竭,此时地役权就无法实现了。但是,应给予地役权人适当的补偿。

第三,国家征收。如同目的不能一样,如果因国家征收供役地或需役地,那么地役权也无法实现。

第四,期限届满。地役权期限由当事人自由约定。《物权法》第161条规定:"地役权的期限由当事人约定,但不得超过土地承包经营权、建设用地使用权等用益物权的剩余期限。"因此,当用益物权的期限届满,地役权也会消灭。

第五,地役权被解除。《物权法》第168条规定:"地役权人有下列情形之一的,供役地权利人有权解除地役权合同,地役权消灭:(一)违反法律规定或者合同约定,滥用地役权;(二)有偿利用供役地,约定的付款期间届满后在合理期限内经两次催告未支付费用。"

此外,地役权还可因地役权人抛弃地役权,地役权人和需役地人变为同一人等原因而消灭。

第四节 土地担保物权制度

一、担保物权的含义与类型

担保物权,是指在借贷、买卖等民事活动中,债务人或者第三人将自己所有的财产作为履行债务的担保,在债务人不履行债务或者出现约定事由时,债权人可以依照法律规定的程序享有就该财产的价值优先受偿的权利。

担保物权包括抵押权、质权和留置权。抵押权,是指债权人对于债务人或者第三人不转移占有而提供担保的财产,在债务人不履行债务或者出现约定事由时,得就该财产的价值优先受偿的权利。质权,是指债务人或者第三人将其动产或者财产权利转移给债权人占有,以之作为债务的担保,在债务人不履行债务或者出现约定事由时,得就该动产或者财产权利的价值优先受偿的权利。留置权,是指债权人按照合同的约定占有债务人的动产,在债务人不按照合同约定的期限履行债务时,债权人可以留置该动产,并依照法律的规定将该动产折价或就拍卖、变卖后的价款优先受偿的权利。

由上可知,抵押权的标的包括动产、不动产以及存在于不动产之上的权利,而质权的标的是动产或者权利,留置权的标的只能是动产。所以,土地担保物权制度就是土地抵押权制度。

二、土地抵押权的含义与特征

土地抵押权,是指土地权利人在法律许可的范围内,在不转移土地占有的情况下,将土地使用权作为债权的担保,当债务人不履行债务或者出现约定事由时,债权人有权依法处分该土地使用权并就处分所得的价款优先受偿的权利。

土地抵押权的特征如下:

第一,土地抵押权须经登记而设立。《物权法》第 187 条规定,以本法第 180 条第 1 款第 1 项至第 3 项规定的财产或者第 5 项规定的正在建造的建筑物抵押的,应当办理抵押登记。抵押权自登记时设立。《物权法》第 180 条第 1 款第 1 项至第 3 项规定的财产为:建筑物和其他土地附着物;建设用地使用权;以招标、拍卖、公开协商等方式取得的荒地等土地承包经营权。据此可知,土地抵押属于要式法律行为,必须订立书面合同并进行抵押登记,抵押权自抵押登记之日起设立。

第二，在性质上，土地抵押不是实物抵押，而是权利抵押。这是因为，土地抵押的标的是土地权利，而不是土地本身。

第三，土地抵押所抵押的必须是法律允许转让的土地权利。对于法律有禁止性或限制性规定的土地权利，严禁或限制抵押。《最高人民法院关于适用〈中华人民共和国担保法〉若干问题的解释》第5条规定："以法律、法规禁止流通的财产或者不可转让的财产设定担保的，担保合同无效。以法律、法规限制流通的财产设定担保的，在实现债权时，人民法院应当按照有关法律、法规的规定对该财产进行处理。"

第四，土地权利必须已经登记发证，即债务人或者第三人必须对抵押的土地享有权利，被查封的土地不允许抵押。

三、土地抵押权的类型

对于土地，我国实行的是社会主义公有制。土地的所有权不得交易，不具有流转性。不论是国有土地所有权，还是集体土地所有权，都不得抵押。《物权法》第184条明确规定："下列财产不得抵押：（一）土地所有权；（二）耕地、宅基地、自留地、自留山等集体所有的土地使用权，但法律规定可以抵押的除外；（三）学校、幼儿园、医院等以公益为目的的事业单位、社会团体的教育设施、医疗卫生设施和其他社会公益设施；（四）所有权、使用权不明或者有争议的财产；（五）依法被查封、扣押、监管的财产；（六）法律、行政法规规定不得抵押的其他财产。"

因此，土地抵押权实质上就是土地用益物权的抵押权。在我国，土地用益物权主要是指土地使用权。以下根据土地使用权的类型，分述土地使用权的抵押。

（一）建设用地使用权的抵押

1. 国有建设用地使用权的抵押

对于以出让方式取得的建设用地使用权的抵押，我国法律没有禁止性或限制性的规定，均为允许态度。根据《物权法》第180条的规定，债务人或者第三人有权处分的下列财产可以抵押：建筑物和其他土地附着物；建设用地使用权；以招标、拍卖、公开协商等方式取得的荒地等土地承包经营权；生产设备、原材料、半成品、产品；正在建造的建筑物、船舶、航空器；法律、行政法规未禁止抵押的其他财产。抵押人可以将前列财产一并抵押。该法第182条规定："以建筑物抵押的,该建筑物占用范围内的建设用地使用权一并抵押。以建设用地使用权抵押的,该土地上的建筑物一并抵押。抵押人未依照前款规定一并抵押的,未抵押的财产视为一并抵押。"该法第187条规定:"以本法第一百八十条第一款第一项至第三项规定的财产或者第五项规定的正在建造的建筑物抵押的,应当办理抵押登记。抵押权自登记时设立。"

对于以划拨方式取得的建设用地使用权的抵押,法律法规有着严格的限制。《最高人民法院关于破产企业国有划拨土地使用权应否列入破产财产等问题的批复》(法释〔2003〕6号)规定:"企业对其以划拨方式取得的国有土地使用权无处分权,以该土地使用权为标的物设定抵押,除依法办理抵押登记手续外,还应经具有审批权限的人民政府或土地行政管理部门批准。否则,应认定抵押无效。如果企业以划拨方式取得的国有土地使用权设定抵押时,履行了法定的审批手续,并依法办理了抵押登记,应认定抵押有效。""如果建筑物附着于以划拨方式取得的国有土地使用权之上,将该建筑物与土地使用权一并设定抵押的,对土地使用权的抵押需履行法定的审批手续,否则,应认定抵押无效;如果建筑物附着于以出让、转让方式取得的国有土地使用权之上,将该建筑物与土地使用权一并设定抵押的,即使未经主管部门批准,亦应认定抵押有效。"根据《城镇国有土地使用权出让和转让暂行条例》的规定,划拨土地使用权的抵押还需具备两个特殊程序:一是经市、县人民政府土地管理部门批准;二是办理划拨转变为出让土地使用权的手续,缴纳土地出让金或以抵押所获收益抵交土地使用权出让金。

2. 集体建设用地使用权的抵押

《物权法》第183条规定:"乡镇、村企业的建设用地使用权不得单独抵押。以乡镇、村企业的厂房等建筑物抵押的,其占用范围内的建设用地使用权一并抵押。"

需要注意的是,学校、幼儿园、医院等以公益为目的的事业单位、社会团体的教育设施、医疗卫生设施和其他社会公益设施所占用土地的建设用地使用权,不论是国有的还是集体的,都不得进行抵押。

(二) 土地承包经营权的抵押

根据《担保法》第34条、《物权法》第180条以及《农村土地承包法》第49条,对于"四荒"土地的承包经营权,可予抵押;而根据《担保法》第37条、《物权法》第184条,对于耕地、自留山、自留地等土地的承包经营权,则一般禁止抵押。由此可见,长期以来,我国法律采取的是一分为二的折中态度。在抵押登记的实务操作中,原国家土地管理局印发的《农村集体土地使用权抵押登记的若干规定》《国家土地管理局关于土地使用权抵押登记有关问题的通知》亦采此种态度。

近年来,我国各地的土地承包经营权抵押实践及其立法相当活跃,出台了不少支持和鼓励农村土地承包经营权抵押的地方性法律文件。例如,《辽宁省农村信用社土地承包经营权抵押贷款管理暂行办法》(2010年)、《成都市农村土地承包经营权抵押融资管理办法(试行)》(2010年)、《海南省农村土地承包经营权抵押融资管理办法》(2011年)、《重庆市人民政府办公厅关于开展农村土地承包经营权居民房屋和林权抵押贷款及农户小额信用贷款工作的实施意见(试行)》(2011年)、《昆明市农村土地承包经营权抵押融资管理办法》(2011年)、《黑龙江省农村土地经营权抵押贷款暂行办法》(2014年)等。

2013年11月12日,党的十八届三中全会通过《中共中央关于全面深化改革若干重大问题的决定》,提出"加快构建新型农业经营体系",其亮点之一是"赋予农民对承包地占有、使用、收益、流转及承包经营权抵押、担保权能"。2014年4月20日,国务院公布《开展农村土地承包经营权抵押贷款试点的通知》,明确提出要"创新农村抵(质)押担保方式",其重要举措是"制定农村土地承包经营权抵押贷款试点管理办法,在经批准的地区开展试点"。自2015年12月28日起,至2017年12月31日,根据《全国人民代表大会常务委员会关于授权国务院在北京市大兴区等232个试点县(市、区)、天津市蓟县等59个试点县(市、区)行政区域分别暂时调整实施有关法律规定的决定》,暂时调整实施《物权法》《担保法》关于集体所有的耕地使用权不得抵押的规定。显然,这将大力促进我国各地土地承包经营权抵押贷款业务的开展。

(三) 宅基地使用权的抵押

在《物权法》的制定过程中,各方就宅基地使用权能否抵押进行了讨论。一种观点认为,农民是我国最大的弱势群体,如果允许抵押宅基地使用权,那么农民就可以得到发展所需的资金,然后逐步富裕起来。另一种观点认为,宅基地使用权是农民赖以生存的保障,其本身具有身份性质和福利性质。当抵押权实现时,农民就会丧失宅基地使用权,那么农民的居住问题就无法解决。

根据《物权法》第184条第2项的规定,宅基地使用权不得抵押。可见,《物权法》采纳了第二种观点,即不允许宅基地使用权的抵押。因为宅基地使用权不仅关系到农民的生存和发展,而且关系到农村社会的稳定以及农业经济的发展,这不仅是一个经济问题,更是一个政治问题,所以不允许将之用于抵押。

同时,由于"地随房走"原则的确立,不仅宅基地使用权不能抵押,而且宅基地上建造的房屋也不得抵押。但是,为了鼓励农民开发荒地,解决资金短缺问题,《物权法》允许以招标、拍卖、公开协商等方式取得的荒地等土地的承包经营权进行抵押。

在新一轮的土地改革中,《中共中央关于全面深化改革若干重大问题的决定》指出:"保障农户宅基地用益物权,改革完善农村宅基地制度,选择若干试点,慎重稳妥推进农民住房财产权抵押、担保、转让,探索农民增加财产性收入渠道。"2015年8月10日,国务院发布《关于开展农村承包土地的经营权和农民住房财产权抵押贷款试点的指导意见》,指出:"农民住房财产权设立抵押的,需将宅基地使用权与住房所有权一并抵押。"从政策文件可以看出,允许宅基地使用权与农民住房一并抵押。这些政策导向显然与《物权法》的相关规定有所冲突。为了缓解冲突,我国在宅基地使用权与农民住房一并抵押时,采取了在土地改革试点地区暂停执行相关法律条款的形式,从而使得政策仍然是在法律的框架内实施。显然,这为开展农民住房抵押试点工作提供了制度保障,具有重要的现实意义。①

（四）地役权的抵押

根据《物权法》第165条的规定,地役权不得单独抵押。土地承包经营权、建设用地使用权等抵押的,在实现抵押权时,地役权一并转让。

案例 2-6 ②

某市的一家国有企业因经营不善,连年亏损,便打算将企业所使用的划拨土地使用权分别作如下处理:一是为赊购产品,将1.5亩国有土地使用权抵押给产品供应方;二是想私下将1.2亩国有土地使用权以协议出租、一次性收取租金的方式出租给本企业职工张某等四人,协议出租期为50年。张某等四人可以该企

---

① 参见房绍坤:《农民住房抵押之制度设计》,载《法学家》2015年第6期。
② 案例来源:http://www.jianshe99.com/new/64_191_/2009_2_16_wa490115218161290027425.shtml,2017年1月12日访问。

业拖欠其本人的工资抵交土地租金。

>> **评析**

本案主要涉及划拨土地使用权抵押和出租的问题。具体而言,该企业抵押划拨土地使用权的行为需要具备哪些条件才可行?该企业私下将划拨土地使用权出租的行为是否合法?如果该企业违法擅自抵押和出租划拨土地使用权,应当如何处罚?

第一,关于划拨土地使用权的抵押问题。从设定抵押权的主体来看,《担保法》中并未对设定抵押权的主体作出限制,即企业之间可以设定抵押权。《关于企业间土地使用权抵押有关问题的复函》(国土资函〔2000〕582号)规定,企业间以土地使用权进行抵押担保的前提是企业之间订立的债权债务主合同必须符合有关法律、法规的规定,涉及需要金融监管部门批准的,应首先办理批准手续。由此可见,只要符合《关于企业间土地使用权抵押有关问题的复函》的要求,企业之间可以土地使用权设定抵押权。

从抵押物来看,划拨土地使用权具有特殊性,以划拨土地使用权设定抵押权需要具备一定的条件。《城镇国有土地使用权出让和转让暂行条例》第45条和《划拨土地使用权管理暂行办法》第6条中均规定,划拨土地使用权必须符合下列四个条件才能抵押:一是土地使用者为公司、企业、其他经济组织和个人;二是领有国有土地使用证;三是具有地上建筑物、其他附着物合法的产权证明;四是依照规定签订土地使用权出让合同,向当地市、县人民政府补交土地使用权出让金或者以转让、出租、抵押所获收益抵交土地使用权出让金。从以上规定可以看出,没有地上建筑物的划拨土地使用权是不能抵押的。除此之外,土地使用权的抵押需要订立抵押合同,并办理抵押登记。因为根据《物权法》的规定,以建设用地使用权抵押的,应当办理抵押登记。抵押权自登记时设立。

综上,该企业若以划拨土地使用权抵押,必须具备上述条件,并经市、县人民政府批准后才能设定合法有效的抵押权,才能在债务到期时保证抵押权的实现。

第二,关于划拨土地使用权的出租问题。由于划拨土地使用权的特殊性,只有在符合法定条件的前提下才能出租划拨土地使用权。对划拨土地使用权的出租条件,《城镇国有土地使用权出让和转让暂行条例》第45条和《划拨土地使用权管理暂行办法》第6条作出了和以划拨土地使用权设定抵押权完全相同的规定。所以,该企业必须在符合这些条件后才可以出租其划拨土地使用权。

第三,关于违法擅自抵押和出租划拨土地使用权的处罚问题。如果该企业未经依法批准抵押和出租划拨土地使用权,对其行为应当依法予以处罚。根据《城镇国有土地使用权出让和转让暂行条例》第46条的规定,对未经批准擅自转让、出租、抵押划拨土地使用权的单位和个人,市、县人民政府土地管理部门应当没收其非法收入,并根据情节处以罚款。

第五节 土地征收征用制度

一、土地征收与征用概述

(一)土地征收的含义与特征

1. 土地征收的含义

关于土地征收,我国现行《宪法》《物权法》《土地管理法》等都进行了相应的规定。《宪法》第10条规定:"城市的土地属于国家所有。农村和城市郊区的土地,除由法律规定属于国家所有的以外,属于集体所有;宅基地和自留地、自留山,也属于集体所有。国家为了公共利益的需要,可以依照法律规定对土地实行征收或者征用并给予补偿。"第13条规定:"公民的合法的私有财产不受侵犯。国家依照法律规定保护公民的私有财产权和继承权。国家为了公共利益的需要,可以依照法律规定对公民的私有财产实行征收或者征用并给予补偿。"《物权法》第42条规定:"为了公共利益的需要,依照法律规定的权限和程序可以征收集体所有的土地和单位、个人的房屋及其他不动产。征收集体所有的土地,应当依法足额支付土地补偿费、安置补助费、地上附着物和青苗的补偿费等费用,安排被征地农民的社会保障费用,保障被征地农民的生活,维护被征地农民的合法权益。征收单位、个人的房屋及其他不动产,应当依法给予拆迁补偿,维护被征收人的合法权益;征收个人住宅的,还应当保障被征收人的居住条件。"《土地管理法》第45条第1、2款规定:"征收下列土地的,由国务院批准:(一)基本农田;(二)基本农田以外的耕地超过三十五公顷的;(三)其他土地超过七十公顷的。征收前款规定以外的土地的,由省、自治区、直辖市人民政府批准,并报国务院备案。"

对于土地征收的概念与内涵,我国现行法律法规未作明确规定,学界存在不同的界定。基于通常的见解和基本的共识,我们认为,土地征收是指国家为了公共利益的需要,在由政府依照法定程序并事先给予公正补偿的情况下,强制取得集体土地所有权或单位、个人的房屋及其他不动产的行为。①

2. 土地征收的特征

土地征收具有如下特征:

第一,征收的主体具有唯一性。土地征收是一种国家行为,征收权仅为政府独享,其他任何人都不得享有。

第二,征收的对象具有双重性。征收的对象,既包括土地的所有权,有时也包括房屋的所有权。

第三,征收是为了公共利益的需要。正如梁慧星教授所言:"征收和征用,是国家强行取得公民和法人的财产权或强行使用公民和法人的财产的制度,属于一种例外规则。正像强制缔约制度是合同自由原则的例外,无过错责任制度是过错责任原则的例外一样,征收和征用制度就是物权绝对性原则的例外规则。"②

第四,征收具有强制性。政府在征收时,无须征得被征收人的同意,甚至有时是违背被征收人意志的。

(二) 土地征用与土地征收的关系

《物权法》第 44 条规定:"因抢险、救灾等紧急需要,依照法律规定的权限和程序可以征用单位、个人的不动产或者动产。被征用的不动产或者动产使用后,应当返还被征用人。单位、个人的不动产或者动产被征用或者征用后毁损、灭失的,应当给予补偿的规定。"根据上述规定,我们认为,土地征用是指国家基于紧急状态的需要,强行征用他人的土地使用权或其他动产而不必事先给予补偿,待紧急状态结束后,返还他人的土地使用权或其他动产并给予补偿的行为。此处的"他人的土地使用权",既包括集体土地使用权,也包括自然人、法人和非法人组织所拥有的国有土地使用权。

土地征用与土地征收,是既相互联系又相互区别的两项法律制度。两者的共同点在于,都具有强制性,并且均以保障公共利益为前提。两者的不同点在

---

① 参见石凤友:《我国土地征收法律制度研究》,中国法制出版社 2009 年版,第 119 页。
② 梁慧星:《宪法修正案对征收和征用的规定——解读修改后的宪法第 13 条第 3 款规定》,http://old.civillaw.com.cn/article/default.asp? id=16823,2017 年 1 月 18 日访问。

于,土地征收的实质是为了获得土地的所有权和使用权,对象仅限于不动产,且存在补偿问题;而土地征用的实质是要取得使用权,对象包括不动产和动产,且使用完毕后应当将原物返还给权利人,如果因为不当使用造成毁损或灭失,以至于不能返还,则应当照价赔偿。

二、土地征收与征用的条件

按照法律法规的规定,土地征收与征用必须满足以下三个条件:

(一) 公共利益的目的性要件

我国现行《宪法》《物权法》《土地管理法》等都对土地征收的公益性目的作了规定。但是,对于何谓"公共利益",《宪法》《物权法》等均未作出明确的规定。《国有土地上房屋征收与补偿条例》第8条规定,为了保障国家安全、促进国民经济和社会发展等公共利益的需要,有下列情形之一,确需征收房屋的,由市、县级人民政府作出房屋征收决定:国防和外交的需要;由政府组织实施的能源、交通、水利等基础设施建设的需要;由政府组织实施的科技、教育、文化、卫生、体育、环境和资源保护、防灾减灾、文物保护、社会福利、市政公用等公共事业的需要;由政府组织实施的保障性安居工程建设的需要;由政府依照《城乡规划法》有关规定组织实施的对危房集中、基础设施落后等地段进行旧城区改建的需要;法律、行政法规规定的其他公共利益的需要。该条规定也只是对"公共利益"所涉外延的一种列举式立法,而难以穷尽一切情形。

由于"公共利益"本身的模糊性,在立法上如何将公共利益的标准和内涵具体化,是一个关键而复杂的问题。我们认为,有两点须予以坚持:[①]

第一,对于公共利益的认定,政府虽拥有一定的自由裁量权,但一个基本的底线是:商业利益绝非公共利益。任何时候,都不得假借"公共利益"之名,行"商业利益"之实。

第二,政府只有依据具体的、明确的、特定的涉及公共利益的事项方能启动土地征收,不能仅仅依据规划而没有具体的事项就征收土地,然后把其作为政府储备用地。

(二) 正当的程序性要件

程序法上的公正是实体法上的公正之保障。设定征地程序,是为了保护被

---

① 参见陈耀东主编:《房地产法》,清华大学出版社2012年版,第89页。

征地农民的合法权益,约束政府征收权力的滥用,从而真正实现"公共利益"的目的。《国有土地上房屋征收与补偿条例》第9—16条对国有土地上房屋征收程序作了细致的规定,具体而言:

第一,确需征收房屋的各项建设活动,应当符合国民经济和社会发展规划、土地利用总体规划、城乡规划和专项规划。保障性安居工程建设、旧城区改建,应当纳入市、县级国民经济和社会发展年度计划。制定国民经济和社会发展规划、土地利用总体规划、城乡规划和专项规划,应当广泛征求社会公众意见,经过科学论证。

第二,房屋征收部门拟定征收补偿方案,报市、县级人民政府。市、县级人民政府应当组织有关部门对征收补偿方案进行论证并予以公布,征求公众意见。征求意见期限不得少于30日。

第三,市、县级人民政府应当将征求意见情况和根据公众意见修改的情况及时公布。因旧城区改建需要征收房屋,多数被征收人认为征收补偿方案不符合本条例规定的,市、县级人民政府应当组织由被征收人和公众代表参加的听证会,并根据听证会情况修改方案。

第四,市、县级人民政府作出房屋征收决定前,应当按照有关规定进行社会稳定风险评估;房屋征收决定涉及被征收人数量较多的,应当经政府常务会议讨论决定。作出房屋征收决定前,征收补偿费用应当足额到位、专户存储、专款专用。

第五,市、县级人民政府作出房屋征收决定后应当及时公告。公告应当载明征收补偿方案和行政复议、行政诉讼权利等事项。市、县级人民政府及房屋征收部门应当做好房屋征收与补偿的宣传、解释工作。房屋被依法征收的,国有土地使用权同时收回。

第六,被征收人对市、县级人民政府作出的房屋征收决定不服的,可以依法申请行政复议,也可以依法提起行政诉讼。

第七,房屋征收部门应当对房屋征收范围内房屋的权属、区位、用途、建筑面积等情况组织调查登记,被征收人应当予以配合。调查结果应当在房屋征收范围内向被征收人公布。

第八,房屋征收范围确定后,不得在房屋征收范围内实施新建、扩建、改建房屋和改变房屋用途等不当增加补偿费用的行为;违反规定实施的,不予补偿。房屋征收部门应当将前款所列事项书面通知有关部门暂停办理相关手续。暂停办理相关手续的书面通知应当载明暂停期限。暂停期限最长不得超过1年。

（三）公正的补偿性要件

所谓补偿，是指政府因征收或征用被征收人的土地等不动产或其他动产而对其进行金钱补偿或产权调换等行为。它通常包括补偿的原则、补偿的方式、补偿的范围以及补偿的标准等方面的内容。①

1. 补偿的原则

土地征收与征用补偿的原则，是指在土地征收与征用补偿的过程中所应当遵循的基本准则，具体包括：

（1）完全补偿原则，是指补偿不仅包括直接的损失，而且包括因此而造成的间接的损失，如期待利益损失，甚至包括环境变化导致的不适等非经济利益损失。

（2）相当补偿原则，是指只需给予妥当或合理补偿即可，而无须补偿被征收人的财产的实际价格的全额。

（3）公平补偿原则，是指国家对行政相对人的损失，在权衡公共利益和相对人利益、国家财政能力负担后作出补偿，补偿的范围是被征收财产的市场价值。

我国目前基于社会经济状况及相应的思想文化观念，采用公平补偿原则。

2. 补偿的方式

根据《国有土地上房屋征收与补偿条例》第21条第1款的规定，被征收人可以选择货币补偿，也可以选择房屋产权调换。货币补偿，即政府只需向被征收人支付一定金额的货币。根据《国有土地上房屋征收与补偿条例》第21条第2、3款的规定，被征收人选择房屋产权调换的，市、县级人民政府应当提供用于产权调换的房屋，并与被征收人计算、结清被征收房屋价值与用于产权调换房屋价值的差价。因旧城区改建征收个人住宅，被征收人选择在改建地段进行房屋产权调换的，作出房屋征收决定的市、县级人民政府应当提供改建地段或者就近地段的房屋。

这里的补偿方式，有过于单一之嫌，不利于被征收人利益的长期保障。土地对农民极其重要，如果征地后仅给予他们一次性的货币补偿，则难以保障他们今

---

① 参见陈耀东主编：《房地产法》，清华大学出版社2012年版，第98、102页。

后的生活。所以,应该创造出更多种类的补偿方式,为他们的生活提供切实的保障。

3. 补偿的范围

《国有土地上房屋征收与补偿条例》第 17 条、第 19 条、第 22 条、第 23 条对补偿的范围作了如下规定:

(1) 作出房屋征收决定的市、县级人民政府对被征收人给予的补偿包括:被征收房屋价值的补偿;因征收房屋造成的搬迁、临时安置的补偿;因征收房屋造成的停产停业损失的补偿。市、县级人民政府应当制定补助和奖励办法,对被征收人给予补助和奖励。

(2) 对被征收房屋价值的补偿,不得低于房屋征收决定公告之日被征收房屋类似房地产的市场价格。被征收房屋的价值,由具有相应资质的房地产价格评估机构按照房屋征收评估办法评估确定。对评估确定的被征收房屋价值有异议的,可以向房地产价格评估机构申请复核评估。对复核结果有异议的,可以向房地产价格评估专家委员会申请鉴定。房屋征收评估办法由国务院住房城乡建设主管部门制定,制定过程中,应当向社会公开征求意见。

(3) 因征收房屋造成搬迁的,房屋征收部门应当向被征收人支付搬迁费;选择房屋产权调换的,产权调换房屋交付前,房屋征收部门应当向被征收人支付临时安置费或者提供周转用房。

(4) 对因征收房屋造成停产停业损失的补偿,根据房屋被征收前的效益、停产停业期限等因素确定。具体办法由省、自治区、直辖市制定。

关于补偿的范围,必须予以注意的是:

(1) 违章建筑不予补偿;

(2) 被征收人的无形利益要补偿,如良好的社区环境、邻里关系等(这种补偿的数额在操作上较难确定);

(3) 预期利益要补偿,如出租房屋的预期利益等。

4. 补偿的标准

补偿的标准即补偿的计算准则,包括时间标准和价值标准。

根据《国有土地上房屋征收与补偿条例》第 19 条第 1 款和《国有土地上房屋征收评估办法》第 10 条第 1 款的规定,"房屋征收决定公告之日"是确定补偿的时间。

根据《国有土地上房屋征收与补偿条例》第 19 条第 1 款的规定,"被征收房屋类似房地产的市场价格"为征收补偿的价值标准。此外,根据《国有土地上房屋征收评估办法》第 11 条的规定,被征收房屋价值,是指被征收房屋及其占用范围内的土地使用权在正常交易情况下,由熟悉情况的交易双方以公平交易方式在评估时点自愿进行交易的金额,不考虑被征收房屋租赁、抵押、查封等因素的影响。此处,不考虑租赁因素的影响,是指评估被征收房屋无租约限制的价值;不考虑抵押、查封因素的影响,是指评估价值中不扣除被征收房屋已抵押担保的债权数额、拖欠的建设工程价款和其他法定优先受偿款。

在房地产价值标准的确定过程中,评估是极其重要的,评估机构的选择、评估方法的确定对补偿范围的确定有着至关重要的作用。《国有土地上房屋征收评估办法》第 4 条规定,房地产价格评估机构由被征收人在规定时间内协商选定;在规定时间内协商不成的,由房屋征收部门通过组织被征收人按照少数服从多数的原则投票决定,或者采取摇号、抽签等随机方式确定。第 14 条规定,被征收房屋价值评估应当考虑被征收房屋的区位、用途、建筑结构、新旧程度、建筑面积以及占地面积、土地使用权等影响被征收房屋价值的因素。被征收房屋室内装饰装修价值,机器设备、物资等搬迁费用,以及停产停业损失等补偿,由征收当事人协商确定;协商不成的,可以委托房地产价格评估机构通过评估确定。

三、征地补偿安置争议协调裁决制度

征地补偿安置争议协调裁决制度,是一项具有自身特点、专门针对征地补偿安置争议设立的纠纷解决制度。根据国土资源部《关于加快推进征地补偿安置争议协调裁决制度的通知》(国土资发〔2006〕133 号),征地补偿安置争议协调裁决制度的基本内容如下:

(一)准确定位

协调裁决是针对被征地农民与实施征地的市、县政府在补偿安置方面的争议。协调裁决不对经依法批准的征地合法性进行审查,不代替行政复议和诉讼。协调裁决的范围主要有:对市、县人民政府批准的征地补偿安置方案有异议的;对适用征地补偿安置方案涉及的对被征土地地类、人均耕地面积、被征土地前三年平均年产值的认定有异议的;实行区片综合地价计算征地补偿费的地区,对区片综合地价的适用标准和计算有异议的。

（二）兼顾合法性与合理性

协调要以土地管理法律、法规、规章和国家、省级人民政府有关政策为依据，主要是对市、县人民政府确定的征地补偿安置方案和实施过程进行合法性审查，同时兼顾合理性审查。合理性审查的标准是保证被征地农民原有生活水平不降低、长远生计有保障。

（三）规范协调裁决程序

在程序设定上，首先必须贯彻协调前置、重在协调的原则，即当事人应当先向拟定征地补偿安置方案的市、县人民政府的上一级人民政府申请协调。未经协调的案件，不能进行裁决。裁决机关受理裁决案件后，也要先行组织协调。经协调达不成一致意见的，依法作出裁决决定。协调意见书经双方当事人签字同意后，即发生法律效力。其次，要体现便民、高效和公开的原则。

（四）建立灵活多样的协调裁决机制

各地要结合本地区的实际情况，大胆探索，按照居中协调和裁决的要求，积极探索灵活多样、符合本地区特点、有利于化解征地补偿安置纠纷的协调裁决机制。

（五）依法告知当事人诉权

当事人对裁决机关作出的裁决决定不服的，可以在法定期限内依照《行政复议法》和《行政诉讼法》的有关规定申请行政复议或者提起行政诉讼。裁决决定中应当告知当事人诉权。

案例 2-7[①]

原告李某 1978 年 1 月出生于湖南省某村某组，其户口登记在该村民小组。2000 年，李某考入首都师范大学，户口也随之迁往首都师范大学，成为非农业人口。2004 年毕业后，李某随即将户口迁回原籍，但是户口性质仍为非农业人口。李某毕业后在原籍与其父母一起生活，其间一直积极参与捐修公路等村中事务。2012 年，因建设市民服务中心项目工程，征地拆迁事务中心征收了该村的部分田地、山林，补偿了该村民小组征地补偿款 1667943 元。但是，在分配征地补偿款时，村民小组的村民认为李某为非农业人口，通过集体决议，将李某排除在补偿款分配名单之外。李某多次找所在村民小组协商未果，遂诉至法院。

---

① 案例来源：http://www.q777.net/news/? 676.html，2017 年 1 月 15 日访问。

》》评析

本案双方当事人争议的焦点为：原告是否具有集体经济组织成员资格？是否有权分得土地补偿款？

我们认为，第一，大学生毕业后，并不必然丧失集体经济组织成员资格。集体经济组织成员资格认定大致包括户籍、实地生产生活、履行村民义务、生存保障依赖四个要素。从四个要素之间的关系角度分析，前三者都是后者的具体表现形式，都体现为一种生存保障依赖。因此，应把生存保障依赖作为实质标准，把户籍、实地生产生活、履行村民义务作为辅助标准，判断一个人是不是集体经济组织成员。原告李某因出生而取得被告村组集体经济组织成员资格，考入高等院校后将户口迁出，2004年返乡之后又将户口从学校迁回原籍，没有得到城镇人口的基本生活保障，并履行了村民义务。因此，原告的集体经济组织成员资格并未丧失。第二，非农业人口可享有农村土地承包经营权。从社会实际来看，农村大学生的"非农"户口没有实质的保障意义，大学毕业后均面临就业的问题，并不一定在城市工作。同时，迁移户口是为了就学的方便或者适应学校的管理需要，不能因为大学生受过高等教育，就必须到城镇就业，剥夺其从事农业活动的资格。在得到城镇人口的基本生活保障前，毕业后的农村大学生与当地村民一样，其稳定、可靠的生存保障还是农村土地，也依法享有土地承包经营权。原告李某返乡之后，与家人共同经营承包的土地，基本生活保障仍然是由其原集体经济组织提供的。因此，原告的土地承包经营权并未丧失。

综上，原告李某虽为"非农"户口，但未获得城镇人口的基本生活保障，农民身份没有改变，理应属于集体经济组织成员。

思考题

1. 国家土地所有权和集体土地所有权的含义与特征是什么？
2. 建设用地使用权的取得方式有哪些？
3. 土地承包经营权的流转方式有哪些？
4. 宅基地使用权能否进行流转？
5. 地役权与相邻关系的区别是什么？
6. 土地承包经营权能否进行抵押？

第三章　房地产开发

【教学目的】

通过本章的学习,了解房地产开发、房地产开发企业、建设工程合同等相关概念,掌握房地产开发的基本流程、房地产开发企业设立的要件以及房地产开发中工程建设的相关要求。

第一节　房地产开发概述

一、房地产开发的含义

"开发"一词,本意是指以荒地、矿山、森林、水力等自然资源为对象进行劳动,以达到利用的目的。关于"房地产开发",我国相关法律专门对其进行了定义。《城市房地产管理法》第2条第3款规定:"本法所称房地产开发,是指在依据本法取得国有土地使用权的土地上进行基础设施、房屋建设的行为。"对于这一规定,可作如下说明:

第一,房地产开发的对象是国有土地。我国实行的是土地的社会主义公有制,包括国家所有和农民集体所有两种情况。《城市房地产管理法》所规定的房地产开发特指在国有土地上进行的建设活动,农民集体所有的土地不得直接用于房地产开发;若需要使用农民集体所有的土地从事房地产开发,必须依照法律规定的权限和程序,将其征收为国有土地后方可进行。①

第二,房地产开发的前提是依法取得建设用地使用权。房地产开发涉及的土地属于国家所有,若要在国有土地上进行开发建设,必须依据《物权法》《土地

---

① 《土地管理法》第43条规定:"任何单位和个人进行建设,需要使用土地的,必须依法申请使用国有土地;但是,兴办乡镇企业和村民建设住宅经依法批准使用本集体经济组织农民集体所有的土地的,或者乡(镇)村公共设施和公益事业建设经依法批准使用农民集体所有的土地的除外。前款所称依法申请使用的国有土地包括国家所有的土地和国家征收的原属于农民集体所有的土地。"

管理法》等法律的规定取得该土地的建设用地使用权，否则便属于违法行为，开发者应承担相应的法律责任。

第三，房地产开发的内容是在国有土地上进行基础设施建设、房屋建设。土地是一种自然资源，房地产开发就是在土地上进行基础设施建设、房屋建设，以提升土地的效益，满足人们生产、生活的需要。

二、房地产开发的分类

（一）土地开发与房屋开发

按照房地产开发的内容，可将其分为土地开发与房屋开发。

土地开发，是指对土地进行地面平整、建筑物拆除、基础设施建设等，使之能够满足建造建筑物、构筑物的需要。土地开发在业界俗称"三通一平""五通一平"或"七通一平"。"三通一平"，是指通电、通路、通水、土地平整；"五通一平"，是指通电、通路、通水、通信、排水、土地平整；"七通一平"，是指通电、通路、通水、通信、排水、热力、燃气、土地平整。土地开发就是要通过"三通一平""五通一平"或"七通一平"，把自然状态的土地变为可供建设房屋和各类设施的建设用地，即把"生地"变为"熟地"。

房屋开发，是指在土地上建造住宅、办公用房、工业厂房等各类房屋，一般包括地基建设、主体工程建设、配套和附属工程建设、安装和装饰工程建设等内容。

（二）新区开发与旧区改造

按照房地产开发的地域，可将其分为新区开发与旧区改造。

新区开发，是指根据土地利用总体规划和城市规划，将农用地或未利用地改变为城市用途的土地，并在此基础上进行基础设施建设和房屋建设。《城乡规划法》第30条规定："城市新区的开发和建设，应当合理确定建设规模和时序，充分利用现有市政基础设施和公共服务设施，严格保护自然资源和生态环境，体现地方特色。在城市总体规划、镇总体规划确定的建设用地范围以外，不得设立各类开发区和城市新区。"

旧区改造，是指根据城市规划的需要，将现有开发利用的旧城区改造翻新、重新建设，变成新的建设区。《城乡规划法》第31条规定："旧城区的改建，应当保护历史文化遗产和传统风貌，合理确定拆迁和建设规模，有计划地对危房集中、基础设施落后等地段进行改建。历史文化名城、名镇、名村的保护以及受保护建筑物的维护和使用,应当遵守有关法律、行政法规和国务院的规定。"

(三) 单项开发、小区开发、成片开发

按照房地产开发的规模,可将其分为单项开发、小区开发、成片开发。

单项开发,是指功能单一、配套设施简单的房地产项目的开发。例如,某单位建造单体办公楼。

小区开发,是指划出一个相对独立的地块进行综合性土地和房屋开发,不仅要完成房屋建设,还要有较为齐备的基础设施和配套项目。例如,某房地产开发企业开发建造一个住宅小区。

成片开发,通常是指占地广、投资大、项目多、周期长的综合性房地产开发。例如,某市高新技术开发区的开发建设。成片开发对地方经济有重大影响,因此往往由政府推动,采用统一规划、统一征地、统一管理的原则进行开发建设。

(四) 经营性开发与自用性开发

按照房地产开发的目的,可将其分为经营性开发与自用性开发。

经营性开发,是指房地产开发企业以营利为目的所进行的房地产开发。在经营性开发中,房地产开发企业开发的产品(如房屋)并不是自用,而是将其出卖或出租,以获取利润。

自用性开发,是指开发者为了满足自己的居住、办公、生产等需求而进行的房地产开发。在自用性开发中,开发者便是使用者,开发的目的是自用,而不是进入流通领域进行交易。

在房地产法中,房地产开发通常是指经营性开发。

三、房地产开发的主要特点

房地产开发具体以下几个主要特点:

(一) 地理位置固定

房地产开发从事的是基础设施建设和房屋建设,均与不动产直接相关。任何房地产项目均具有地理位置的固定性。

(二) 资金投入大

房地产业是典型的资金密集型行业,开发一个项目通常要投入大量资金,许多项目的成本高达数亿元,甚至数十亿元、数百亿元。正因如此,房地产开发企业为了完成一个开发项目,往往要通过银行贷款、发行债券等多种方式进行融资。

(三) 开发建设周期长

大多数房地产开发项目工程量大、程序复杂、环节众多,常常需要数年才能完成。通常,规模较小的项目要一两年完成,中等的要三四年,大型的要五六年,特大型的项目则需要更长时间。

(四) 政府干预较多

在市场经济条件下,房地产开发既重要又特殊,事关国计民生。因此,中央政府和地方政府必然会从城市规划、土地供应、税收信贷、行业准入、价格控制等多个方面对房地产开发予以调控、引导、规制。

(五) 管理部门多

从我国现行管理体制来看,参与房地产开发项目管理的部门很多。一个房地产项目的全部开发过程涉及土地、规划、建设、房管、消防、交通、人防、环保、市政、城管、园林、卫生、技监、质监、安监等众多部门。

四、房地产开发的基本要求

《城市房地产管理法》第 25 条规定:"房地产开发必须严格执行城市规划,按照经济效益、社会效益、环境效益相统一的原则,实行全面规划、合理布局、综合开发、配套建设。"根据这一规定,房地产开发的基本要求是:

(一) 严格执行城市规划

城市规划是为了实现一定时期内城市的经济和社会发展目标,确定城市性质、规模和发展方向,合理利用城市土地,协调城市空间布局和各项建设所作的综合部署和具体安排。城市规划是建设城市和管理城市的基本依据,是实现城市经济和社会发展目标的重要手段之一。作为城市建设重要组成部分的房地产开发,必须严格执行城市规划,服从城市规划管理。

(二) 经济效益、社会效益、环境效益相统一

经济效益,是指房地产开发所产生的经济利益。社会效益,是指房地产开发给社会带来的效果和利益。环境效益,是指房地产开发对城市自然环境和人文环境所产生的影响。经济效益、社会效益、环境效益三者相互依存,相互促进,缺一不可,是一个统一的整体。在房地产开发中,一定要避免出现只重视经济效益而忽略社会效益和环境效益的现象。一方面,要引导房地产开发企业树立

全局观念、长远观念,服从社会整体利益。另一方面,管理部门要通过一系列的法律法规去规范、引导房地产开发企业的行为,抑制其单纯追求经济效益的倾向。

(三) 全面规划、合理布局、综合开发、配套建设

全面规划要求房地产开发一方面执行城市总体规划,另一方面对房地产开发区进行科学合理的规划。

合理布局要求不论是新区开发还是旧区改建,各开发项目的选址、定点等,都不得妨碍城市的房展,危害城市的安全,破坏城市的环境,影响城市的各项功能。

综合开发要求房地产开发企业统一承担开发区的勘测、设计、征地、拆迁,进行道路、给水、排水、供电、供气、供热、通信、绿化等工程建设,并统一承担住宅、生活服务设施、商业网点、文教卫生建筑等的建设。

配套建设要求各综合开发单位按照批准的开发方案和"先地下,后地上"的原则,配套进行房屋、各项市政公用和生活服务设施建设。[1]

五、房地产开发的基本流程

一般而言,房地产开发的基本流程主要包括以下几个阶段:[2]

(一) 立项

在这一阶段,由开发者对房地产开发项目进行可行性研究,并在此基础上正式立项。可行性研究的根本目的是,实现项目决策的科学化、民主化,减少或避免投资决策的失误,提高项目开发建设的经济效益、社会效益和环境效益。

(二) 前期准备

在房地产开发项目的前期准备阶段,主要应完成以下工作:

第一,取得建设用地使用权。开发者可以通过出让、划拨、转让等方式取得建设用地使用权。

第二,取得相关行政许可。开发者应依法申请办理建设用地规划许可证、建设工程规划许可证、建设工程施工许可证等证照。

---

[1] 参见房绍坤主编:《房地产法》(第四版),北京大学出版社2011年版,第75页。
[2] 不少教材将房屋的销售、出租也列入房地产开发的基本流程,我们认为这是不妥当的。根据《城市房地产管理法》的规定,房地产开发仅指基础设施建设和房屋建设。房屋的销售、出租并不属于房地产开发,而属于房地产交易。

第三,签订有关合同。开发者应依法确定房地产开发项目的勘察单位、设计单位、施工单位、工程监理单位,并完成相关的合同谈判,签署相关合同。

(三)工程建设

在这一阶段,主要任务是建设单位、勘察单位、设计单位、施工单位以及工程监理单位各司其职,开展基础设施建设和房屋建设工作,以完成房地产开发项目。

第二节 房地产开发企业

一、房地产开发企业的含义与特征

房地产开发企业(又称"房地产开发商",简称"开发商")是房地产开发的主体,在房地产市场中占有十分重要的地位。根据《城市房地产管理法》第30条的规定,房地产开发企业是以营利为目的,从事房地产开发和经营的企业。《房地产开发企业资质管理规定》第2条规定:"本规定所称房地产开发企业是指依法设立、具有企业法人资格的经济实体。"

根据上述规定,房地产开发企业具有如下特征:

第一,房地产开发企业具有法人资格。组织有法人组织与非法人组织之分,房地产开发企业属于法人组织,它具有民事权利能力和民事行为能力,依法独立享有民事权利、履行民事义务、承担民事责任。

第二,房地产开发企业以营利为目的。法人有营利法人与非营利法人之分,房地产开发企业属于营利法人,其目的是通过房地产开发经营活动获取利润,并将该利润分配给股东。

第二,房地产开发企业的经营范围是房地产开发和经营。具体而言,房地产开发企业在城市规划区内的国有土地上进行基础设施建设、房屋建设,并转让房地产开发项目或者销售、出租商品房。[①]

[①] 按照房地产开发企业的经营范围是否以房地产开发经营为主,可将其分为专营企业和兼营企业:专营企业是指以房地产开发经营为主的企业;兼营企业是指以其他业务为主,兼营房地产开发经营的企业。

二、房地产开发企业的设立

(一) 实质要件

1. 有自己的名称和组织机构

房地产开发企业具有民事主体资格,应当有自己的名称。在确定房地产开发企业的名称时,应当遵循如下规则:(1)企业名称应当由行政区划、字号、行业、组织形式依次组成,法律、法规另有规定的除外。例如,在"深圳市万科房地产有限公司"这一企业名称中,"深圳市"为行政区划,"万科"为字号,"房地产"为行业,"有限公司"为组织形式。(2)企业名称应当使用符合国家规范的汉字,不得使用汉语拼音字母、阿拉伯数字。(3)企业只准使用一个名称。(4)企业申请登记注册的名称由工商管理部门核定,经核准登记注册后在规定的范围内享有专用权。

房地产开发企业作为法人组织,应当有相应的组织机构,以形成、表达和执行公司的意思。如果房地产开发企业采取公司制,那么其组织机构主要包括股东会(股东大会)、董事会、监事会。

2. 有自己的住所

住所是企业主要办事机构所在地,其功能主要是公示企业法定的送达地与确定企业司法和行政管辖地。

企业住所不同于企业经营场所。经营场所是指企业实际从事生产、销售、仓储、服务等经营活动的所在地。企业住所与企业经营场所既可以在同一处,也可以分别位于不同地方。企业住所应当是唯一的,而企业经营场所既可以是一个,也可以是多个。

房地产开发企业到工商管理部门申请设立登记,应当提供住所证明。具体而言,若该住所是企业自己所有,则提供房屋产权证明;若该住所是他人所有,则提供租赁合同等证明材料。

3. 有合乎规定的注册资本

若房地产开发企业采取公司制,必须有合乎规定的注册资本。注册资本是公司成立和运行的物质基础,是股东取得股权的对价,也是公司债权人的债权得以实现的保障。

房地产开发具有投资金额大、资金占用周期长、经营风险高的特点,因此房地产开发企业的注册资本往往比一般的公司高。

4. 有足够的专业技术人员

房地产开发是专业性非常强的行业,它不仅需要建筑、设计、结构等方面的专业技术人员,还需要经济、统计、财会等方面的专业人员。根据《城市房地产开发经营管理条例》第5条的规定,设立房地产开发企业,应当有4名以上持有资格证书的房地产专业、建筑工程专业的专职技术人员,2名以上持有资格证书的专职会计人员。

5. 法律、行政法规规定的其他条件

设立房地产开发企业,除了要满足上述条件外,还需满足法律、行政法规规定的其他条件。例如,若房地产开发企业采取有限责任公司的形式,必须有1个以上50个以下的股东,还必须由全体股东共同制定公司章程。

(二) 程序要件

1. 设立登记

《城市房地产管理法》第30条第2款规定:"设立房地产开发企业,应当向工商行政管理部门申请设立登记。工商行政管理部门对符合本法规定条件的,应当予以登记,发给营业执照;对不符合本法规定条件的,不予登记。"营业执照签发日期,即为房地产开发企业成立日期。房地产开发企业凭据营业执照,可以刻制公章,开立银行账户,签订合同,进行经营活动。

房地产开发企业采取的组织形式不同,申请设立登记时应当提交的文件也各不相同。

第一,设立有限责任公司。若房地产开发企业以有限责任公司作为组织形式,应当由全体股东指定的代表或者共同委托的代理人向公司登记机关申请设立登记。设立国有独资公司,应当由国务院或者地方人民政府授权的本级人民政府国有资产监督管理机构作为申请人,申请设立登记。申请设立有限责任公司,应当向公司登记机关提交下列文件:(1)公司法定代表人签署的设立登记申请书;(2)全体股东指定代表或者共同委托代理人的证明;(3)公司章程;(4)股东的主体资格证明或者自然人身份证明;(5)载明公司董事、监事、经理的姓名、住所的文件以及有关委派、选举或者聘用的证明;(6)公司法定代表人任职文件和身份证明;(7)企业名称预先核准通知书;(8)公司住所证明;(9)国家工商行政管理总局规定要求提交的其他文件。

第二,设立股份有限公司。若房地产开发企业以股份有限公司作为组织形式,应当由董事会向公司登记机关申请设立登记。以募集方式设立股份有限公司的,应当于创立大会结束后30日内向公司登记机关申请设立登记。申请设立股份有限公司,应当向公司登记机关提交下列文件:(1)公司法定代表人签署的设立登记申请书;(2)董事会指定代表或者共同委托代理人的证明;(3)公司章程;(4)发起人的主体资格证明或者自然人身份证明;(5)载明公司董事、监事、经理姓名、住所的文件以及有关委派、选举或者聘用的证明;(6)公司法定代表人任职文件和身份证明;(7)企业名称预先核准通知书;(8)公司住所证明;(9)国家工商行政管理总局规定要求提交的其他文件。此外,以募集方式设立股份有限公司的,还应当提交创立大会的会议记录以及依法设立的验资机构出具的验资证明;以募集方式设立股份有限公司公开发行股票的,还应当提交国务院证券监督管理机构的核准文件。

2. 备案

《城市房地产管理法》第30条第4款规定:"房地产开发企业在领取营业执照后的一个月内,应当到登记机关所在地的县级以上地方人民政府规定的部门备案。"换言之,房地产开发企业还要接受政府行业管理部门的监督管理。这一程序性规定,其目的是将设立登记后的房地产开发企业纳入房地产业的行业管理,保证房地产开发企业的健康发展和企业市场行为的规范化。需要指出的是,办理备案手续只是一种行政管理手段,并非房地产开发企业的成立要件。房地产开发企业的成立以营业执照签发日期为准。

房地产开发企业进行备案时,应向房地产开发主管部门提交下列文件:(1)营业执照复印件;(2)企业章程;(3)验资证明;(4)企业法定代表人的身份证明;(5)专业技术人员的资格证书和聘用合同。

三、房地产开发企业的资质管理

(一)概述

房地产开发企业的资本实力、管理能力决定了企业能够承担的开发任务的规模、数量,要避免"小马拉大车"的现象(即由于资金不足、管理能力不足而导致开发项目难以完成或无法完成,进而损害购房人的利益,乃至社会整体利益)。对于已经办理备案手续的房地产开发企业,应加强资质管理,根据企业的资金、人员的素质、管理的水平等条件对房地产开发企业进行资质等级管理,并颁发相应的证书,以加强对房地产开发企业经营活动的指导和监督。①《城市房地产开发经营管理条例》第9条规定:"房地产开发主管部门应当根据房地产开发企业的资产、专业技术人员和开发经营业绩等,对备案的房地产开发企业核定资质等级。房地产开发企业应当按照核定的资质等级,承担相应的房地产开发项目。具体办法由国务院建设行政主管部门制定。"据此,建设部于2000年专门制定了《房地产开发企业资质管理规定》,各地还出台了相应的实施细则。

(二)房地产开发企业资质等级的划分

1. 一级资质

一级资质房地产开发企业应符合以下条件:(1)从事房地产开发经营5年以上;(2)近3年房屋建筑面积累计竣工30万平方米以上,或者累计完成与此相当的房地产开发投资额;(3)连续5年建筑工程质量合格率达100%;(4)上一年房屋建筑施工面积15万平方米以上,或者完成与此相当的房地产开发投资额;(5)有职称的建筑、结构、财务、房地产及有关经济类的专业管理人员不少于40人,其中具有中级以上职称的管理人员不少于20人,持有资格证书的专职会计人员不少于4人;(6)工程技术、财务、统计等业务负责人具有相应专业中级以上职称;(7)具有完善的质量保证体系,商品住宅销售中实行了《住宅质量保证书》和《住宅使用说明书》制度;(8)未发生过重大工程质量事故。

2. 二级资质

二级资质房地产开发企业应符合以下条件:(1)从事房地产开发经营3年以上;(2)近3年房屋建筑面积累计竣工15万平方米以上,或者累计完成与此相当的房地产开发投资额;(3)连续3年建筑工程质量合格率达100%;(4)上一年房屋建筑施工面积10万平方米以上,或者完成与此相当的房地产开发投资额;(5)有职称的建筑、结构、财务、房地产及有关经济类的专业管理人员不少于20人,其中具有中级以上职称的管理人员不少于10人,持有资格证书的专职会计人员不少于3人;(6)工程技术、财务、统计等业务负责人具有相应专业中级以上职称;(7)具有完善的质量保证体系,商品住宅销售中实行了《住宅质量保证书》和《住宅使用说明书》制度;(8)未发生过重大工程质量事故。

---

① 参见符启林:《房地产法》(第四版),法律出版社2009年版,第195页。

3. 三级资质

三级资质房地产开发企业应符合以下条件:(1) 从事房地产开发经营 2 年以上;(2) 房屋建筑面积累计竣工 5 万平方米以上,或者累计完成与此相当的房地产开发投资额;(3) 连续 2 年建筑工程质量合格率达 100%;(4) 有职称的建筑、结构、财务、房地产及有关经济类的专业管理人员不少于 10 人,其中具有中级以上职称的管理人员不少于 5 人,持有资格证书的专职会计人员不少于 2 人;(5) 工程技术、财务等业务负责人具有相应专业中级以上职称,统计等其他业务负责人具有相应专业初级以上职称;(6) 具有完善的质量保证体系,商品住宅销售中实行了《住宅质量保证书》和《住宅使用说明书》制度;(7) 未发生过重大工程质量事故。

4. 四级资质

四级资质房地产开发企业应符合以下条件:(1) 从事房地产开发经营 1 年以上;(2) 已竣工的建筑工程质量合格率达 100%;(3) 有职称的建筑、结构、财务、房地产及有关经济类的专业管理人员不少于 5 人,持有资格证书的专职会计人员不少于 2 人;(4) 工程技术负责人具有相应专业中级以上职称,财务负责人具有相应专业初级以上职称,配有专业统计人员;(5) 商品住宅销售中实行了《住宅质量保证书》和《住宅使用说明书》制度;(6) 未发生过重大工程质量事故。

(三) 房地产开发企业资质等级的确定

1.《暂定资质证书》

新设立的房地产开发企业应当自领取营业执照之日起 30 日内,持相关文件到房地产开发主管部门备案。房地产开发主管部门应当在收到备案申请后 30 日内向符合条件的企业核发《暂定资质证书》。《暂定资质证书》有效期 1 年。房地产开发主管部门可以视企业经营情况延长《暂定资质证书》有效期,但延长期限不得超过 2 年。自领取《暂定资质证书》之日起 1 年内无开发项目的,《暂定资质证书》有效期不得延长。

2. 房地产开发企业资质等级的申请与核定

房地产开发企业应当依法在规定期限内向房地产开发主管部门申请核定资质等级。申请核定资质等级的房地产开发企业,应当提交下列证明文件:(1) 企业资质等级申报表;(2) 房地产开发企业资质证书(正、副本);(3) 企业资产负债表;(4) 企业法定代表人和经济、技术、财务负责人的职称证件;(5) 已开发经营项目的有关证明材料;(6)房地产开发项目手册及《住宅质量保证书》《住宅使用说明书》执行情况报告;(7)其他有关文件、证明。

房地产开发企业资质等级实行分级审批。一级资质由省、自治区、直辖市人民政府建设行政主管部门初审,报国务院建设行政主管部门审批。二级资质及二级资质以下企业的审批办法由省、自治区、直辖市人民政府建设行政主管部门制定。

经资质审查合格的企业,由资质审批部门发给相应等级的资质证书。资质证书由国务院建设行政主管部门统一制作。资质证书分为正本和副本,资质审批部门可以根据需要核发资质证书副本若干份。任何单位和个人不得涂改、出租、出借、转让、出卖资质证书。企业涂改、出租、出借、转让、出卖资质证书的,由原资质审批部门公告资质证书作废,收回证书,并可处以相应数额的罚款。

3. 年检

房地产开发企业的资质实行年检制度。对于不符合原定资质条件或者有不良经营行为的企业,由原资质审批部门予以降级或者注销资质证书。一级资质房地产开发企业的资质年检由国务院建设行政主管部门或者其委托的机构负责。二级资质及二级资质以下房地产开发企业的资质年检由省、自治区、直辖市人民政府建设行政主管部门制定办法。房地产开发企业无正当理由不参加资质年检的,视为年检不合格,由原资质审批部门注销资质证书。房地产开发主管部门应当将房地产开发企业资质年检结果向社会公布。

(四)房地产开发企业的资质等级与业务范围

房地产开发企业应当依法申请核定企业资质等级。未取得房地产开发资质等级证书的企业,不得从事房地产开发经营业务。

各资质等级企业应当在规定的业务范围内从事房地产开发经营业务,不得越级承担任务。一级资质的房地产开发企业承担房地产项目的建设规模不受限制,可以在全国范围承揽房地产开发项目。二级资质及二级资质以下的房地产开发企业可以承担建筑面积25万平方米以下的开发建设项目,承担业务的具体范围由省、自治区、直辖市人民政府建设行政主管部门确定。例如,2000年颁布的《湖北省房地产开发企业资质管理实施细则》第22条规定:"各级房地产开发企业必须按照资质证书确定的业务范围从事房地产开发业务,不得越级承担任务。各级房地产开发企业业务范围:(一)一级资质的房地产开发企业承担房地产项目的建设规模不受限制,可以在全国范围承揽房地产开发项目;(二)二级资质的房地产开发企业可承担建筑面积25万平方米以下的开建设项目,可以在全省范围承揽房地产开项目;(三)三级资质的房地产开发企业可承担建筑面积10万平方米以下的开发建设项目,限定在本市(州)行政区域内承揽地产开发项目;(四)四级资质的房地产开发企业可承担建筑面积4万平方米以下的开发建设项目,不得承担八层以上的开发建设项目,限定在本市区(县、市)范围内承揽房地产开发项目。"

企业未取得资质证书从事房地产开发经营的,由县级以上地方人民政府房地产开发主管部门责令限期改正,处5万元以上10万元以下的罚款;逾期不改正的,由房地产开发主管部门提请工商行政管理部门吊销营业执照。

企业超越资质等级从事房地产开发经营的,由县级以上地方人民政府房地产开发主管部门责令限期改正,处5万元以上10万元以下的罚款;逾期不改正的,由原资质审批部门吊销资质证书,并提请工商行政管理部门吊销营业执照。

四、合作开发房地产

(一)含义、基本特征及典型形式

房地产开发企业与他方合作开发房地产项目在实践中并不鲜见,这主要是因为房地产开发投资巨大,往往是有地的一方缺少资金,而有资金的一方又无地或者无项目,因此双方可以进行合作开发。为明确双方当事人的权利义务,保障合作顺利开展,相关当事人须签订合作开发房地产合同。《最高人民法院关于审理涉及国有土地使用权合同纠纷案件适用法律问题的解释》第14条规定:"本解释所称的合作开发房地产合同,是指当事人订立的以提供出让土地使用权、资金等作为共同投资,共享利润、共担风险合作开发房地产为基本内容的协议。"

合作开发房地产的基本特征是"共同投资、共享利润、共担风险",其典型形式是:一方提供土地,另一方提供资金,双方对建成的房屋按投资比例或约定比例分享销售利润。实践中,有些做法虽然名为"合作开发房地产",但是并不具备合作开发房地产的性质:

第一,合作开发房地产合同约定提供建设用地使用权的当事人不承担经营风险,只收取固定利益的,应当认定为建设用地使用权转让合同。

第二,合作开发房地产合同约定提供资金的当事人不承担经营风险,只分配固定数量房屋的,应当认定为房屋买卖合同。

第三,合作开发房地产合同约定提供资金的当事人不承担经营风险,只收取固定数额货币的,应当认定为借款合同。

第四,合作开发房地产合同约定提供资金的当事人不承担经营风险,只以租赁或者其他形式使用房屋的,应当认定为房屋租赁合同。

(二) 主体

合作开发房地产对主体的资格是有一定要求的,其中至少有一方当事人应具备房地产开发经营资质。《最高人民法院关于审理涉及国有土地使用权合同纠纷案件适用法律问题的解释》第15条规定:"合作开发房地产合同的当事人一方具备房地产开发经营资质的,应当认定合同有效。当事人双方均不具备房地产开发经营资质的,应当认定合同无效。但起诉前当事人一方已经取得房地产开发经营资质或者已依法合作成立具有房地产开发经营资质的房地产开发企业的,应当认定合同有效。"

(三) 效力

合作各方应当按照合作开发房地产合同的约定共同投资、共享利润、共担风险,需要注意的是:

第一,投资数额超出合作开发房地产合同的约定,对增加的投资数额的承担比例,当事人协商不成的,按照当事人的过错确定;因不可归责于当事人的事由或者当事人的过错无法确定的,按照约定的投资比例确定;没有约定投资比例的,按照约定的利润分配比例确定。

第二,房屋实际建筑面积少于合作开发房地产合同的约定,对房屋实际建筑面积的分配比例,当事人协商不成的,按照当事人的过错确定;因不可归责于当事人的事由或者当事人过错无法确定的,按照约定的利润分配比例确定。

第三,房屋实际建筑面积超出规划建筑面积,经有批准权的人民政府主管部门批准后,当事人对超出部分的房屋分配比例协商不成的,按照约定的利润分配比例确定。对增加的投资数额的承担比例,当事人协商不成的,按照约定的投资比例确定;没有约定投资比例的,按照约定的利润分配比例确定。

第四,当事人违反规划开发建设的房屋,被有批准权的人民政府主管部门认定为违法建筑责令拆除,当事人对损失承担协商不成的,按照当事人过错确定责任;过错无法确定的,按照约定的投资比例确定责任;没有约定投资比例的,按照约定的利润分配比例确定责任。

第五，合作开发房地产合同约定仅以投资数额确定利润分配比例，当事人未足额交纳出资的，按照当事人的实际投资比例分配利润。

案例 3-1①

2008年3月15日，四川省A房地产开发有限责任公司（以下简称"A公司"）与达州广播电视大学（达州财贸学校）（以下简称"电大财校"）签订了《合作开发协议书》，载明：合作开发项目名称：学府铭苑；项目地址：四川省达州市通川区西外镇金山南路与南北街道交汇处；电大财校以达州市政府批准的《校园总体规划调整方案》及学校临街开发的出让土地使用权作为投资，A公司以现金全额投资并独立开发建设学府铭苑；电大财校有权按约定获取开发效益，且不承担项目开发建设风险；电大财校应将相应的土地使用权转让至A公司名下。

2011年5月9日，电大财校向A公司发出《解除函》，主要载明：学校已无法履行《合作开发协议书》，并决定解除此协议，请A公司尽快派人到电大财校办理相关手续，开展清算工作，理清账务，处理善后事宜。A公司不同意解除合同，双方遂发生争议。

2012年，A公司诉至法院，要求法院判令电大财校继续全面履行与A公司于2008年3月15日签订的《合作开发协议书》。电大财校答辩称：电大财校与A公司签订的《合作开发协议书》约定电大财校只享有收益，不承担风险，该协议应为土地使用权转让合同；该合同违反了《国有资产评估管理办法》第3条、《城镇国有土地使用权出让和转让暂行条例》第19条、《城市房地产管理法》第39条，且该土地使用权没有通过招、拍、挂的方式转让，也违反了《事业单位国有资产管理暂行办法》第28条的规定，因此该合同应当认定无效。

一审法院（四川省高级人民法院）认为，根据2008年3月15日电大财校与A公司签订《合作开发协议书》约定的电大财校以达州市政府批准的《校园总体规划调整方案》及学校临街开发的部分土地使用权作为投资，A公司以现金全额投资并独立开发建设学府铭苑，开发利润的分配等内容表明，电大财校与A公司签订的《合作开发协议书》符合合资、合作开发房地产合同的法律特征，系合

---

① 案例来源：最高人民法院（2013）民一终字第18号判决书。

资、合作开发房地产合同。电大财校认为系土地使用权转让合同纠纷的抗辩理由不能成立，一审法院不予支持。《合作开发协议书》系双方当事人的真实意思表示，不违反法律、行政法规的强制性规定，不损害国家、集体或者第三人的利益，合法有效。

二审法院（最高人民法院）认为：(1) 涉案合同虽然冠以"合作开发协议书"之名，但是合同中明确约定电大财校只享有固定开发收益，不承担开发经营的风险。根据《最高人民法院关于审理涉及国有土地使用权合同纠纷案件适用法律问题的解释》第24条"合作开发房地产合同约定提供土地使用权的当事人不承担经营风险，只收取固定利益的，应当认定为土地使用权转让合同"的规定，《合作开发协议书》的性质为土地使用权转让合同。一审法院关于合同性质的认定有误，应当予以纠正。(2) 根据《合同法司法解释（一）》第4条"合同法实施以后，人民法院确认合同无效，应当以全国人大及其常委会制定的法律和国务院制定的行政法规为依据，不得以地方性法规、行政规章为依据"的规定，以及《合同法司法解释（二）》第14条"合同法第五十二条第（五）项规定的'强制性规定'，是指效力性强制性规定"的规定，因"违反法律、行政法规的强制性规定"而无效的合同，是指违反了法律、行政法规中的效力性强制性规定，法律、行政法规中的管理性强制性规定不能作为认定合同无效的依据。本案中，电大财校主张合同无效的理由是《合作开发协议书》违反了《国有资产评估管理办法》第3条、《招标拍卖挂牌出让国有建设用地使用权规定》《事业单位国有资产管理暂行办法》第28条，以及《城镇国有土地使用权出让和转让暂行条例》第19条、《城市房地产管理法》第39条的规定，但《国有资产评估管理办法》《招标拍卖挂牌出让国有建设用地使用权规定》和《事业单位国有资产管理暂行办法》系行政规章，而《城市房地产管理法》第39条、《城镇国有土地使用权出让和转让暂行条例》第19条为法律、行政法规中的管理性强制性规定，均不能作为认定合同无效的依据。电大财校关于合同无效的主张，缺乏法律依据，法院不予支持。A公司和电大财校之间订立的《合作开发协议书》是双方当事人的真实意思表示，不违反法律、行政法规的强制性规定，合法有效。

》》评析

第一，本案涉及合同性质的认定。认定合同性质不能拘泥于当事人使用的合同的名称,而是要结合合同的实际内容进行判断。

第二,本案涉及合同效力的认定。强制性规定有效力性强制性规定与管理性强制性规定之分,违反前者会导致合同无效,而违反后者并不会导致合同无效。

第三节 房地产开发中的工程建设

一、从业资格要求

为确保建设工程的质量和安全,维护正常的市场秩序,我国相关法律法规对从事工程建设的相关主体应当具备的条件进行了规定。例如,《建筑法》第12条规定:"从事建筑活动的建筑施工企业、勘察单位、设计单位和工程监理单位,应当具备下列条件:(一)有符合国家规定的注册资本;(二)有与其从事的建筑活动相适应的具有法定执业资格的专业技术人员;(三)有从事相关建筑活动所应有的技术装备;(四)法律、行政法规规定的其他条件。"第13条规定:"从事建筑活动的建筑施工企业、勘察单位、设计单位和工程监理单位,按照其拥有的注册资本、专业技术人员、技术装备和已完成的建筑工程业绩等资质条件,划分为不同的资质等级,经资质审查合格,取得相应等级的资质证书后,方可在其资质等级许可的范围内从事建筑活动。"[①]

《最高人民法院关于审理建设工程施工合同纠纷案件适用法律问题的解释》第1条规定:"建设工程施工合同具有下列情形之一的,应当根据合同法第五十二条第(五)项的规定,认定无效:(一)承包人未取得建筑施工企业资质或者超越资质等级的;(二)没有资质的实际施工人借用有资质的建筑施工企业名义的;……"可见,在建设工程施工合同中,若承包人没有相应资质,将直接导致合同无效。不过,该司法解释第5条规定:"承包人超越资质等级许可的业务范围签订建设工程施工合同,在建设工程竣工前取得相应资质等级,当事人请求按照无效合同处理的,不予支持。"换言之,如果承包人在建设工程竣工前取得相应资质等级,合同也应确认为有效。

[①] 有关建筑施工企业、勘察单位、设计单位和工程监理单位资质管理的具体内容,可参见原建设部颁布的《建筑业企业资质管理规定》《建设工程勘察设计资质管理规定》《工程监理企业资质管理规定》。

二、建设工程的施工许可

建设工程开工前,建设单位应当按照国家有关规定向工程所在地县级以上人民政府建设行政主管部门申请领取施工许可证。但是,国务院建设行政主管部门确定的限额以下的小型工程除外。① 按照国务院规定的权限和程序批准开工报告的建设工程,不再领取施工许可证。凡依法应当申请领取施工许可证的建设工程未取得施工许可证的,一律不得开工。

申请领取施工许可证,应当具备下列条件:(1) 已经办理该建设工程用地批准手续;(2) 在城市规划区的建设工程,已经取得建设工程规划许可证;(3) 需要拆迁的,其拆迁进度符合施工要求;(4) 已经确定建筑施工企业;(5) 有满足施工需要的施工图纸及技术资料;(6) 有保证工程质量和安全的具体措施;(7) 建设资金已经落实;(8) 法律、行政法规规定的其他条件。

《建筑法》第 8 条第 2 款规定:"建设行政主管部门应当自收到申请之日起十五日内,对符合条件的申请颁发施工许可证。"第 9 条规定:"建设单位应当自领取施工许可证之日起三个月内开工。因故不能按期开工的,应当向发证机关申请延期;延期以两次为限,每次不超过三个月。既不开工又不申请延期或者超过延期时限的,施工许可证自行废止。"

在建的建设工程因故中止施工的,建设单位应当自中止施工之日起一个月内,向发证机关报告,并按照规定做好建设工程的维护管理工作。建设工程恢复施工时,应当向发证机关报告;中止施工满一年的工程恢复施工前,建设单位应当报发证机关核验施工许可证。

三、建设工程的发包与承包

(一) 发包

建设工程的发包有两种类型:一是直接发包,即不经过招标投标程序,由发包人、承包人直接协商订立建设工程合同;二是招标发包,即通过招标投标的方式确定建设工程的承包人,进而由发包人、承包人签订建设工程合同。

《招标投标法》第 3 条规定:"在中华人民共和国境内进行下列工程建设项目

---

① 根据《建筑工程施工许可管理办法》第 2 条的规定,工程投资额在 30 万元以下或者建筑面积在 300 平方米以下的建筑工程,可以不申请办理施工许可证。

包括项目的勘察、设计、施工、监理以及与工程建设有关的重要设备、材料等的采购,必须进行招标:(一)大型基础设施、公用事业等关系社会公共利益、公众安全的项目;(二)全部或者部分使用国有资金投资或者国家融资的项目;(三)使用国际组织或者外国政府贷款、援助资金的项目。前款所列项目的具体范围和规模标准,由国务院发展计划部门会同国务院有关部门制订,报国务院批准。法律或者国务院对必须进行招标的其他项目的范围有规定的,依照其规定。"需要讨论的是,如果建设工程合同的订立应当采用招标投标的方式而当事人并未采用,是否会影响合同的效力?对此,理论界和实务界存在不同看法。根据《最高人民法院关于审理建设工程施工合同纠纷案件适用法律问题的解释》第1条的规定,建设工程必须招标而未招标的,建设工程施工合同无效。

建设工程实行公开招标的,发包人应当依照法定程序和方式,发布招标公告,提供载有招标工程的主要技术要求、主要的合同条款、评标的标准和方法以及开标、评标、定标的程序等内容的招标文件。开标应当在招标文件规定的时间、地点公开进行。开标后应当按照招标文件规定的评标标准和程序对标书进行评价、比较,在具备相应资质条件的投标者中,择优选定中标者。

(二) 承包

1. 单独承包与联合承包

在实务中,可以由一个承包人单独承包一个工程,也可以由两个以上的承包人共同承包一个工程。《建筑法》第27条规定:"大型建筑工程或者结构复杂的建筑工程,可以由两个以上的承包单位联合共同承包。共同承包的各方对承包合同的履行承担连带责任。两个以上不同资质等级的单位实行联合共同承包的,应当按照资质等级低的单位的业务许可范围承揽工程。"

2. 总承包与分别承包

《合同法》第272条第1款规定:"发包人可以与总承包人订立建设工程合同,也可以分别与勘察人、设计人、施工人订立勘察、设计、施工承包合同。……"可见,建设工程合同有两种形式:(1)总承包合同,即发包人与承包人就某项建设工程的全部勘察、设计、施工签订合同,承包人应当对从勘察、设计到施工的整个过程负责。这种承包合同的承包人又称为"总承包人"。(2)分别承包合同,即发包人分别与勘察人、设计人、施工人订立勘察、设计、施工承包合同,勘察人、设计人、施工人各负其责。

3. 转包与分包

转包与分包是工程建设中经常出现又极容易混淆的两种现象。

《合同法》第 272 条第 2 款规定："总承包人或者勘察、设计、施工承包人经发包人同意,可以将自己承包的部分工作交由第三人完成。第三人就其完成的工作成果与总承包人或者勘察、设计、施工承包人向发包人承担连带责任。承包人不得将其承包的全部建设工程转包给第三人或者将其承包的全部建设工程肢解以后以分包的名义分别转包给第三人。"第 3 款规定："禁止承包人将工程分包给不具备相应资质条件的单位。禁止分包单位将其承包的工程再分包。建设工程主体结构的施工必须由承包人自行完成。"对这两款规定,可作如下说明:

第一,转包。所谓转包,是指承包人承包建设工程后,不履行合同约定的责任和义务,将其承包的全部建设工程转给他人承包(直接转包)或者将其承包的全部建设工程肢解以后以分包的名义分别转给其他单位承包(变相转包)的行为。理解转包的含义,应注意两个要点:一是承包人试图退出原承包关系,二是承包人将"全部建设工程"交由他人完成。由于转包容易使不具有相应资质的承包人进行工程建设,以致造成工程质量低下、建设市场混乱,因此《合同法》明确禁止转包。

第二,分包。所谓分包,是指经发包人同意,承包人依法将其承包的部分工作交由第三人完成。分包有合法分包与违法分包之分,其中合法分包必须满足如下条件:(1) 分包必须取得发包人的同意。(2) 承包人只能将部分工作交由第三人完成。若是将全部工作交由第三人完成,就属于转包。(3) 主体结构的施工不得分包给他人,必须由承包人自行完成。(4) 第三人必须是具有相应的资质条件的单位。(5) 分包以一次为限,即分包单位不得将其承包的工程再分包,禁止"层层分包"。为了确保工程质量,强化当事人的质量意识,《合同法》第 272 条规定,第三人就其完成的工作成果与总承包人或者勘察、设计、施工承包人向发包人承担连带责任。

四、建设工程合同

(一) 建设工程合同的含义与特征

房地产开发的主要内容是进行基础设施建设和房屋建设。一般情况下,房地产开发企业等房地产开发者并不会自行建造基础设施和房屋,而是将其发包给承包人,由承包人完成工程建设。为了明确双方当事人的权利义务,确保工程建设的顺利进行,发包人与承包人必须签订建设工程合同。

《合同法》第269条规定:"建设工程合同是承包人进行工程建设,发包人支付价款的合同。建设工程合同包括工程勘察、设计、施工合同。"

建设工程合同具有如下特征:

1. 标的物

在建设工程合同中,标的物为建设工程。所谓建设工程,是指通过实施一定的建设活动而建造的土木工程、建筑工程、线路管道、设备安装工程以及装修工程等。需要指出的是,实践中的建设工程,并不能完全等同于不动产建设,而是指建筑面积、体量达到一定标准,需要一定的资金投入,且需要申请施工许可证的不动产建设。

2. 主体

建设工程合同的双方当事人分别为发包人和承包人。发包人多是房地产开发企业,承包人则是承担相应工作的勘察单位、设计单位或施工单位。建设工程通常具有资金投入量大、工程复杂、技术含量高、专业性强的特点,而建设工程的质量不仅涉及发包人的利益,而且涉及众多特定或不特定的第三人的利益,甚至关系到国计民生和社会稳定。因此,法律对发包人、承包人的资质都有较为严格的要求,尤其是承包人的资质直接影响建设工程合同是否有效。

3. 类型

建设工程合同可分为勘察合同、设计合同、施工合同三种类型。所谓勘察,是指对工程项目进行考察、验看,其主要内容包括工程测量、水文地质勘察和工程地质勘察等。所谓设计,是指在正式进行施工之前,预先确定工程的建设规模、主要设备配置、施工组织设计等。所谓施工,是指对工程进行实际的修建过程。

4. 性质

建设工程合同属于要式、双务、有偿合同,应采取书面形式。在建设工程合同中,承包人的主要义务是进行工程建设以作为对价,发包人的主要义务是支付价款。

5. 内容

勘察、设计合同的内容包括提交有关基础资料和文件(包括概预算)的期限、质量要求、费用以及其他协作条件等条款。施工合同的内容包括工程范围、建设工期、中间交工工程的开工和竣工时间、工程质量、工程造价、技术资料交付时间、材料和设备供应责任、拨款和结算、竣工验收、质量保修范围和质量保证期、双方相互协作等条款。

6. 管理

建设工程的质量关系到人民群众的基本生活,关系到国家的基础设施建设和国民经济的正常运转,所有工程建设都要坚持"百年大计,质量第一"的要求。为了强化建设工程的质量管理,有必要建立严格的建设工程质量的监管机制。这决定了在建设工程合同中,体现出较多的国家干预,强行性规范比较多。[1]

(二) 建设工程合同的效力

1. 发包人的义务

(1) 支付价款

在建设工程合同中,支付价款是发包人的主要义务,是承包人进行工程建设的对价。

首先,发包人应按照约定的数额支付工程价款。如果合同约定工程价款为一个固定数额,采取一次包干的方式,则无论承包人在工程建设中实际支出多少,发包人均应按照约定的数额支付工程价款;如果合同没有约定固定的工程价款数额,就应通过双方当事人的事后协商或通过对工程造价进行鉴定以确定工程价款。需要指出的是,当事人就同一建设工程另行订立的建设工程施工合同与经过备案的中标合同实质性内容不一致的(即俗称的"黑白合同""阴阳合同"),应当以经过备案的中标合同作为结算工程价款的根据。

其次,发包人应按照约定的期限支付工程价款。当事人对支付工程价款的期限有约定的,从其约定;没有约定的,下列时间视为付款时间:建设工程已实际交付的,为交付之日;建设工程没有交付的,为提交竣工结算文件之日;建设工程未交付,工程价款也未结算的,为当事人起诉之日。

若发包人不支付相关价款,则承包人享有建设工程价款优先受偿权。《合同法》第286条规定:"发包人未按照约定支付价款的,承包人可以催告发包人在合理期限内支付价款。发包人逾期不支付的,除按照建设工程的性质不宜折价、拍

---

[1] 参见王利明:《合同法分则研究(上卷)》,中国人民大学出版社2012年版,第396—398页。

卖的以外,承包人可以与发包人协议将该工程折价,也可以申请人民法院将该工程依法拍卖。建设工程的价款就该工程折价或者拍卖的价款优先受偿。"对该规定,可作如下说明:

第一,承包人行使建设工程价款优先受偿权,以催告为前提,即催告发包人在合理期限内支付价款。

第二,承包人行使建设工程价款优先受偿权有两种方式:承包人可以与发包人协议将该工程折价,也可以申请人民法院将该工程依法拍卖。

第三,所谓"按照建设工程的性质不宜折价、拍卖的",是指具有特殊用途,不适合将其出售给第三人的建设工程,如政府办公楼、铁路桥梁、高速公路等。

第四,承包人的建设工程价款优先受偿权优先于抵押权和一般债权。但是,消费者交付购买商品房的全部或者大部分款项后,承包人就该商品房享有的工程价款优先受偿权不得对抗买受人。

(2) 提供原材料、设备、场地、资金、技术资料

建设工程是一个复杂的整体工程,如果要按时保质保量完成工程建设,则不仅需要承包人按照合同的约定及时进行工程建设,而且需要发包人在整个工程建设过程中对承包人的建设活动提供配合和协助。这种配合和协助主要体现为,发包人应当按照约定的时间和要求提供原材料、设备、场地、资金、技术资料。若发包人未按照约定的时间和要求提供原材料、设备、场地、资金、技术资料,则承包人可以顺延工程日期,并有权要求赔偿停工、窝工等损失。

(3) 对隐蔽工程及时检查

隐蔽工程在隐蔽以前,承包人应当通知发包人检查。发包人没有及时检查的,承包人可以顺延工程日期,并有权要求赔偿停工、窝工等损失。

(4) 对工程的验收和接受

建设工程竣工后,发包人应当根据施工图纸及说明书、国家颁发的施工验收规范和质量检验标准及时进行验收。验收合格的,发包人应当按照约定支付价款,并接收该建设工程。

2. 承包人的主要义务

(1) 按期完成工程建设

按期完成工程建设是承包人的主要义务之一。

(2) 保证建设工程的质量

第一,勘察、设计的质量不符合要求或者未按照期限提交勘察、设计文件拖延工期,造成发包人损失的,勘察人、设计人应当继续完善勘察、设计,减收或者免收勘察、设计费并赔偿损失。

第二,因施工人的原因致使建设工程质量不符合约定的,发包人有权要求施工人在合理期限内无偿修理或者返工、改建。经过修理或者返工、改建后,造成逾期交付的,施工人应当承担违约责任。

第三,因承包人的原因致使建设工程在合理使用期限内造成人身和财产损害的,承包人应当承担损害赔偿责任。

(3) 接受监督

发包人在不妨碍承包人正常作业的情况下,可以随时对作业进度、质量进行检查。

(三) 建设工程合同的无效

《最高人民法院关于审理建设工程施工合同纠纷案件适用法律问题的解释》第1条规定:"建设工程施工合同具有下列情形之一的,应当根据合同法第五十二条第(五)项的规定,认定无效:(一)承包人未取得建筑施工企业资质或者超越资质等级的;(二)没有资质的实际施工人借用有资质的建筑施工企业名义的;(三)建设工程必须进行招标而未招标或者中标无效的。"第2条规定:"建设工程施工合同无效,但建设工程经竣工验收合格,承包人请求参照合同约定支付工程价款的,应予支持。"建设工程施工合同无效,且建设工程经竣工验收不合格的,按照以下情形分别处理:

第一,修复后的建设工程经竣工验收合格,发包人请求承包人承担修复费用的,应予支持。

第二,修复后的建设工程经竣工验收不合格,承包人请求支付工程价款的,不予支持。

此外,因建设工程不合格造成的损失,发包人有过错的,也应承担相应的民事责任。

(四) 建设工程合同的解除

承包人具有下列情形之一,发包人有权请求解除建设工程施工合同:(1) 明确表示或者以行为表明不履行合同主要义务的;(2) 合同约定的期限内没有完工,且在发包人催告的合理期限内仍未完工的;(3)已经完成的建设工程质量不合格,并拒绝修复的;(4)将承包的建设工程非法转包、违法分包的。

发包人具有下列情形之一,致使承包人无法施工,且在催告的合理期限内仍未履行相应义务,承包人有权请求解除建设工程施工合同:(1)未按约定支付工程价款的;(2)提供的主要建筑材料、建筑构配件和设备不符合强制性标准的;(3)不履行合同约定的协助义务的。

建设工程施工合同解除后,已经完成的建设工程质量合格的,发包人应当按照约定支付相应的工程价款。因一方违约导致合同解除的,违约方应当赔偿因此而给对方造成的损失。

案例 3-2[①]

1998年12月,咸宁市建筑工程总公司(下称"咸宁公司")通过工程招投标,与枣阳市北城信用社签订综合楼工程承建合同,合同造价为95.2万元,并经枣阳市招标投标办公室审查备案。半个月后,咸宁公司枣阳经理部又与北城信用社签订该合同补充协议,约定工程价款由招标中标的定价下浮16%,以补充协议价格作为工程结算依据。咸宁公司获知后,当即向北城信用社、枣阳市华罡监理公司和枣阳市造价管理站提出异议,要求终止履行补充协议,按中标备案合同履行,北城信用社未予答复。

1999年1月,北城信用社综合楼开工建设,北城信用社支付工程款71万元。当年底,工程全部竣工,综合楼交付使用,同时被评定为襄樊市优良等级工程。2000年7月,双方在工程最后决算时,对依据备案合同还是补充协议确定的工程价款进行结算产生争议。

2005年4月,咸宁公司向枣阳法院提起诉讼。枣阳法院经审理认为,根据《招标投标法》的规定,招标人和中标人应当自中标通知书发出之日起30日内订立书面合同,招标人和中标人不得再行订立背离合同实质性内容的其他协议。由于综合楼工程是通过公开招投标形式取得的,而且按招投标文件签订了合同并备案,故该合同合法有效。双方签订的补充协议对备案合同工程价款作了较大变动,对内容作了实质性变更,违反了有关法律法规,故补充协议应属无效。

---

① 案例来源:http://www.szcclawyer.com/zyly/ldzy1/2014-11-29/381.html,2017年1月12日访问。

当年 12 月 27 日,枣阳法院一审依法判决北城信用社支付咸宁公司各项费用 22 万余元。

>> 评析

这是一起有关建设工程中"黑白合同"以何者为准的典型案例。法院适用《招标投标法》"招标人和中标人应当自中标通知书发出之日起 30 日内订立书面合同,招标人和中标人不得再行订立背离合同实质性内容的其他协议"的规定,判决双方签订的补充协议无效,按备案合同的约定结算工程款。

鉴于"黑白合同"是建筑工程领域的一个突出现象,《最高人民法院关于审理建设工程施工合同纠纷案件适用法律问题的解释》第 21 条对"黑白合同"效力的认定作出明确规定:"当事人就同一建设工程另行订立的建设工程施工合同与经过备案的中标合同实质性内容不一致的,应当以备案的中标合同作为结算工程价款的根据。"该解释的出台,可以在一定程度上遏制工程建设领域"黑合同"的盛行,同时也解决了长期以来实践中对到底是"黑合同"有效还是"白合同"有效的争论。

案例 3-3[①]

上诉人上海某建筑公司与海南某安装公司签订《分项工程承包合同》,该合同第 4 条第 1 款明确约定:项目 A3、A4 室内花岗石,结算价格按 1069000 元结算(包括洗手台钢架制安、安装辅料、洗手台挖洞、石材磨光等全部工序),上述结算价格不受工程量的改变而影响。工程验收后,被上诉人海南某安装公司以工程款未完全付清而起诉。一审中,承包人请求法院对系争工程进行造价鉴定。法院委托有关机构进行鉴定,并以鉴定结果对案件作出一审判决。由于系争工程已经交付使用,测量时多数项目无法实测到位,因此鉴定结果高出合同价格接近一倍。发包人不服一审判决,提起上诉。二审法院最终认定双方建设施工合同有效,工程款结算应按合同约定的固定价结算,对原审判决依法予以改判。

>> 评析

这是一起建设工程施工合同约定工程款按固定价结算的案例。在承包人未提

---

① 案例来源:http://www.szcclawyer.com/zyly/ldzy1/2014-11-29/381.html,2017 年 1 月 12 日访问。

供任何证据证明当事人的约定无效的情况下,一审法院决定对工程造价进行委托鉴定是没有任何法律依据的。为此,二审法院依法改判,认定合同约定有效,判决按照合同约定的固定价结算工程款。《最高人民法院关于审理建设工程施工合同纠纷案件适用法律问题的解释》第22条规定:"当事人约定按照固定价结算工程价款,一方当事人请求对建设工程造价进行鉴定的,不予支持。"本条是按固定价结算的规定,并明确在合同约定固定价的情况下,不得对建设工程造价进行鉴定。

五、建设工程监理

建设工程监理,是指工程监理单位接受建设单位的委托,对承包单位在施工质量、建设工期和建设资金使用等方面进行监督。

实行监理的建设工程,由建设单位委托具有相应资质条件的工程监理单位监理。建设单位与其委托的工程监理单位应当订立书面委托监理合同。实施建筑工程监理前,建设单位应当将委托的工程监理单位、监理的内容及监理权限,书面通知被监理的建筑施工企业。

建设工程监理应当依照法律、行政法规及有关的技术标准、设计文件和建设工程承包合同,对承包单位在施工质量、建设工期和建设资金使用等方面,代表建设单位实施监督。工程监理人员认为工程施工不符合工程设计要求、施工技术标准和合同约定的,有权要求建筑施工企业改正。工程监理人员发现工程设计不符合建设工程质量标准或者合同约定的质量要求的,应当报告建设单位要求设计单位改正。

工程监理单位应当在其资质等级许可的监理范围内,承担工程监理业务。工程监理单位应当根据建设单位的委托,客观、公正地执行监理任务。工程监理单位与被监理工程的承包单位以及建筑材料、建筑构配件和设备供应单位不得有隶属关系或者其他利害关系。工程监理单位不得转让工程监理业务。工程监理单位不按照委托监理合同的约定履行监理义务,对应当监督检查的项目不检查或者不按照规定检查,给建设单位造成损失的,应当承担相应的赔偿责任。工程监理单位与承包单位串通,为承包单位谋取非法利益,给建设单位造成损失的,应当与承包单位承担连带赔偿责任。

六、建设工程安全生产管理

（一）建设单位的安全责任

第一，建设单位应当向施工单位提供施工现场及毗邻区域内供水、排水、供电、供气、供热、通信、广播电视等地下管线资料，气象和水文观测资料，相邻建筑物和构筑物、地下工程的有关资料，并保证资料的真实、准确、完整。

第二，建设单位不得对勘察、设计、施工、工程监理等单位提出不符合建设工程安全生产法律、法规和强制性标准规定的要求，不得压缩合同约定的工期。

第三，建设单位不得明示或者暗示施工单位购买、租赁、使用不符合安全施工要求的安全防护用具、机械设备、施工机具及配件、消防设施和器材。

（二）勘察、设计、工程监理单位的安全责任

第一，勘察单位应当按照法律、法规和工程建设强制性标准进行勘察，提供的勘察文件应当真实、准确，满足建设工程安全生产的需要。勘察单位在勘察作业时，应当严格执行操作规程，采取措施保证各类管线、设施和周边建筑物、构筑物的安全。

第二，设计单位应当按照法律、法规和工程建设强制性标准进行设计，防止因设计不合理导致生产安全事故的发生。设计单位应当考虑施工安全操作和防护的需要，对涉及施工安全的重点部位和环节在设计文件中注明，并对防范生产安全事故提出指导意见。采用新结构、新材料、新工艺的建设工程和特殊结构的建设工程，设计单位应当在设计中提出保障施工作业人员安全和预防生产安全事故的措施建议。

第三，工程监理单位应当审查施工组织设计中的安全技术措施或者专项施工方案是否符合工程建设强制性标准。工程监理单位在实施监理过程中，发现存在安全事故隐患的，应当要求施工单位整改；情况严重的，应当要求施工单位暂时停止施工，并及时报告建设单位。施工单位拒不整改或者不停止施工的，工程监理单位应当及时向有关主管部门报告。

（三）施工单位的安全责任

第一，施工单位主要负责人依法对本单位的安全生产工作全面负责。施工单位应当建立健全安全生产责任制度和安全生产教育培训制度，制定安全生产规章制度和操作规程，保证本单位安全生产条件所需资金的投入，对所承担的建设工程进行定期和专项安全检查,并做好安全检查记录。

第二,施工单位的项目负责人应当由取得相应执业资格的人员担任,对建设工程项目的安全施工负责,落实安全生产责任制度、安全生产规章制度和操作规程,确保安全生产费用的有效使用,并根据工程的特点组织制定安全施工措施,消除安全事故隐患,及时、如实报告生产安全事故。

第三,施工单位应当设立安全生产管理机构,配备专职安全生产管理人员。专职安全生产管理人员负责对安全生产进行现场监督检查。发现安全事故隐患,应当及时向项目负责人和安全生产管理机构报告;对违章指挥、违章操作的,应当立即制止。

第四,垂直运输机械作业人员、安装拆卸工、爆破作业人员、起重信号工、登高架设作业人员等特种作业人员,必须按照国家有关规定经过专门的安全作业培训,并取得特种作业操作资格证书后,方可上岗作业。

第五,施工单位应当在施工组织设计中编制安全技术措施和施工现场临时用电方案,对达到一定规模的危险性较大的分部分项工程编制专项施工方案,并附具安全验算结果,经施工单位技术负责人、总监理工程师签字后实施,由专职安全生产管理人员进行现场监督。

第六,施工单位应当在施工现场入口处、施工起重机械、临时用电设施、脚手架、出入通道口、楼梯口、电梯井口、孔洞口、桥梁口、隧道口、基坑边沿、爆破物及有害危险气体和液体存放处等危险部位,设置明显的安全警示标志。安全警示标志必须符合国家标准。

第七,施工单位应当将施工现场的办公、生活区与作业区分开设置,并保持安全距离;办公、生活区的选址应当符合安全性要求。职工的膳食、饮水、休息场所等应当符合卫生标准。施工单位不得在尚未竣工的建筑物内设置员工集体宿舍。

第八,施工单位对因建设工程施工可能造成损害的毗邻建筑物、构筑物和地下管线等,应当采取专项防护措施。施工单位应当遵守有关环境保护法律、法规的规定,在施工现场采取措施,防止或者减少粉尘、废气、废水、固体废物、噪声、振动和施工照明对人和环境的危害和污染。

第九,施工单位应当在施工现场建立消防安全责任制度,确定消防安全责任人,制定用火、用电、使用易燃易爆材料等各项消防安全管理制度和操作规程,设置消防通道、消防水源,配备消防设施和灭火器材,并在施工现场入口处设置明显标志。

第十,施工单位应当向作业人员提供安全防护用具和安全防护服装,并书面告知危险岗位的操作规程和违章操作的危害。作业人员应当遵守安全施工的强制性标准、规章制度和操作规程,正确使用安全防护用具、机械设备等。

第十一,施工单位应当为施工现场从事危险作业的人员办理意外伤害保险。意外伤害保险费由施工单位支付。

七、建设工程质量管理

(一)概述

为了保证建设工程质量,保护人民生命和财产安全,我国实行严格的建设工程质量管理制度,其基本要求是:

第一,凡是从事建设工程的新建、扩建、改建等有关活动,均应接受政府主管部门的监督、管理,遵循我国关于建设工程质量管理的相关规定。

第二,建设单位、勘察单位、设计单位、施工单位、工程监理单位均应在法律规定的范围内对建设工程质量负责。

第三,从事建设工程活动,必须严格执行基本建设程序,坚持先勘察、后设计、再施工的原则。政府部门不得超越权限审批建设项目或者擅自简化基本建设程序。

(二)建设单位的质量责任

第一,建设单位应当将工程发包给具有相应资质等级的单位,且不得将建设工程肢解发包。

第二,建设单位应当依法对工程建设项目的勘察、设计、施工、监理以及与工程建设有关的重要设备、材料等的采购进行招标。

第三,建设单位必须向有关的勘察、设计、施工、工程监理等单位提供与建设工程有关的原始资料。原始资料必须真实、准确、齐全。

第四,建设工程发包单位不得迫使承包方以低于成本的价格竞标,不得任意压缩合理工期。建设单位不得明示或者暗示设计单位或者施工单位违反工程建设强制性标准,降低建设工程质量。

第五,建设单位应当将施工图设计文件报县级以上人民政府建设行政主管部门或者其他有关部门审查。施工图设计文件未经审查批准的,不得使用。

第六,按照合同约定,由建设单位采购建筑材料、建筑构配件和设备的,建设单位应当保证建筑材料、建筑构配件和设备符合设计文件和合同要求。建设单位不得明示或者暗示施工单位使用不合格的建筑材料、建筑构配件和设备。

(三) 勘察、设计单位的质量责任

第一,从事建设工程勘察、设计的单位应当依法取得相应等级的资质证书,并在其资质等级许可的范围内承揽工程。勘察、设计单位不得转包或者违法分包所承揽的工程。

第二,勘察、设计单位必须按照工程建设强制性标准进行勘察、设计,并对其勘察、设计的质量负责。

第三,勘察单位提供的地质、测量、水文等勘察成果必须真实、准确。

第四,设计单位在设计文件中选用的建筑材料、建筑构配件和设备,应当注明规格、型号、性能等技术指标,其质量要求必须符合国家规定的标准。除有特殊要求的建筑材料、专用设备、工艺生产线等外,设计单位不得指定生产厂、供应商。

(四) 施工单位的质量责任

第一,施工单位应当依法取得相应等级的资质证书,并在其资质等级许可的范围内承揽工程。施工单位不得转包或者违法分包工程。

第二,施工单位对建设工程的施工质量负责。施工单位应当建立质量责任制,确定工程项目的项目经理、技术负责人和施工管理负责人。承包单位依法将建设工程分包给其他单位的,分包单位应当按照分包合同的约定对其分包工程的质量向承包单位负责,承包单位与分包单位对分包工程的质量承担连带责任。

第三,施工单位必须按照工程设计图纸和施工技术标准施工,不得擅自修改工程设计,不得偷工减料。施工单位在施工过程中发现设计文件和图纸有差错的,应当及时提出意见和建议。

第四,施工单位必须按照工程设计要求、施工技术标准和合同约定,对建筑材料、建筑构配件、设备和商品混凝土进行检验,检验应当有书面记录和专人签字;未经检验或者检验不合格的,不得使用。

第五,施工单位必须建立、健全施工质量的检验制度,严格工序管理,做好隐蔽工程的质量检查和记录。隐蔽工程在隐蔽前,施工单位应当通知建设单位和

建设工程质量监督机构。

第六,施工单位对施工中出现质量问题的建设工程或者竣工验收不合格的建设工程,应当负责返修。

(五)工程监理单位的质量责任

第一,工程监理单位应当依法取得相应等级的资质证书,并在其资质等级许可的范围内承担工程监理业务。工程监理单位不得转让工程监理业务。

第二,工程监理单位应当依照法律、法规以及有关技术标准、设计文件和建设工程承包合同,代表建设单位对施工质量实施监理,并对施工质量承担监理责任。

第三,工程监理单位应当选派具备相应资格的总监理工程师和监理工程师进驻施工现场。未经监理工程师签字,建筑材料、建筑构配件和设备不得在工程上使用或者安装,施工单位不得进行下一道工序的施工。未经总监理工程师签字,建设单位不拨付工程款,不进行竣工验收。

第四,监理工程师应当按照工程监理规范的要求,采取旁站、巡视和平行检验等形式,对建设工程实施监理。

(六)建设工程的质量保修

建设工程实行质量保修制度。建设工程承包单位在向建设单位提交工程竣工验收报告时,应当向建设单位出具质量保修书。质量保修书中应当明确建设工程的保修范围、保修期限和保修责任等。

在正常使用条件下,建设工程的最低保修期限为:(1)基础设施工程、房屋建筑的地基基础工程和主体结构工程,为设计文件规定的该工程的合理使用年限;(2)屋面防水工程、有防水要求的卫生间、房间和外墙面的防渗漏,为5年;(3)供热与供冷系统,为2个采暖期、供冷期;(4)电气管线、给排水管道、设备安装和装修工程,为2年。其他项目的保修期限由发包方与承包方约定。

思考题

1. 房地产开发的基本流程是什么?
2. 设立房地产开发企业的实质要件有哪些?
3. 建设单位申请领取施工许可证应当具备哪些条件?
4. 建设工程的转包、分包是指什么?
5. 建设工程合同中,承包人的义务有哪些?

第四章 房地产交易

【教学目的】

通过本章的学习，了解商品房现售、商品房预售、二手房买卖、房屋租赁、房屋转租等基本概念，掌握房屋买卖、房屋抵押、房屋租赁中各方当事人的权利与义务，能够运用相关法律知识分析和处理实务中有关房地产交易的案件。

第一节 商品房销售

一、商品房销售的含义

商品房销售，是指房地产开发企业将其建设的商品房出售给买受人，由买受人支付房屋价款的行为。对于该定义，可作如下说明：

第一，商品房销售的本质是一种买卖行为。出卖人将商品房交付给买受人，并向买受人转移该房屋的所有权，买受人向出卖人支付房屋价款。

第二，商品房销售的出卖人是房地产开发企业。根据我国相关法律法规的规定，房地产开发企业将其开发建设的商品房出售给他人的过程称为"商品房销售"。如果房屋出卖人并非房地产开发企业，而是一般的单位或个人，则不属于商品房销售，而只是一般的房屋买卖。

第三，商品房销售的标的物是房地产开发企业开发建设的商品房。商品房有广义、狭义之分。广义的商品房，是指所有进入市场交易的房屋，包括房地产开发企业建造的房屋、单位或个人自建的房屋、政府组织建设的经济适用房等；狭义的商品房，特指房地产开发企业开发建设并向社会公开出售的房屋。[①] 本节所讨论的商品房仅限于狭义的商品房。

---

① 参见最高人民法院民事审判第一庭编著：《最高人民法院关于审理商品房买卖合同纠纷案件司法解释的理解与适用》，人民法院出版社2003年版，第17—18页。

第四,商品房销售包括现售和预售两种情况。商品房可分为现房和期房:现房,是指已经竣工的商品房;期房,俗称"楼花",是指尚未建成的商品房。若销售现房,称为"商品房现售";若销售期房,称为"商品房预售"。

第五,商品房销售时,该房屋占有范围内的建设用地使用权一并交易。我国实行"房地一致"原则,"房随地走""地随房走"。《物权法》第146条规定:"建设用地使用权转让、互换、出资或者赠与的,附着于该土地上的建筑物、构筑物及其附属设施一并处分。"第147条规定:"建筑物、构筑物及其附属设施转让、互换、出资或者赠与的,该建筑物、构筑物及其附属设施占用范围内的建设用地使用权一并处分。"

二、商品房销售的条件

为了保护买受人的合法权益,维护房地产市场的正常秩序,我国相关法律法规对房地产开发企业销售商品房应当符合的条件进行了规定。

(一) 商品房现售

《商品房销售管理办法》第7条规定:"商品房现售,应当符合以下条件:(一)现售商品房的房地产开发企业应当具有企业法人营业执照和房地产开发企业资质证书;(二)取得土地使用权证书或者使用土地的批准文件;(三)持有建设工程规划许可证和施工许可证;(四)已通过竣工验收;(五)拆迁安置已经落实;(六)供水、供电、供热、燃气、通讯等配套基础设施具备交付使用条件,其他配套基础设施和公共设施具备交付使用条件或者已确定施工进度和交付日期;(七)物业管理方案已经落实。"

商品房现售虽无须办理审批手续,但房地产开发企业应当在商品房现售前将房地产开发项目手册及符合商品房现售条件的有关证明文件报送房地产开发主管部门备案。

(二) 商品房预售

1. 实质要件

《城市商品房预售管理办法》第5条规定:"商品房预售应当符合下列条件:(一)已交付全部土地使用权出让金,取得土地使用权证书;(二)持有建设工程规划许可证和施工许可证;(三)按提供预售的商品房计算,投入开发建设的资金达到工程建设总投资的25%以上,并已经确定施工进度和竣工交付日期。"

2. 程序要件

商品房预售实行许可制度。房地产开发企业进行商品房预售,应当向房地产管理部门申请预售许可,取得《商品房预售许可证》。未取得《商品房预售许可证》的,不得进行商品房预售,否则要承担相应的法律责任:

第一,民事责任。房地产开发企业未取得《商品房预售许可证》,与买受人订立的商品房预售合同,应当认定无效,但是在起诉前取得商品房预售许可证明的,可以认定有效。若房地产开发企业故意隐瞒没有取得《商品房预售许可证》的事实或者提供虚假《商品房预售许可证》,导致买卖合同无效,买受人可以请求返还已付购房款及利息、赔偿损失,并可以请求出卖人承担不超过已付购房款一倍的赔偿责任。

第二,行政处罚。房地产开发企业未取得《商品房预售许可证》,预售商品房的,由房地产管理部门责令停止违法行为,没收违法所得;收取预付款的,可以并处已收取的预付款1%以下的罚款。

房地产开发企业申请预售许可,应当向房地产管理部门提交下列证件(复印件)及资料:(1)商品房预售许可申请表;(2)企业的营业执照和资质证书;(3)土地使用权证、建设工程规划许可证、施工许可证;(4)投入开发建设的资金占工程建设总投资的比例符合规定条件的证明;(5)工程施工合同及关于施工进度的说明;(6)商品房预售方案。预售方案应当说明预售商品房的位置、面积、竣工交付日期等内容,并应当附预售商品房分层平面图。

商品房预售许可依下列程序办理:

第一,受理。房地产开发企业依法提交有关材料,材料齐全的,房地产管理部门应当当场出具受理通知书;材料不齐的,应当当场或者5日内一次性书面告知需要补充的材料。

第二,审核。房地产管理部门对企业提供的有关材料是否符合法定条件进行审核。

第三,许可。经审查,企业的申请符合法定条件的,房地产管理部门应当在受理之日起10日内,依法作出准予预售的行政许可书面决定,发送企业,并自作出决定之日起10日内向企业颁发、送达《商品房预售许可证》。经审查,企业的申请不符合法定条件的,房地产管理部门应当在受理之日起10日内,依法作出不予许可的书面决定。书面决定应当说明理由,告知企业享有依法申请行政复议或者提起行政诉讼的权利,并送达企业。商品房预售许可决定书、不予商品房预售许可决定书应当加盖房地产管理部门的行政许可专用印章,《商品房预售许可证》应当加盖房地产管理部门的印章。

第四,公示。房地产管理部门作出的准予商品房预售许可的决定,应当予以公开,公众有权查阅。

案例 4-1[①]

2001 年春,内蒙古某房地产开发有限责任公司(以下简称"A 公司")在广告中称其在呼和浩特市赛罕区中专路开发的商业用房已取得了《商品房预售许可证》,而且各项手续合法、完备。刘某看了广告后,于 2001 年 9 月 18 日与 A 公司签订了商品房预售合同,约定 2001 年 12 月 30 日前交付。在刘某的提议下,双方对商品房预售合同进行了公证。此后,刘某付清了全部房款。

但是,房屋交付期届满后,开发商不仅不能按时交付房屋,而且以种种借口推托,拒不交房。直至 2003 年 5 月,刘某才从呼和浩特市房产局了解到,A 公司根本没有取得《商品房预售许可证》,在广告中所称和向其出示的《商品房预售许可证》是伪造的证明文件。

之后,刘某多次与 A 公司交涉,要求其双倍返还房款并承担利息,遭到拒绝。无奈之下,刘某于 2003 年 7 月 31 日将 A 公司诉至呼和浩特市赛罕区人民法院。经过近两年半的一审、再审,法院依据《最高人民法院关于审理商品房买卖合同纠纷案件适用法律若干问题的解释》第 9 条的规定,判决 A 公司返还刘某购房款 32.81 万元及利息 2779 元,并支付赔偿金 32.81 万元,诉讼费由 A 公司承担。

>> 评析

第一,根据我国相关法律的规定,商品房预售必须取得预售许可证明,否则商品房预售合同无效。《合同法》第 58 条规定:"合同无效或者被撤销后,因该合同取得的财产,应当予以返还;不能返还或者没有必要返还的,应当折价补偿。有过错的一

---

① 案例来源:http://china.findlaw.cn/fangdichan/fcjfal/spfmmal/191725.html,2017 年 1 月 18 日访问。

方应当赔偿对方因此所受到的损失,双方都有过错的,应当各自承担相应的责任。"因此,本案中,双方当事人签订的商品房预售合同无效,买受人可要求开发商返还购房款,并赔偿损失。

第二,本案中,开发商故意提供虚假《商品房预售许可证》,其主观恶意明显。无论是从维护买受人的个人利益出发,还是从保护国家利益、维护社会诚信体系的目的出发,均应对出卖人的这种主观恶意行为予以严厉制裁。最高人民法院在司法解释中对这种情况规定了惩罚性赔偿。《最高人民法院关于审理商品房买卖合同纠纷案件适用法律若干问题的解释》第9条规定:"出卖人订立商品房买卖合同时,具有下列情形之一,导致合同无效或者被撤销、解除的,买受人可以请求返还已付购房款及利息、赔偿损失,并可以请求出卖人承担不超过已付购房款一倍的赔偿责任:(一)故意隐瞒没有取得商品房预售许可证明的事实或者提供虚假商品房预售许可证明;(二)故意隐瞒所售房屋已经抵押的事实;(三)故意隐瞒所售房屋已经出卖给第三人或者为拆迁补偿安置房屋的事实。"正因如此,本案中,法院不仅判决A公司返还刘某购房款32.81万元及利息2779元,而且判决其支付赔偿金32.81万元。

三、商品房销售合同

商品房销售时,房地产开发企业和买受人应当订立书面商品房买卖合同。商品房买卖合同主要包括如下条款:(1)当事人名称或者姓名和住所;(2)商品房基本状况;(3)商品房的销售方式;(4)商品房价款的确定方式及总价款、付款方式、付款时间;(5)交付使用条件及日期;(6)装饰、设备标准承诺;(7)供水、供电、供热、燃气、通信、道路、绿化等配套基础设施和公共设施的交付承诺和有关权益、责任;(8)公共配套建筑的产权归属;(9)面积差异的处理方式;(10)办理产权登记有关事宜;(11)解决争议的方法;(12)违约责任;(13)双方约定的其他事项。

值得注意的是:

第一,为规范商品房交易行为,保障交易当事人的合法权益,维护商品房交易秩序,贯彻落实相关法律,住房和城乡建设部、国家工商行政管理总局专门制定了《商品房买卖合同(预售)示范文本》和《商品房买卖合同(现售)示范文本》,以供当事人在订立合同时使用。

第二,"商品房买卖90%以上是以广告形式向社会公开出售的,因商品房销售广告引发的纠纷在审判实践中大量存在。"①为保护买受人的合法权益,《最高人民法院关于审理商品房买卖合同纠纷案件适用法律若干问题的解释》第 3 条规定:"商品房的销售广告和宣传资料为要约邀请,但是出卖人就商品房开发规划范围内的房屋及相关设施所作的说明和允诺具体确定,并对商品房买卖合同的订立以及房屋价格的确定有重大影响的,应当视为要约。该说明和允诺即使未载入商品房买卖合同,亦应当视为合同内容,当事人违反的,应当承担违约责任。"

四、房地产开发企业的义务

(一)交付房屋

向买受人交付房屋,是商品房销售中房地产开发企业的一项主要义务。实践中,有如下几个问题需要注意:

1. 交付的条件

只有在满足法定的、约定的交付条件的情况下,商品房才可交付使用。《城市房地产开发经营管理条例》第 17 条第 1 款规定:"房地产开发项目竣工,经验收合格后,方可交付使用;未经验收或者验收不合格的,不得交付使用。"

2. 交付的期限

房地产开发企业应当按照约定的期限向买受人交付房屋。逾期交房的,房地产开发企业应当根据具体情况承担继续履行、赔偿损失、支付违约金等违约责任。

3. 交付的地点

由于商品房系不动产,因此如果当事人没有特别约定,那么交付地点为该房屋所在地。

4. 交付的方式

交付是指出卖人将房屋的占有转移给买受人,实践中可采取交钥匙等方式转移房屋的占有。

5. 交付与风险转移

关于商品房买卖中标的物的风险何时转移,理论界存在不同看法,主要有

---

① 最高人民法院民事审判第一庭编著:《最高人民法院关于审理商品房买卖合同纠纷案件司法解释的理解与适用》,人民法院出版社 2003 年版,第 38 页。

"交付转移说"和"登记转移说"两种观点。最高人民法院采取了"交付转移说"。《最高人民法院关于审理商品房买卖合同纠纷案件适用法律若干问题的解释》第11条第2款规定:"房屋毁损、灭失的风险,在交付使用前由出卖人承担,交付使用后由买受人承担;买受人接到出卖人的书面交房通知,无正当理由拒绝接收的,房屋毁损、灭失的风险自书面交房通知确定的交付使用之日起由买受人承担,但法律另有规定或者当事人另有约定的除外。"

（二）转移房屋所有权

向买受人转移房屋所有权,是商品房销售中房地产开发企业的另一项主要义务。由于商品房属于不动产,根据《物权法》的规定,当事人应通过办理房屋登记手续转移房屋所有权(俗称"过户")。

1. 房屋登记的程序

（1）房屋所有权初始登记

买卖双方办理房屋所有权转移登记的前提是,房地产开发企业依法办理了房屋所有权初始登记,取得了相应的房地产权证书(俗称"大产证")。

房地产开发企业申请房屋所有权初始登记,应向登记机关提交下列材料:第一,登记申请书;第二,申请人身份证明;第三,建设用地使用权证明;第四,建设工程符合规划的证明;第五,房屋已竣工的证明;第六,房屋测绘报告;第七,其他必要材料。

（2）房屋所有权转移登记

房地产开发企业要履行转移房屋所有权的义务,买受人要取得房屋所有权,必须办理房屋所有权转移登记。

申请房屋所有权转移登记,应向登记机关提交下列材料:第一,登记申请书;第二,申请人身份证明;第三,房屋所有权证书;第四,商品房销售合同;第五,其他必要材料。

2. 违约责任

《最高人民法院关于审理商品房买卖合同纠纷案件适用法律若干问题的解释》第18条规定:"由于出卖人的原因,买受人在下列期限届满未能取得房屋权属证书的,除当事人有特殊约定外,出卖人应当承担违约责任:（一）商品房买卖合同约定的办理房屋所有权登记的期限;（二）商品房买卖合同的标的物为尚未建成房屋的,自房屋交付使用之日起90日;（三）商品房买卖合同的标的物为已竣工房屋的,自合同订立之日起90日。合同没有约定违约金或者损失数额难以确定的,可以按照已付购房款总额,参照中国人民银行规定的金融机构计收逾期贷款利息的标准计算。"

(三) 权利瑕疵担保

权利瑕疵担保义务,是指出卖人就其交付的标的物,应当担保第三人不得向买受人主张任何权利。就商品房销售而言,房地产开发企业的权利瑕疵担保义务,主要是指房地产开发企业就其销售的商品房担保不受他人追夺以及不存在未告知的权利负担,否则应当承担相应的法律责任。

(四) 物的瑕疵担保

物的瑕疵担保义务,是指出卖人应当担保其交付的标的物符合法定和约定的质量要求。就商品房销售而言,房地产开发企业的物的瑕疵担保义务主要包括如下内容:(1) 该商品房的地基基础和主体结构合格,并符合国家及行业标准;(2) 该商品房质量应当符合有关工程质量规范、标准和施工图设计文件的要求;(3) 该商品房应当使用合格的建筑材料、构配件和设备,装置、装修、装饰所用材料的产品质量必须符合国家的强制性标准及双方约定的标准;(4) 该商品房在室内空气质量、建筑隔声、民用建筑节能等方面符合法定、约定的标准;(5) 房地产开发企业销售商品房时设置样板房的,应当说明实际交付的商品房质量、设备及装修与样板房是否一致,未作说明的,实际交付的商品房应当与样板房一致。

商品房存在质量问题的,买受人可根据具体情形要求房地产开发企业承担退房、更换、修理、赔偿等违约责任。

(五) 商品房保修

房地产开发企业应当对所售商品房承担质量保修责任。当事人应当在合同中就保修范围、保修期限、保修责任等内容作出约定。保修期从交付之日起计算。

商品住宅的保修期限不得低于建设工程承包单位向建设单位出具的质量保修书约定保修期的存续期;存续期少于《商品住宅实行质量保证书和住宅使用说明书制度的规定》中确定的最低保修期限的,保修期不得低于该规定中确定的最低保修期限。

非住宅商品房的保修期限不得低于建设工程承包单位向建设单位出具的质

量保修书约定保修期的存续期。

在保修期限内发生的属于保修范围的质量问题,房地产开发企业应当履行保修义务,并对造成的损失承担赔偿责任。因不可抗力或者使用不当造成的损坏,房地产开发企业不承担责任。

(六)交付有关单证和资料

在商品房销售中,房地产开发企业应当按照法律规定、合同约定或交易习惯向买受人交付有关单证和资料。例如,根据我国相关法律法规的规定,房地产开发企业销售商品住宅的,应当向买受人交付《住宅质量保证书》《住宅使用说明书》等资料。

一般认为,交付有关单证和资料是买卖合同中出卖人的一项从给付义务,违反该义务的,出卖人也应当承担相应的违约责任。

案例 4-2[①]

刘某于 2008 年 12 月 5 日与某开发商签订书面合同,购买该公司 A 楼盘的精装商品房一套,价值 24 万元,开发商赠与刘某地下车位一个。在开发商尚未办结刘某所购房屋的房产证件时,刘某就付清房款后入住,发现房内有一种刺鼻的气味。经有关部门检测,此气味为氨气,其浓度高于国家标准的 3.6 倍,要一年后才有可能消除。经查,造成这一情况的原因是建筑商为加快工程进度,在混凝土中使用含有氨气的添加剂。为此,刘某搬出该房,另花 5000 元租金租房(租期一年)居住。刘某因与开发商协商未果而诉至法院。

法院审理后认为:刘某与开发商签订的商品房买卖合同不存在效力上的瑕疵问题,属有效合同。开发商向刘某交付的商品房室内空气质量不达标,且给刘某造成了损失,应向刘某承担赔偿责任。开发商承担赔偿责任后,可依建设工程施工合同向施工人追偿。因此,法院判决开发商赔偿因所售商品房不环保而给购房者造成的经济损失 5000 元。

>> **评析**

在商品房销售合同中,房地产开发企业应当承担物的瑕疵担保责任,这其中就

---

① 案例来源:http://china.findlaw.cn/fangdichan/fcjfal/spfmmal/191641.html,2017 年 1 月 19 日访问。

包括该商品房在室内空气质量等方面符合法定、约定的标准。

五、买受人的义务

买受人的主要义务是按照商品房销售合同的约定向房地产开发企业支付房屋价款。关于买受人的付款义务，需注意以下几点：

第一，价款数额。商品房销售价格由当事人协商议定，国家另有规定的除外。商品房销售可以按套（单元）计价，也可以按套内建筑面积或者建筑面积计价。[①]

按套（单元）计价的现售房屋，当事人对现售房屋实地勘察后可以在合同中直接约定总价款。

按套（单元）计价的预售房屋，房地产开发企业应当在合同中附所售房屋的平面图。平面图应当标明详细尺寸，并约定误差范围。房屋交付时，套型与设计图纸一致，相关尺寸也在约定的误差范围内，维持总价款不变；套型与设计图纸不一致或者相关尺寸超出约定的误差范围，合同中未约定处理方式的，买受人可以退房或者与房地产开发企业重新约定总价款。买受人退房的，由房地产开发企业承担违约责任。

按套内建筑面积或者建筑面积计价的，当事人应当在合同中载明合同约定面积与产权登记面积发生误差的处理方式。合同未约定的，按照以下原则处理：（1）面积误差比绝对值在3%以内（含3%），[②]按照合同约定的价格据实结算，买受人请求解除合同的，不予支持；（2）面积误差比绝对值超出3%，买受人请求解除合同、返还已付购房款及利息的，应予支持。买受人同意继续履行合同，房屋实际面积大于合同约定面积的，面积误差比在3%以内（含3%）部分的房价款由买受人按照约定的价格补足，面积误差比超出3%部分的房价款由出卖人承担，所有权归买受人；房屋实际面积小于合同约定面积的，面积误差比在3%以内（含3%）部分的房价款及利息由出卖人返还买受人，面积误差比超过3%部分的房价款由出卖人双倍返还买受人。

第二，支付时间。在商品房销售中，支付价款的时间由双方当事人自行约

---

① 商品房建筑面积＝套内建筑面积＋分摊的共有建筑面积
② 面积误差比＝（产权登记面积－合同约定面积）÷合同约定面积×100%

定。双方当事人没有约定或约定不明的,买受人应当在收到房屋时支付房款。

第三,违约责任。买受人逾期付款的,房地产开发企业有权根据具体情形要求其承担继续履行、支付违约金、赔偿损失等违约责任;合同没有约定违约金数额或者损失赔偿额计算方法的,可以按照未付购房款总额,参照中国人民银行规定的金融机构计收逾期贷款利息的标准计算相关的数额;买受人迟延支付购房款,经催告后在三个月的合理期限内仍未履行,房地产开发企业有权请求解除合同,但当事人另有约定的除外。

商品房买卖合同(预售)示范文本

(GF-2014-0171)[①]

出卖人向买受人出售其开发建设的房屋,双方当事人应当在自愿、平等、公平及诚实信用的基础上,根据《中华人民共和国合同法》《中华人民共和国物权法》《中华人民共和国城市房地产管理法》等法律、法规的规定,就商品房买卖相关内容协商达成一致意见,签订本商品房买卖合同。

第一章 合同当事人

出卖人：_____

通讯地址：_____

邮政编码：_____

营业执照注册号：_____

企业资质证书号：_____

法定代表人：_____ 联系电话：_____

委托代理人：_____ 联系电话：_____

委托销售经纪机构：_____

通讯地址：_____

邮政编码：_____

营业执照注册号：_____

---

① 该示范文本由住房和城乡建设部、国家工商行政管理总局共同制定,于2014年4月发布。受篇幅所限,此处未收录该示范文本所包含的11个附件。

第四章　房地产交易　　　　　105

经纪机构备案证明号：_____
法定代表人：_____ 联系电话：_____
买受人：_____
【法定代表人】【负责人】：_____
【国籍】【户籍所在地】：_____
证件类型：【居民身份证】【护照】【营业执照】【____】,证号：_____
出生日期：____年____月____日,性别：_____
通讯地址：_____
邮政编码：_____ 联系电话：_____
【委托代理人】【法定代理人】：_____
【国籍】【户籍所在地】：_____
证件类型：【居民身份证】【护照】【营业执照】【____】,证号：_____
出生日期：____年____月____日,性别：_____
通讯地址：_____
邮政编码：_____ 联系电话：_____
（买受人为多人时，可相应增加）

第二章　商品房基本状况

第一条　项目建设依据

1. 出卖人以【出让】【划拨】【____】方式取得坐落于_____地块的建设用地使用权。该地块【国有土地使用证号】【____】为_____，土地使用权面积为_____平方米。买受人购买的商品房（以下简称该商品房）所占用的土地用途为____，土地使用权终止日期为____年____月____日。

2. 出卖人经批准，在上述地块上建设的商品房项目核准名称为_____，建设工程规划许可证号为_____，建筑工程施工许可证号为_____。

第二条　预售依据

该商品房已由_____批准预售，预售许可证号为_____。

第三条　商品房基本情况

1. 该商品房的规划用途为【住宅】【办公】【商业】【____】。

2. 该商品房所在建筑物的主体结构为_____,建筑总层数为_____层,其中地上_____层,地下_____层。

3. 该商品房为第一条规定项目中的_____【幢】【座】【____】_____单元_____层_____号。房屋竣工后,如房号发生改变,不影响该商品房的特定位置。该商品房的平面图见附件一。

4. 该商品房的房产测绘机构为_____,其预测建筑面积共_____平方米,其中套内建筑面积_____平方米,分摊共有建筑面积_____平方米。该商品房共用部位见附件二。

该商品房层高为_____米,有_____个阳台,其中_____个阳台为封闭式,_____个阳台为非封闭式。阳台是否封闭以规划设计文件为准。

第四条 抵押情况

与该商品房有关的抵押情况为【抵押】【未抵押】。

抵押类型:_____,抵押人:_____,

抵押权人:_____,抵押登记机构:_____,

抵押登记日期:_____,债务履行期限:_____。

抵押类型:_____,抵押人:_____,

抵押权人:_____,抵押登记机构:_____,

抵押登记日期:_____,债务履行期限:_____。

抵押权人同意该商品房转让的证明及关于抵押的相关约定见附件三。

第五条 房屋权利状况承诺

1. 出卖人对该商品房享有合法权利;

2. 该商品房没有出售给除本合同买受人以外的其他人;

3. 该商品房没有司法查封或其他限制转让的情况;

4. _____;

5. _____。

如该商品房权利状况与上述情况不符,导致不能完成本合同登记备案或房屋所有权转移登记的,买受人有权解除合同。买受人解除合同的,应当书面通知出卖人。出卖人应当自解除合同通知送达之日起 15 日内退还买受人已付全部房款(含已付贷款部分),并自买受人付款之日起,按照_____%(不低于中国人民银行公布的同期贷款基准利率)计算给付利息。给买受人造成损失的,由出卖人支付【已付房价款一倍】【买受人全部损失】的赔偿金。

第三章 商品房价款

第六条 计价方式与价款

出卖人与买受人按照下列第_____种方式计算该商品房价款：

1. 按照套内建筑面积计算，该商品房单价为每平方米____（币种）____元，总价款为_____（币种）_____元（大写_____元整）。

2. 按照建筑面积计算，该商品房单价为每平方米_____（币种）_____元，总价款为_____（币种）_____元（大写_____元整）。

3. 按照套计算，该商品房总价款为_____（币种）_____元（大写_____元整）。

4. 按照_____计算，该商品房总价款为_____（币种）_____元（大写_____元整）。

第七条 付款方式及期限

（一）签订本合同前，买受人已向出卖人支付定金_____（币种）_____元（大写），该定金于【本合同签订】【交付首付款】【____】时【抵作】【____】商品房价款。

（二）买受人采取下列第_____种方式付款：

1. 一次性付款。买受人应当在____年____月____日前支付该商品房全部价款。

2. 分期付款。买受人应当在____年____月____日前分_____期支付该商品房全部价款，首期房价款_____（币种）_____元（大写：_____元整），应当于____年____月____日前支付。
_____。

3. 贷款方式付款：【公积金贷款】【商业贷款】【____】。买受人应当于____年____月____日前支付首期房价款_____（币种）_____元（大写_____元整），占全部房价款的_____%。余款_____（币种）_____元（大写_____元整）向_____（贷款机构）申请贷款支付。

4. 其他方式：

_____。

（三）出售该商品房的全部房价款应当存入预售资金监管账户，用于本工程建设。

该商品房的预售资金监管机构为_____，预售资金监管账户名称为_____，账号为_____。

该商品房价款的计价方式、总价款、付款方式及期限的具体约定见附件四。

第八条　逾期付款责任

除不可抗力外，买受人未按照约定时间付款的，双方同意按照下列第_____种方式处理：

1. 按照逾期时间，分别处理（(1)和(2)不作累加）。

（1）逾期在_____日之内，买受人按日计算向出卖人支付逾期应付款万分之_____的违约金。

（2）逾期超过_____日（该期限应当与本条第(1)项中的期限相同）后，出卖人有权解除合同。出卖人解除合同的，应当书面通知买受人。买受人应当自解除合同通知送达之日起_____日内按照累计应付款的_____%向出卖人支付违约金，同时，出卖人退还买受人已付全部房款（含已付贷款部分）。

出卖人不解除合同的，买受人按日计算向出卖人支付逾期应付款万分之_____（该比率不低于第(1)项中的比率）的违约金。

本条所称逾期应付款是指依照第七条及附件四约定的到期应付款与该期实际已付款的差额；采取分期付款的，按照相应的分期应付款与该期的实际已付款的差额确定。

2. _____。

第四章　商品房交付条件与交付手续

第九条　商品房交付条件

该商品房交付时应当符合下列第1、2、____、____项所列条件：

1. 该商品房已取得建设工程竣工验收备案证明文件；

2. 该商品房已取得房屋测绘报告；

3. _____；

4. _____。

该商品房为住宅的,出卖人还需提供《住宅使用说明书》和《住宅质量保证书》。

第十条 商品房相关设施设备交付条件

(一) 基础设施设备

1. 供水、排水:交付时供水、排水配套设施齐全,并与城市公共供水、排水管网连接。使用自建设施供水的,供水的水质符合国家规定的饮用水卫生标准,
_____;

2. 供电:交付时纳入城市供电网络并正式供电,
_____;

3. 供暖:交付时供热系统符合供热配建标准,使用城市集中供热的,纳入城市集中供热管网,
_____;

4. 燃气:交付时完成室内燃气管道的敷设,并与城市燃气管网连接,保证燃气供应,
_____;

5. 电话通信:交付时线路敷设到户;

6. 有线电视:交付时线路敷设到户;

7. 宽带网络:交付时线路敷设到户。

以上第1、2、3项由出卖人负责办理开通手续并承担相关费用;第4、5、6、7项需要买受人自行办理开通手续。

如果在约定期限内基础设施设备未达到交付使用条件,双方同意按照下列第_____种方式处理:

(1) 以上设施中第1、2、3、4项在约定交付日未达到交付条件的,出卖人按照本合同第十二条的约定承担逾期交付责任。

第5项未按时达到交付使用条件的,出卖人按日向买受人支付_____元的违约金;第6项未按时达到交付使用条件的,出卖人按日向买受人支付_____元的违约金;第7项未按时达到交付使用条件的,出卖人按日向买受人支付_____元的违约金。出卖人采取措施保证相关设施于约定交付日后_____日之内达到交付使用条件。

(2)_____。

(二) 公共服务及其他配套设施(以建设工程规划许可为准)

1. 小区内绿地率：____年____月____日达到_____；

2. 小区内非市政道路：____年____月____日达到_____；

3. 规划的车位、车库：____年____月____日达到_____；

4. 物业服务用房：____年____月____日达到_____；

5. 医疗卫生机构：____年____月____日达到_____；

6. 幼儿园：____年____月____日达到_____；

7. 学校：____年____月____日达到_____；

8. _____；

9. _____。

以上设施未达到上述条件的，双方同意按照以下方式处理：

1. 小区内绿地率未达到上述约定条件的，_____。

2. 小区内非市政道路未达到上述约定条件的，_____。

3. 规划的车位、车库未达到上述约定条件的，_____。

4. 物业服务用房未达到上述约定条件的，_____。

5. 其他设施未达到上述约定条件的，_____。

关于本项目内相关设施设备的具体约定见附件五。

第十一条 交付时间和手续

(一) 出卖人应当在____年____月____日前向买受人交付该商品房。

(二) 该商品房达到第九条、第十条约定的交付条件后，出卖人应当在交付日期届满前_____日(不少于10日)将查验房屋的时间、办理交付手续的时间地点以及应当携带的证件材料的通知书面送达买受人。买受人未收到交付通知书的，以本合同约定的交付日期届满之日为办理交付手续的时间，以该商品房所在地为办理交付手续的地点。

_____。

交付该商品房时，出卖人应当出示满足第九条约定的证明文件。出卖人不出示证明文件或者出示的证明文件不齐全，不能满足第九条约定条件的，买受人有权拒绝接收，由此产生的逾期交付责任由出卖人承担，并按照第十二条处理。

（三）查验房屋

1. 办理交付手续前，买受人有权对该商品房进行查验，出卖人不得以缴纳相关税费或者签署物业管理文件作为买受人查验和办理交付手续的前提条件。

2. 买受人查验的该商品房存在下列除地基基础和主体结构外的其他质量问题的，由出卖人按照有关工程和产品质量规范、标准自查验次日起_____日内负责修复，并承担修复费用，修复后再行交付。

（1）屋面、墙面、地面渗漏或开裂等；

（2）管道堵塞；

（3）门窗翘裂、五金件损坏；

（4）灯具、电器等电气设备不能正常使用；

（5）_____；

（6）_____。

3. 查验该商品房后，双方应当签署商品房交接单。由于买受人原因导致该商品房未能按期交付的，双方同意按照以下方式处理：

（1）_____；

（2）_____。

第十二条 逾期交付责任

除不可抗力外，出卖人未按照第十一条约定的时间将该商品房交付买受人的，双方同意按照下列第_____种方式处理：

1. 按照逾期时间，分别处理（（1）和（2）不作累加）。

（1）逾期在_____日之内（该期限应当不多于第八条第1(1)项中的期限），自第十一条约定的交付期限届满之次日起至实际交付之日止，出卖人按日计算向买受人支付全部房价款万分之_____的违约金（该违约金比率应当不低于第八条第1(1)项中的比率）。

（2）逾期超过_____日（该期限应当与本条第(1)项中的期限相同）后，买受人有权解除合同。买受人解除合同的，应当书面通知出卖人。出卖人应当自解除合同通知送达之日起15日内退还买受人已付全部房款（含已付贷款部分），并自买受人付款之日起，按照_____%（不低于中国人民银行公布的同期贷款基准利率）计算给付利息；同时，出卖人按照全部房价款的_____%向买受人支付违约金。

买受人要求继续履行合同的,合同继续履行,出卖人按日计算向买受人支付全部房价款万分之_____(该比率应当不低于本条第1(1)项中的比率)的违约金。

2. _____。

第五章　面积差异处理方式

第十三条　面积差异处理

该商品房交付时,出卖人应当向买受人出示房屋测绘报告,并向买受人提供该商品房的面积实测数据(以下简称实测面积)。实测面积与第三条载明的预测面积发生误差的,双方同意按照第_____种方式处理。

1. 根据第六条按照套内建筑面积计价的约定,双方同意按照下列原则处理：

(1) 套内建筑面积误差比绝对值在3%以内(含3%)的,据实结算房价款;

(2) 套内建筑面积误差比绝对值超出3%时,买受人有权解除合同。

买受人解除合同的,应当书面通知出卖人。出卖人应当自解除合同通知送达之日起15日内退还买受人已付全部房款(含已付贷款部分),并自买受人付款之日起,按照_____%(不低于中国人民银行公布的同期贷款基准利率)计算给付利息。

买受人选择不解除合同的,实测套内建筑面积大于预测套内建筑面积时,套内建筑面积误差比在3%以内(含3%)部分的房价款由买受人补足;超出3%部分的房价款由出卖人承担,产权归买受人所有。实测套内建筑面积小于预测套内建筑面积时,套内建筑面积误差比绝对值在3%以内(含3%)部分的房价款由出卖人返还买受人;绝对值超出3%部分的房价款由出卖人双倍返还买受人。

套内建筑面积误差比=(实测套内建筑面积-预测套内建筑面积)÷预测套内建筑面积×100%

2. 根据第六条按照建筑面积计价的约定,双方同意按照下列原则处理：

(1) 建筑面积、套内建筑面积误差比绝对值均在3%以内(含3%)的,根据实测建筑面积结算房价款;

(2) 建筑面积、套内建筑面积误差比绝对值其中有一项超出3%时,买受人有权解除合同。

买受人解除合同的,应当书面通知出卖人。出卖人应当自解除合同通知送达之日起 15 日内退还买受人已付全部房款(含已付贷款部分),并自买受人付款之日起,按照×100%(不低于中国人民银行公布的同期贷款基准利率)计算给付利息。

买受人选择不解除合同的,实测建筑面积大于预测建筑面积时,建筑面积误差比在 3% 以内(含 3%)部分的房价款由买受人补足,超出 3% 部分的房价款由出卖人承担,产权归买受人所有。实测建筑面积小于预测建筑面积时,建筑面积误差比绝对值在 3% 以内(含 3%)部分的房价款由出卖人返还买受人;绝对值超出 3% 部分的房价款由出卖人双倍返还买受人。

建筑面积误差比=(实测建筑面积－预测建筑面积)÷预测建筑面积×100%

(3) 因设计变更造成面积差异,双方不解除合同的,应当签署补充协议。

3. 根据第六条按照套计价的,出卖人承诺在房屋平面图中标明详细尺寸,并约定误差范围。该商品房交付时,套型与设计图纸不一致或者相关尺寸超出约定的误差范围,双方约定如下:

_____。

4. 双方自行约定:

_____。

第六章　规划设计变更

第十四条　规划变更

(一) 出卖人应当按照城乡规划主管部门核发的建设工程规划许可证规定的条件建设商品房,不得擅自变更。

双方签订合同后,涉及该商品房规划用途、面积、容积率、绿地率、基础设施、公共服务及其他配套设施等规划许可内容经城乡规划主管部门批准变更的,出卖人应当在变更确立之日起 10 日内将书面通知送达买受人。出卖人未在规定期限内通知买受人的,买受人有权解除合同。

(二) 买受人应当在通知送达之日起 15 日内做出是否解除合同的书面答复。买受人逾期未予以书面答复的,视同接受变更。

(三) 买受人解除合同的,应当书面通知出卖人。出卖人应当自解除合同通知送达之日起 15 日内退还买受人已付全部房款(含已付贷款部分),并自买受人付款之日起,按照_____%(不低于中国人民银行公布的同期贷款基准利率)计算给付利息;同时,出卖人按照全部房价款的_____%向买受人支付违约金。

买受人不解除合同的,有权要求出卖人赔偿由此造成的损失,双方约定如下:
_____。

第十五条　设计变更

(一)双方签订合同后,出卖人按照法定程序变更建筑工程施工图设计文件,涉及下列可能影响买受人所购商品房质量或使用功能情形的,出卖人应当在变更确立之日起 10 日内将书面通知送达买受人。出卖人未在规定期限内通知买受人的,买受人有权解除合同。

1. 该商品房结构形式、户型、空间尺寸、朝向;
2. 供热、采暖方式;
3. _____;
4. _____;
5. _____。

(二)买受人应当在通知送达之日起 15 日内做出是否解除合同的书面答复。买受人逾期未予以书面答复的,视同接受变更。

(三)买受人解除合同的,应当书面通知出卖人。出卖人应当自解除合同通知送达之日起 15 日内退还买受人已付全部房款(含已付贷款部分),并自买受人付款之日起,按照_____%(不低于中国人民银行公布的同期贷款基准利率)计算给付利息;同时,出卖人按照全部房价款的_____%向买受人支付违约金。

买受人不解除合同的,有权要求出卖人赔偿由此造成的损失,双方约定如下:
_____。

第七章　商品房质量及保修责任

第十六条　商品房质量

(一)地基基础和主体结构

出卖人承诺该商品房地基基础和主体结构合格,并符合国家及行业标准。

经检测不合格的,买受人有权解除合同。买受人解除合同的,应当书面通知出卖人。出卖人应当自解除合同通知送达之日起 15 日内退还买受人已付全部房款(含已付贷款部分),并自买受人付款之日起,按照_____%(不低于中国人民银行公布的同期贷款基准利率)计算给付利息。给买受人造成损失的,由出卖人支付【已付房价款一倍】【买受人全部损失】的赔偿金。因此而发生的检测费用由出卖人承担。

买受人不解除合同的,_____。

(二) 其他质量问题

该商品房质量应当符合有关工程质量规范、标准和施工图设计文件的要求。发现除地基基础和主体结构外质量问题的,双方按照以下方式处理:

(1) 及时更换、修理;如给买受人造成损失的,还应当承担相应赔偿责任。_____。

(2) 经过更换、修理,仍然严重影响正常使用的,买受人有权解除合同。买受人解除合同的,应当书面通知出卖人。出卖人应当自解除合同通知送达之日起 15 日内退还买受人已付全部房款(含已付贷款部分),并自买受人付款之日起,按照_____%(不低于中国人民银行公布的同期贷款基准利率)计算给付利息。给买受人造成损失的,由出卖人承担相应赔偿责任。因此而发生的检测费用由出卖人承担。

买受人不解除合同的,_____。

(三) 装饰装修及设备标准

该商品房应当使用合格的建筑材料、构配件和设备,装置、装修、装饰所用材料的产品质量必须符合国家的强制性标准及双方约定的标准。

不符合上述标准的,买受人有权要求出卖人按照下列第(1)、____、____方式处理(可多选):

(1) 及时更换、修理;

(2) 出卖人赔偿双倍的装饰、设备差价;

(3) _____;

(4) _____。

具体装饰装修及相关设备标准的约定见附件六。

（四）室内空气质量、建筑隔声和民用建筑节能措施

1. 该商品房室内空气质量符合【国家】【地方】标准，标准名称：_____，标准文号：_____。

该商品房为住宅的，建筑隔声情况符合【国家】【地方】标准，标准名称：_____，标准文号：_____。

该商品房室内空气质量或建筑隔声情况经检测不符合标准，由出卖人负责整改，整改后仍不符合标准的，买受人有权解除合同。买受人解除合同的，应当书面通知出卖人。出卖人应当自解除合同通知送达之日起 15 日内退还买受人已付全部房款(含已付贷款部分)，并自买受人付款之日起，按照_____%(不低于中国人民银行公布的同期贷款基准利率)计算给付利息。给买受人造成损失的，由出卖人承担相应赔偿责任。经检测不符合标准的，检测费用由出卖人承担，整改后再次检测发生的费用仍由出卖人承担。因整改导致该商品房逾期交付的，出卖人应当承担逾期交付责任。

2. 该商品房应当符合国家有关民用建筑节能强制性标准的要求。

未达到标准的，出卖人应当按照相应标准要求补做节能措施，并承担全部费用；给买受人造成损失的，出卖人应当承担相应赔偿责任。

_____。

第十七条　保修责任

（一）商品房实行保修制度。该商品房为住宅的，出卖人自该商品房交付之日起，按照《住宅质量保证书》承诺的内容承担相应的保修责任。该商品房为非住宅的，双方应当签订补充协议详细约定保修范围、保修期限和保修责任等内容。具体内容见附件七。

（二）下列情形，出卖人不承担保修责任：

1. 因不可抗力造成的房屋及其附属设施的损害；
2. 因买受人不当使用造成的房屋及其附属设施的损害；
3. _____。

（三）在保修期内，买受人要求维修的书面通知送达出卖人_____日内，出卖人既不履行保修义务也不提出书面异议的，买受人可以自行或委托他人进行维修，维修费用及维修期间造成的其他损失由出卖人承担。

第十八条 质量担保

出卖人不按照第十六条、第十七条约定承担相关责任的,由_____承担连带责任。

关于质量担保的证明见附件八。

第八章 合同备案与房屋登记

第十九条 预售合同登记备案

(一)出卖人应当自本合同签订之日起【30 日内】【____日内】(不超过 30 日)办理商品房预售合同登记备案手续,并将本合同登记备案情况告知买受人。

(二)有关预售合同登记备案的其他约定如下:

_____;

_____。

第二十条 房屋登记

(一)双方同意共同向房屋登记机构申请办理该商品房的房屋所有权转移登记。

(二)因出卖人的原因,买受人未能在该商品房交付之日起_____日内取得该商品房的房屋所有权证书的,双方同意按照下列第_____种方式处理:

1. 买受人有权解除合同。买受人解除合同的,应当书面通知出卖人。出卖人应当自解除合同通知送达之日起 15 日内退还买受人已付全部房款(含已付贷款部分),并自买受人付款之日起,按照_____%(不低于中国人民银行公布的同期贷款基准利率)计算给付利息。买受人不解除合同的,自买受人应当完成房屋所有权登记的期限届满之次日起至实际完成房屋所有权登记之日止,出卖人按日计算向买受人支付全部房价款万分之_____的违约金。

2. _____。

(三)因买受人的原因未能在约定期限内完成该商品房的房屋所有权转移登记的,出卖人不承担责任。

第九章 前期物业管理

第二十一条 前期物业管理

(一)出卖人依法选聘的前期物业服务企业为_____。

（二）物业服务时间从＿＿年＿＿月＿＿日到＿＿年＿＿月＿＿日。

（三）物业服务期间，物业收费计费方式为【包干制】【酬金制】【＿＿】。物业服务费为＿＿＿＿＿＿＿元/月·平方米（建筑面积）。

（四）买受人同意由出卖人选聘的前期物业服务企业代为查验并承接物业共用部位、共用设施设备，出卖人应当将物业共用部位、共用设施设备承接查验的备案情况书面告知买受人。

（五）买受人已详细阅读前期物业服务合同和临时管理规约，同意由出卖人依法选聘的物业服务企业实施前期物业管理，遵守临时管理规约。业主委员会成立后，由业主大会决定选聘或续聘物业服务企业。

该商品房前期物业服务合同、临时管理规约见附件九。

第十章 其他事项

第二十二条 建筑物区分所有权

（一）买受人对其建筑物专有部分享有占有、使用、收益和处分的权利。

（二）以下部位归业主共有：

1. 建筑物的基础、承重结构、外墙、屋顶等基本结构部分，通道、楼梯、大堂等公共通行部分，消防、公共照明等附属设施、设备，避难层、设备层或者设备间等结构部分；

2. 该商品房所在建筑区划内的道路（属于城镇公共道路的除外）、绿地（属于城镇公共绿地或者明示属于个人的除外）、占用业主共有的道路或者其他场地用于停放汽车的车位、物业服务用房；

3. ＿＿＿＿＿＿＿＿＿＿＿＿＿＿＿＿＿＿＿＿＿＿＿＿＿＿＿＿＿＿＿＿。

（三）双方对其他配套设施约定如下：

1. 规划的车位、车库：＿＿＿＿＿＿＿＿＿＿＿＿＿＿＿＿＿＿＿＿；

2. 会所：＿＿＿＿＿＿＿＿＿＿＿＿＿＿＿＿＿＿＿＿＿＿＿＿＿＿；

3. ＿＿＿＿＿＿＿＿＿＿＿＿＿＿＿＿＿＿＿＿＿＿＿＿＿＿＿＿＿＿＿。

第二十三条 税费

双方应当按照国家的有关规定，向相应部门缴纳因该商品房买卖发生的税费。因预测面积与实测面积差异，导致买受人不能享受税收优惠政策而增加的税收负担，由＿＿＿＿＿＿＿承担。

第二十四条 销售和使用承诺

1. 出卖人承诺不采取分割拆零销售、返本销售或者变相返本销售的方式销售商品房；不采取售后包租或者变相售后包租的方式销售未竣工商品房。

2. 出卖人承诺按照规划用途进行建设和出售，不擅自改变该商品房使用性质，并按照规划用途办理房屋登记。出卖人不得擅自改变与该商品房有关的共用部位和设施的使用性质。

3. 出卖人承诺对商品房的销售，不涉及依法或者依规划属于买受人共有的共用部位和设施的处分。

4. 出卖人承诺已将遮挡或妨碍房屋正常使用的情况告知买受人。具体内容见附件十。

5. 买受人使用该商品房期间，不得擅自改变该商品房的用途、建筑主体结构和承重结构。

6. _____。

7. _____。

第二十五条 送达

出卖人和买受人保证在本合同中记载的通讯地址、联系电话均真实有效。任何根据本合同发出的文件，均应采用书面形式，以【邮政快递】【邮寄挂号信】【_____】方式送达对方。任何一方变更通讯地址、联系电话的，应在变更之日起_____日内书面通知对方。变更的一方未履行通知义务导致送达不能的，应承担相应的法律责任。

第二十六条 买受人信息保护

出卖人对买受人信息负有保密义务。非因法律、法规规定或国家安全机关、公安机关、检察机关、审判机关、纪检监察部门执行公务的需要，未经买受人书面同意，出卖人及其销售人员和相关工作人员不得对外披露买受人信息，或将买受人信息用于履行本合同之外的其他用途。

第二十七条 争议解决方式

本合同在履行过程中发生的争议，由双方当事人协商解决，也可通过消费者协会等相关机构调解；或按照下列第_____种方式解决：

1. 依法向房屋所在地人民法院起诉。

2. 提交_____仲裁委员会仲裁。

第二十八条 补充协议

对本合同中未约定或约定不明的内容,双方可根据具体情况签订书面补充协议(补充协议见附件十一)。

补充协议中含有不合理的减轻或免除本合同中约定应当由出卖人承担的责任,或不合理的加重买受人责任、排除买受人主要权利内容的,仍以本合同为准。

第二十九条 合同生效

本合同自双方签字或盖章之日起生效。本合同的解除应当采用书面形式。

本合同及附件共_____页,一式_____份,其中出卖人_____份,买受人_____份,【____】_____份,【____】_____份。合同附件与本合同具有同等法律效力。

出卖人(签字或盖章):   买受人(签字或盖章):

【法定代表人】(签字或盖章):   【法定代表人】(签字或盖章):

【委托代理人】(签字或盖章):   【委托代理人】(签字或盖章):

                 【法定代理人】(签字或盖章):

签订时间:____年____月____日   签订时间:____年____月____日

签订地点:_____   签订地点:_____

第二节 二手房买卖

一、二手房买卖的含义与特征

二手房买卖,是指单位或个人将其购得的商品房出售给买受人,由买受人支付价款的行为。

与商品房销售相比,二手房买卖具有如下特征:

第一,商品房销售的出卖人特指房地产开发企业,而二手房买卖的出卖人则是房地产开发企业之外的单位或个人。

第二,商品房销售是房地产开发企业将其开发建设的房屋出售给买受人,是商品房的首次交易;而二手房买卖则是单位或个人将其购得的商品房出售给买受人,是商品房的第二次、第三次乃至多次的交易。

第三,商品房销售发生在房地产开发企业与买受人之间,双方当事人在经济实力、市场地位、信息获取等方面存在明显的不对等性,房地产开发企业处于强势地位,买受人相对弱势。为了保护买受人的合法权益,促进房地产市场的健康发展,在这一领域,需要进行较多的国家干预,相关法律也带有较浓郁的强行法的色彩。二手房买卖则发生在一般的民事主体之间,双方当事人的地位通常并无明显差别。在这一领域,国家干预较少,更多的是依赖意思自治原则解决相关法律问题。

二、二手房买卖的当事人

(一)出卖人

实务中,通常是房屋的所有权人作为出卖人与对方当事人签订二手房买卖合同。值得注意的问题有如下几个:

第一,无处分权人。出卖人并非房屋所有权人的情形在实践中也时有发生,倘若该出卖人具有处分权,自然有权出卖该房屋;倘若该出卖人对系争房屋并无处分权,便会产生法律纠纷。其中,最关键的问题在于,擅自出卖他人房屋,该房屋买卖合同是否有效?实务界曾长期认为,擅自出卖他人房屋属于无权处分,买卖合同效力未定,若不能得到房屋所有权人的追认,该合同将归于无效。然而,新近的民法理论认为,无权处分影响的仅仅是物权变动能否发生,并不会影响买卖合同的效力。也正因如此,《最高人民法院关于审理买卖合同纠纷案件适用法律问题的解释》第3条规定:"当事人一方以出卖人在缔约时对标的物没有所有权或者处分权为由主张合同无效的,人民法院不予支持。出卖人因未取得所有权或者处分权致使标的物所有权不能转移,买受人要求出卖人承担违约责任或者要求解除合同并主张损害赔偿的,人民法院应予支持。"换言之,擅自出卖他人房屋的,该房屋买卖合同有效;若出卖人无法将标的物所有权转移给买受人,则出卖人应向买受人承担相应的违约责任。

第二,无民事行为能力人、限制民事行为能力人。房屋买卖是较为重大的民事交易,无论是无民事行为能力人还是限制民事行为能力人,都难以正确识别该交易的性质,预测该交易的后果。因此,即便无民事行为能力人、限制民事行为能力是房屋的所有权人,也不得自行签订房屋买卖合同,将房屋出卖给他人。那么,无民事行为能力人、限制民事行为能力人的监护人是否有权代其签订房屋买卖合同,将原本属于无民事行为能力人、限制民事行为能力人的房屋出售给他人?《民法通则》第 18 条第 1 款规定:"监护人应当履行监护职责,保护被监护人的人身、财产及其他合法权益,除为被监护人的利益外,不得处理被监护人的财产。"可见,监护人能否代无民事行为能力人、限制民事行为能力人出售房屋的关键在于该行为是不是为被监护人的利益。倘若监护人是为被监护人的利益而出售其房屋,那么监护人的行为属于有权代理,房屋买卖合同有效;倘若监护人不是为被监护人的利益而出售其房屋,那么监护人的行为属于无权代理,房屋买卖合同将归于无效。当然,如果监护人的行为构成表见代理,那么房屋买卖合同也应认定为有效。

(二) 买受人

一般而言,法律对买受人的资格并无特别限制,无论是单位还是个人,均可购买二手房。但是,出于房地产市场调控的需要,国务院及各地出台了一些"限购"措施,限制或禁止某些人购买房屋。例如,2011 年上海市发布的《关于本市贯彻〈国务院办公厅关于进一步做好房地产市场调控工作有关问题的通知〉的实施意见》第 7 条规定:"自本意见发布之日起,暂定在本市已有 1 套住房的本市户籍居民家庭、能提供自购房之日起算的前 2 年内在本市累计缴纳 1 年以上个人所得税缴纳证明或社会保险(城镇社会保险)缴纳证明的非本市户籍居民家庭,限购 1 套住房(含新建商品住房和二手住房)。对在本市已拥有 2 套及以上住房的本市户籍居民家庭、拥有 1 套及以上住房的非本市户籍居民家庭、不能提供 2 年内在本市累计缴纳 1 年以上个人所得税缴纳证明或社会保险(城镇社会保险)缴纳证明的非本市户籍居民家庭,暂停在本市向其售房。违反规定购房的,不予办理房地产登记。"

那么,若房屋买卖合同的买受人根据"限购"政策无权购买房屋,应如何处理?

《最高人民法院关于适用〈中华人民共和国合同法〉若干问题的解释(一)》第 4 条规定:"合同法实施以后,人民法院确认合同无效,应当以全国人大及其常委会制定的法律和国务院制定的行政法规为依据,不得以地方性法规、行政规章为依据。"各地出台的"限购"政策既非全国人大及其常委会制定的法律,也非国务院制定的行政法规,因此买受人违反"限购"政策签订房屋买卖合同并不会导致合同无效。

实践中,有这样一种情形,即在双方当事人签订房屋买卖合同后、办理过户手续前,政府出台了"限购"规定,导致该房屋无法办理过户手续,房屋买卖合同无法继续履行。这种情形可以视为情势变更,当事人有权请求解除该合同。①

若在"限购"规定出台后,不符合购房条件的人作为买受人签订了房屋买卖合同,那么应根据双方当事人的过错情况追究相应的法律责任。

三、二手房买卖合同的形式与内容

(一)形式

《城市房地产管理法》第 40 条规定:"房地产转让,应当签订书面转让合同,合同中应当载明土地使用权取得的方式。"二手房买卖也属于一种房地产转让,因此应当签订书面合同。

(二)内容

二手房买卖合同一般应包括如下条款:当事人的姓名(或名称)、住所;房屋状况(房产证编号、房屋地理位置、房屋面积等);房屋价款及付款方式和期限;房屋交付时间;办理过户手续的时间;税、费(如物业费、水电费、公证费等)的负担;违约责任;争议解决方式;户口迁移;房屋内的设备、装修情况;等等。

四、二手房买卖合同的效力

(一)出卖人的义务

在二手房买卖中,出卖人主要承担如下义务:(1)出卖人应根据买卖合同的约定,将房屋交付给买受人;(2)出卖人应根据买卖合同的约定,协助买受人办理房屋过户手续;(3)出卖人应承担瑕疵担保责任,即权利瑕疵担保和物的瑕疵担保。

---

① 《最高人民法院关于适用〈中华人民共和国合同法〉若干问题的解释(二)》第 26 条规定:"合同成立以后客观情况发生了当事人在订立合同时无法预见的、非不可抗力造成的不属于商业风险的重大变化,继续履行合同对于一方当事人明显不公平或者不能实现合同目的,当事人请求人民法院变更或者解除合同的,人民法院应当根据公平原则,并结合案件的实际情况确定是否变更或者解除。"

案例 4-3[①]

袁先生和吕先生于 2006 年 5 月 26 日签订了一份《上海市房地产买卖合同》，双方约定：袁先生将位于上海市杨浦区的一套住房出售给吕先生，总价款为 583000 元；吕先生应于 2006 年 8 月 3 日前支付全部房款，而袁先生则应在交房时将房屋内所有户口迁出；如果任何一方违约，应支付给对方违约金 10000 元。之后，吕先生于 2006 年 7 月入住该房，并按约付清了全部房款，但是袁先生迟迟不将户口迁出该房。吕先生遂将袁先生告上法庭，要求袁先生将户口迁出该房并支付违约金 10000 元。

法院经审理后认为，袁先生和吕先生签订的房屋买卖合同合法有效，双方应自觉履行。袁先生未在交房时将户口迁出，违反了双方约定，应承担违约责任，故对吕先生要求袁先生支付违约金的诉讼请求，法院予以支持。对于吕先生要求法院判令袁先生将户口迁出的请求，由于两被告实际并不居住系争房屋，而户籍迁移问题不属法院处理范围，故法院难以支持。综上，法院判决：袁先生支付吕先生违约金 10000 元；对吕先生其余的诉讼请求不予支持。

>> 评析

户口迁出是二手房买卖中容易引起纠纷的一个问题。在本案中，根据房屋买卖合同的约定，出卖人应当在约定的期限将户口迁出，后出卖人未在约定的期限将户口迁出，已经构成了违约，理应承担支付违约金的违约责任。值得注意的是，在司法实践中，法院通常认为户口迁移涉及公安部门的管理职责，因此不会在房屋买卖合同纠纷中判决出卖人将户口从房屋中迁出。

（二）买受人的义务

在二手房买卖中，买受人的义务主要是按照买卖合同的约定向出卖人支付房屋价款。

---

① 案例来源：http://china.findlaw.cn/fangdichan/fcjfal/rsfmmal/96321.html，2017 年 1 月 20 日访问。

上海市房地产买卖合同(示范文本)①

(合同编号：×××××)

立房地产买卖合同人

  卖售人(甲方)：_____

  买受人(乙方)：_____

  根据中华人民共和国有关法律、法规和本市有关规定,甲、乙双方遵循自愿、公平和诚实信用的原则,经协商一致订立本合同,以资共同遵守。

  第一条 甲、乙双方_____,由乙方受让甲方自有房屋及该房屋占用范围内的土地使用权(以下简称房地产),房地产具体状况如下：

  (一)甲方依法取得的房地产权证号为：_____

  (二)房地产坐落：_____室号(部位：_____),房屋类型：_____,结构：_____。

  (三)房屋建筑面积：_____平方米,另有地下附属面积：_____平方米,该房屋占用范围内的土地使用权_____平方米。

  (四)房屋平面图和房地产四至范围见附件一。

  (五)该房屋占用范围内的土地所有权为_____；国有土地使用权以_____方式获得。

  (六)随房屋同时转让的设备(非房屋附属设备)及装饰情况见附件二。

  (七)甲方转让房地产的相关关系(包括抵押、相邻、租赁等其他关系)见附件五。

  甲方保证已如实陈述房地产权属状况、设备、装饰情况和相关关系,乙方对甲方上述转让的房地产具体状况充分了解,自愿买受该房地产。

  第二条 甲、乙双方经协商一致,同意上述房地产转让价款共计人民币为_____元,(大写)：_____。

  乙方的付款方式和付款期限由甲、乙双方在付款协议(附件三)中约定明确。乙方交付房价款后,甲方应开具符合税务规定的收款凭证。

---

  ① 该示范文本由上海市房屋土地资源管理局、上海市工商行政管理局共同制定。除房地产开发企业预售、出售商品房、公有住房出售外,其余房地产买卖均可适用本合同。受篇幅所限,此处未收录该示范文本所包含的6个附件。

第三条 甲方转让房地产时,土地使用权按下列第_____款办理。

(一) 该房屋占用的国有土地使用权的使用年限从____年__月__日起至____年__月__日止。甲方将上述房地产转让给乙方后,出让合同载明的权利、义务一并转移给乙方。

(二) 按照中华人民共和国法律、法规、规章及有关规定,乙方应当办理土地使用权出让手续并缴纳土地使用权出让金。

(三) _____

第四条 甲、乙双方同意,甲方于____年__月__日前腾出该房屋并通知乙方进行验收交接。乙方应在收到通知之日起的_____日内对房屋及其装饰、设备情况进行查验。查验后_____为房屋转移占有的标志。

第五条 甲方承诺,自本合同签订之日起至该房屋验收交接期间,凡已纳入本合同附件二的各项房屋装饰及附属设施被损坏或被拆除的,应按被损坏或被拆除的房屋装饰及附属设施_____向乙方支付违约金。

第六条 甲、乙双方确认,在____年__月之前,_____向房地产交易中心申请办理转让过户手续。

上述房地产权利转移日期以_____房地产交易中心受理该房地产转让过户申请之日为准。

甲方承诺,在乙方或者委托他人办理转让过户时,积极给予协助。由于甲方故意拖延或者不及时提供相关材料的,乙方按本合同第十条追究甲方的违约责任。

甲、乙双方同意,自本合同签订后,甲、乙双方或其中一方均有权向房地产登记机构办理预告登记。

第七条 上述房地产风险责任自该房地产_____之日起转移给乙方。

第八条 本合同生效后,甲、乙双方应按国家及本市的有关规定缴纳税、费。

在上述房地产转移占有前未支付的物业管理费、水、电、燃气、通信费等其他费用,按本合同附件四约定支付。

第九条 乙方未按本合同约定期限付款的,甲、乙双方同意按下列_____款内容处理。

(一) 每逾期一日,乙方应向甲方支付逾期未付款的_____%的违约金,合同继续履行。

（二）乙方逾期未付款，甲方应书面催告乙方，自收到甲方书面催告之日起的_____日内，乙方仍未付款的，甲方有权单方解除合同，并书面通知乙方，自收到通知之日起的_____日内乙方未提出异议，合同即行解除。甲方可从乙方已付款中扣除乙方应向甲方支付逾期未付款_____%的违约金，余款返还给乙方，已付款不足违约金部分，乙方应在接到书面通知之日起的_____日内向甲方支付。若乙方违约给甲方造成经济损失的，甲方实际经济损失超过乙方应支付的违约金时，实际经济损失与违约金的差额应由乙方据实赔偿。

（三）_____

第十条 甲方未按本合同第四条约定期限交接房地产的，甲、乙双方同意按下列第_____款内容处理。

（一）每逾期一日，甲方应向乙方支付已收款_____%的违约金，合同继续履行。

（二）甲方逾期未交付房地产，乙方应书面催告甲方，自收到乙方书面催告之日起的_____日内，甲方仍未交付房地产的，乙方有权单方解除合同，并书面通知甲方，自收到通知之日起的_____日内甲方未提出异议，合同即行解除。甲方除应在收到书面通知之日起的_____日内向乙方返还已收款和利息（自乙方支付房款之日起至解除合同之日止）外，还应按已收款的_____%向乙方支付违约金。若甲方违约给乙方造成经济损失的，乙方实际经济损失超过甲方应支付的违约金时，实际经济损失与违约金的差额应由甲方据实赔偿。

（三）_____

第十一条 经甲、乙双方协商一致，在不违反有关法律、法规的前提下，订立的补充条款或补充协议，为买卖合同不可分割的一部分。本合同补充条款与正文条款不一致的，以补充条款为准。

第十二条 本合同自_____之日起生效。

第十三条 本合同适用中华人民共和国法律、法规。甲、乙双方在履行本合同过程中发生争议的，可以协商解决，也可以向有关部门申请调解，或选择以下第_____项方式解决。

（一）向上海仲裁委员会申请仲裁。

（二）依法向_____人民法院起诉。

第十四条 本合同一式_____份，甲、乙双方各执_____份，_____、

_____和_____房地产交易中心各执一份。

补充条款（一）

略

补充条款（二）

在签订本合同时，甲、乙双方均已知晓国家和本市住房限售规定，如因违反限售规定，房地产交易中心不予办理房地产登记，并出具《不予办理房地产交易、过户通知》的，甲、乙双方同意按下列约定处理：

1. 双方共同办理合同网上备案撤销等解除本合同手续；

2. 因未如实提供家庭情况及家庭成员名下拥有的住房情况等属于乙方责任，【造成甲方经济损失的，乙方应赔偿相应的损失】【乙方应承担违约责任，违约金为人民币_____元】。

甲方（一）：	乙方（一）：
身份证：	身份证：
居住地址：	居住地址：
邮政编码：	邮政编码：
代理人：	代理人：
联系电话：	联系电话：
本人签名：	本人签名：
____年__月__日签于_____	____年__月__日签于_____

网上合同签订时间：

第三节 房地产抵押

一、房地产抵押的含义

房地产抵押，是指为担保债务的履行，债务人或第三人不移转房地产的占有，将其抵押给债权人，债务人不履行到期债务，或者发生当事人约定的实现抵押权的情形,债权人有权就该房地产优先受偿。其中,提供房地产的债务人或第三人为抵押人,债权人为抵押权人,用以抵押的房地产为抵押财产。

关于房地产抵押的含义,还可作如下说明:

第一,房地产抵押属于物的担保。在民法中,担保可分为人的担保、物的担保、金钱担保。人的担保,是指债务人之外的第三人以其一般财产作担保,最为典型的是保证。物的担保,是指以债务人或第三人的特定财产作担保,比较典型的是抵押、质押、留置。金钱担保,是指以金钱为标的物的担保,最为典型的是定金。房地产抵押是以债务人或第三人的特定房地产作担保,属于物的担保。

担保 { 人的担保:以第三人的一般财产作担保——保证
物的担保:以债务人或第三人的特定财产作担保——抵押、质押、留置
金钱担保:以金钱作担保——定金

第二,房地产抵押不转移标的物的占有。房地产抵押的成立与存续不以转移标的物的占有为必要,在房地产上设立抵押并不影响抵押人对该房地产的占有、使用、收益。由于房地产抵押既为抵押权人提供了担保,又不影响抵押人对房地产的使用,因此在实践中得到极为广泛的运用,是我国最为常见的担保方式之一。

第三,房地产抵押属于不动产抵押。抵押有动产抵押与不动产抵押之分,房地产抵押以房地产为标的物,当然属于不动产抵押。根据《物权法》的规定,动产抵押与不动产抵押在法律规则上有较大差异。设立动产抵押采取"登记对抗要件",抵押权自抵押合同生效时设立,未经登记,不得对抗善意第三人;设立不动产抵押采取"登记生效要件",抵押权自登记时设立。

二、房地产抵押的设立

(一) 抵押财产

1. 可以抵押的房地产

根据《物权法》第180条第1款的规定,下列房地产可以抵押:(1)建筑物和其他土地附着物;(2)建设用地使用权;(3)以招标、拍卖、公开协商等方式取得的荒地等土地承包经营权;(4)正在建造的建筑物。此外,根据《最高人民法院关于适用〈中华人民共和国担保法〉若干问题的解释》第54条的规定,数人按份共有某一房屋时,按份共有人以其共有财产中享有的份额设定抵押的,抵押

有效。

值得注意的是,房屋和土地虽是两种不同类型的不动产,但在物理上密不可分。为此,房屋或土地抵押时,应贯彻"房随地走""地随房走"原则,具体来说:(1)以房屋抵押的,该房屋占用范围内的建设用地使用权一并抵押。(2)以建设用地使用权抵押的,该土地上的房屋一并抵押。(3)建设用地使用权抵押后,该土地上新增的房屋不属于抵押财产。建设用地使用权实现抵押权时,应当将该土地上新增的房屋与建设用地使用权一并处分,但新增房屋所得的价款,抵押权人无权优先受偿。

2. 不得抵押的房地产

根据《物权法》等法律的规定,下列房地产不得抵押:(1)土地所有权。在我国,土地专属于国家或集体所有,不可能变价受偿,因此土地所有权不得作为抵押财产。(2)耕地、宅基地、自留地、自留山等集体所有的土地使用权,但法律规定可以抵押的除外。这一限制是为了保障农业生产和农民生活的稳定,维护农村集体利益。《物权法》还专门规定,乡镇、村企业的建设用地使用权不得单独抵押。以乡镇、村企业的厂房等建筑物抵押的,其占用范围内的建设用地使用权一并抵押。(3)用于教育、医疗、市政等公益事业的房地产。这主要是为了保障公益事业的发展,维护社会公共福利。(4)所有权、使用权不明或者有争议的房地产。这主要是为了保护真实权利人的合法权益,切实保障抵押权人的抵押权。(5)依法被查封、扣押、监管的房地产。对此类财产,权利人不再享有处分权,因此不能以此为抵押物进行抵押。[1] (6)法律、行政法规规定不得抵押的其他房地产。

值得讨论的是,农村的私房可否抵押?我国现行立法对此尚无明确规定,理论界也存在不同的看法。肯定说认为,我国现行立法仅仅禁止宅基地使用权抵押,并未禁止农民将其房屋抵押,根据"法无禁止即可为"的原理,农村的私房可以抵押。否定说认为,房屋与土地密不可分,既然宅基地使用权不得抵押,那么建造于该土地上的房屋也不得抵押。[2]

(二)抵押合同

设立房地产抵押,当事人应当签订房地产抵押合同。

---

[1] 参见马俊驹、余延满:《民法原论》(第四版),法律出版社2010年版,第414页。
[2] 参见温世扬:《物权法要义》,法律出版社2007年版,第260—261页。

1. 抵押合同的当事人

抵押合同的双方当事人分别是抵押权人和抵押人。抵押权人为债权人；抵押人是提供抵押财产的人，既可能是债务人本人，也可能是第三人。

房地产一旦抵押给他人，抵押人对该房地产的处分权便受到限制。若债务人不履行到期债务，该房地产还可能被拍卖、变卖或折价。另一方面，抵押权人无须为取得抵押权而向抵押人支付对价。一言以蔽之，房地产抵押对于抵押人（尤其是债务人之外的第三人作为抵押人）而言，风险很大，却没有收益。正因如此，无论是个人还是单位担任抵押人，均须遵循一定的规则：

第一，就个人而言，无民事行为能力人、限制行为能力人不得作为抵押人，其法定代理人也不得代理其签订抵押合同。

第二，就单位而言，将财产抵押给他人时也受到一定的限制：（1）国有企业、事业单位法人以国家授予其经营管理的房地产抵押的，应当符合国有资产管理的有关规定。（2）以集体所有制企业的房地产抵押的，必须经集体所有制企业职工（代表）大会通过，并报其上级主管机关备案。（3）公司为他人提供抵押的，依照公司章程的规定，由董事会或者股东会、股东大会决议；公司章程对担保的数额有限额规定的，不得超过规定的限额；公司为公司股东或者实际控制人提供抵押的，必须经股东会或者股东大会决议。

2. 抵押合同的内容

抵押合同一般包括下列条款：

第一，被担保债权的种类和数额。抵押权为从权利，须有被担保的债权（主债权）的存在才能成立，故抵押合同必须确定主债权的种类和数额。对于何种债权可以设立抵押担保，我国法律并未予以限制。一般而言，被担保债权应为金钱债权，因为抵押权是就抵押物的变价优先受偿的权利，无法以金钱清偿的债权不适合设定抵押权（若债务不履行的结果可使非金钱债权转化为损害赔偿的金钱债权，也可以设立抵押）。

《担保法》第35条规定："抵押人所担保的债权不得超出其抵押物的价值。财产抵押后，该财产的价值大于所担保债权的余额部分，可以再次抵押，但不得超出其余额部分。"该规定的立法目的是确保债权得到足额清偿。但是，通说认为，这一要求既无必要也无实效，反倒是妨碍了当事人的意思自治。也正因如此，《物权法》未承袭《担保法》的这一规定，被担保债权的数额大于抵押财产价值的,并不影响抵押权的有效成立。

第二,债务人履行债务的期限。抵押权的效力具有"二阶性",即以债务履行期为界而有不同内容。债务履行期限届满是抵押权人对抵押财产行使优先受偿权这一核心权能的前提条件(此前主要为保全权能)。因此,抵押合同应明确债务人履行债务的期限。当然,即使抵押合同未明确该期限,也不影响合同效力,此时可直接依主合同有关条款和相关法律规则确定债务履行期限。

第三,抵押房地产的处所、名称、状况、建筑面积、用地面积以及四至等。标的物的特定化和明晰化,是一切物权的应有之义。为此,抵押合同应明确抵押财产的物理属性,以此作为抵押登记的基础,以使抵押权对象明确、界限清晰,避免纷争。

第四,担保的范围。抵押担保的范围,是指抵押权人得以抵押财产的价值优先受偿的债权范围。对此,抵押合同可以约定担保全部债权,也可以约定担保部分债权;既要约定抵押担保的主债权的范围和数额,也应对主债权的利息、违约金、损害赔偿金和实现抵押权的费用等事项的担保作出约定(未约定者,依法律规定)。[①]

3. 抵押合同的形式

抵押合同属于要式合同,当事人应当采用书面形式订立房地产抵押合同。

《担保法》第41条规定:"当事人以本法第四十二条规定的财产抵押的,应当办理抵押物登记,抵押合同自登记之日起生效。"这完全是将抵押合同与抵押权的变动混为一谈,完全违背了《物权法》的基本原理。《物权法》纠正了这一错误,该法第15条特别规定:"当事人之间订立有关设立、变更、转让和消灭不动产物权的合同,除法律另有规定或者合同另有约定外,自合同成立时生效;未办理物权登记的,不影响合同效力。"因此,抵押合同一经签署即有效成立,是否办理了抵押登记并不影响抵押合同的成立和生效,仅仅是影响抵押权的变动。

4. "流押条款"的禁止

"流押条款",是指当事人双方设立抵押时约定的,在债务人不履行到期债务时,由债权人直接取得抵押财产的所有权的条款。为了维护债务人(抵押人)的利益,大陆法系国家在立法中大都禁止"流押条款",其理论基础在于:设立抵押

[①] 参见温世扬:《物权法要义》,法律出版社2007年版,第267—268页。

时,一些抵押人出于急需,可能不惜以价值很高的抵押财产为价值远低于该抵押财产的债权担保。比如,甲向乙借款10万元,以自己价值30万元的房屋抵押担保。如果允许"流押条款",一些抵押人为了眼前的急迫需要,就可能作出不利于自己的选择。这样的结果,不仅不利于保护抵押人的合法权益,也与民法规定的平等、公平的原则相悖。①《物权法》第186条也规定:"抵押权人在债务履行期届满前,不得与抵押人约定债务人不履行到期债务时抵押财产归债权人所有。"

关于"流押条款",还需说明的是:

第一,抵押合同若包含"流押条款",则该条款因违反法律禁止性规定而无效。但是,该条款的无效不影响抵押合同其他部分的效力,也不会影响抵押权的有效成立。

第二,债务履行期限届满后,若债务人不履行债务,抵押权人可以与抵押人协议将抵押财产折价归抵押权人所有,即在对抵押财产进行估价的基础上,经双方协议以抵押财产冲抵全部或部分债权。法律对此种代物清偿协议并不禁止,不应与"流押条款"混为一谈。

(三)抵押登记

抵押权属于物权,设立房地产抵押应当贯彻物权公示原则,办理登记。根据《物权法》的规定,房地产抵押实行"登记要件主义",即抵押权自登记时设立;未办理抵押登记的,抵押权不产生。

具体而言,房地产抵押登记按照以下程序进行:

1. 申请

房地产抵押登记,应当由双方当事人(即抵押权人和抵押人)共同向房地产所在地的不动产登记机构申请。

申请房地产抵押登记,应当向登记机构提交如下材料:(1)登记申请书;(2)申请人的身份证明;(3)房地产权证书;(4)抵押合同;(5)主债权合同;(6)其他必要材料。

2. 审核、登记

房地产登记申请符合下列条件的,登记机构应当予以登记,将申请登记事项记载于不动产登记簿:(1)申请人与依法提交的材料记载的主体一致;(2)申请

---

① 参见王胜明主编:《中华人民共和国物权法解读》,中国法制出版社2007年版,第403页。

抵押登记的房地产与不动产登记簿记载一致;(3)申请登记的内容与有关材料证明的事实一致;(4)申请登记的事项与不动产登记簿记载的房地产权利不冲突。

反之,若存在如下情形,登记机构应当不予登记:(1)未依法取得规划许可、施工许可或者未按照规划许可的面积等内容建造的建筑申请登记的;(2)申请人不能提供合法、有效的权利来源证明文件或者申请登记的房地产权利与权利来源证明文件不一致的;(3)申请登记事项与不动产登记簿记载冲突的;(4)申请登记的房地产不能特定或者不具有独立利用价值的。

3. 发证

不动产登记机构应当根据不动产登记簿的记载,缮写并向权利人发放不动产权属证书。不动产权属证书是抵押权人享有抵押权的证明。不动产权属证书记载的事项,应当与不动产登记簿一致;记载不一致的,除有证据证明不动产登记簿确有错误外,以不动产登记簿为准。

案例 4-4[①]

2013年5月,张先生借给李某50万元,当时约定借期为三个月,到期后连本带息一起归还。李某为了显示自己的履约诚意,还拿出自己名下坐落在市区的一套价值60多万元的房产,在公证机关的公证下与张先生签订了抵押合同,但是抵押合同并未交房产或土管部门办理抵押登记。

三个月的期限很快就过去了,李某由于投资失败,未能向张先生偿还分文本息。在多次催收未果后,张先生遂于2013年11月将李某告上了当地人民法院,请求法院判决李某偿还借款本金50万元及其利息,同时请求法院判决确认其对李某名下的该套房产享有优先受偿权。2014年1月,法院经审理查明,李某的该套房产并未办理抵押登记,李某除欠张先生的钱外,另欠下其他多人100多万元。最后,法院虽然判决李某应当偿还张先生借款本金50万元及其利息,但是并未支持张先生要求确认其对李某名下的该套房产享有优先受偿权的诉讼请求。

---

① 案例来源:http://house.people.com.cn/n/2014/0402/c164220-24800839.html,2017年1月23日访问。

>> 评析

《物权法》第 187 条规定:"以本法第一百八十条第一款第一项至第三项规定的财产或者第五项规定的正在建造的建筑物抵押的,应当办理抵押登记。抵押权自登记时设立。"可见,与设立动产抵押实行登记对抗要件不同,设立不动产抵押实行的是登记生效要件。换言之,设立不动产抵押必须办理抵押登记,抵押权自登记时设立;若未办理抵押登记,抵押权不产生。本案中,尽管双方当事人签订了合法有效的抵押合同且办理了公证手续,但是由于未办理抵押登记,因此债权人张先生未取得对系争房产的抵押权,其主张对该房产享有优先受偿权的诉请无法得到法院的支持。

三、房地产抵押的效力

(一) 抵押对于担保债权的效力

《担保法》第 46 条规定:"抵押担保的范围包括主债权及利息、违约金、损害赔偿金和实现抵押权的费用。抵押合同另有约定的,按照约定。"可见,对于抵押担保的范围,贯彻意思自治原则,由抵押权人与抵押人自行约定。双方当事人未作约定的,抵押担保的范围依法包括以下几方面:

1. 主债权

主债权也称"原债权",是当事人设定抵押时所担保的债权原额,如借款本金。主债权是抵押权的当然担保对象,当事人可以约定抵押权仅担保主债权的一部分;若无此约定,则应认定就主债权的全部提供担保。

2. 利息

利息为原债权所产生的孳息,包括约定利息和法定利息。

3. 违约金

违约金是按照合同双方当事人的约定,一方当事人违约时应当向对方支付的金钱。

4. 损害赔偿金

损害赔偿金是一方当事人违约给对方造成损失时,依法应向对方支付的用于赔偿对方损失的金钱。

5. 实现抵押权的费用

实现抵押权的费用是抵押权人在实现抵押权过程中发生的与抵押权人行使抵押权有关的费用,通常包括申请费用、保管费用、拍卖费用等。

(二)抵押对于标的物的效力

抵押对于标的物的效力,是指抵押权人实现抵押权时可以依法予以变价并优先受偿的标的物的范围。一般认为,抵押对于标的物的效力不仅及于原抵押物,而且及于抵押物的从物、添附物、孳息、代位物等。

1. 从物

主物与从物相对应而存在,如果 A 物配合 B 物的使用,起到辅助性的作用,那么 B 物是主物,A 物是从物。依据从物随主物的原则,抵押物为主物时,除非双方当事人另有约定,否则抵押权的效力及于抵押物的从物。

2. 添附物

抵押物的添附物,是指因添附而与抵押物构成一体的物。依据大陆法系各国民法,抵押权的效力及于添附物,这是抵押物所有权的扩张导致的抵押权效力的自然扩张,因此不以登记为必要。

3. 孳息

原物与孳息相对应而存在,原物是指产生新物的物,孳息则是从原物中产生的物。依据产生原因的不同,可将孳息分为天然孳息与法定孳息。天然孳息,是指依据原物的自然属性产出的物,如植物的果实、动物的幼崽。法定孳息,是指根据相应的法律关系产出的物,如房屋出租所获取的租金。各国立法一般规定,抵押权的效力仅及于抵押权人着手实行抵押权(抵押物被扣押)后产生的孳息。其理由在于,抵押权以抵押人继续占有、使用、收益抵押物为特征,若将抵押物被扣押前的孳息纳入抵押权效力的范围,则等于剥夺了抵押人的这一权利;而当抵押物被扣押后,抵押权已经进入实行程序,为保障债权人的利益,则有必要排除抵押人的收益权,使抵押权的效力及于抵押物的孳息。[①]《物权法》第 197 条第 1 款规定:"债务人不履行到期债务或者发生当事人约定的实现抵押权的情形,致使抵押财产被人民法院依法扣押的,自扣押之日起抵押权人有权收取该抵押财产的天然孳息或者法定孳息,但抵押权人未通知应当清偿法定孳息的义务人的

---

① 参见温世扬:《物权法要义》,法律出版社 2007 年版,第 279 页。

除外。"

4. 代位物

抵押物的代位物,是指因抵押物发生毁损或价值形态的变化而使抵押人获得的代替抵押物价值形态的其他物。《物权法》第174条规定:"担保期间,担保财产毁损、灭失或者被征收等,担保物权人可以就获得的保险金、赔偿金或者补偿金等优先受偿。被担保债权的履行期未届满的,也可以提存该保险金、赔偿金或者补偿金等。"

(三)抵押对于抵押人的效力

抵押权设定后,抵押人对抵押物仍享有所有权且占有抵押物,因此对抵押物仍享有使用、收益、处分权。但是,为保障抵押权人的利益,抵押人的权利尤其是处分权受到了一定的限制。

1. 抵押物的转让

《物权法》第191条规定:"抵押期间,抵押人经抵押权人同意转让抵押财产的,应当将转让所得的价款向抵押权人提前清偿债务或者提存。转让的价款超过债权数额的部分归抵押人所有,不足部分由债务人清偿。抵押期间,抵押人未经抵押权人同意,不得转让抵押财产,但受让人代为清偿债务消灭抵押权的除外。"可见,抵押人转让抵押财产,原则上要征得抵押权人的同意。

2. 抵押物的出租

《物权法》第190条规定:"订立抵押合同前抵押财产已出租的,原租赁关系不受该抵押权的影响。抵押权设立后抵押财产出租的,该租赁关系不得对抗已登记的抵押权。"《房屋租赁合同司法解释》第20条规定:"租赁房屋在租赁期间发生所有权变动,承租人请求房屋受让人继续履行原租赁合同的,人民法院应予支持。但租赁房屋具有下列情形或者当事人另有约定的除外:(一)房屋在出租前已设立抵押权,因抵押权人实现抵押权发生所有权变动的;……"可见,抵押物的出租要区分"先押后租"和"先租后押"两种情况,基本规则是设立在先的效力优先。

3. 抵押物的出抵

同一标的物上可以同时或先后设立数个抵押权。《物权法》第199条规定:"同一财产向两个以上债权人抵押的,拍卖、变卖抵押财产所得的价款依照下列规定清偿:(一)抵押权已登记的,按照登记的先后顺序清偿;顺序相同的,按照债权比例清偿;(二)抵押权已登记的先于未登记的受偿;(三)抵押权未登记的,按照债权比例清偿。"

(四)抵押对于抵押权人的效力

1. 保全权

《物权法》第193条规定:"抵押人的行为足以使抵押财产价值减少的,抵押权人有权要求抵押人停止其行为。抵押财产价值减少的,抵押权人有权要求恢复抵押财产的价值,或者提供与减少的价值相应的担保。抵押人不恢复抵押财产的价值也不提供担保的,抵押权人有权要求债务人提前清偿债务。"

2. 处分权

第一,抵押权的转让。抵押权属于从物权,应随主债权一并转让。《物权法》第192条规定:"抵押权不得与债权分离而单独转让或者作为其他债权的担保。债权转让的,担保该债权的抵押权一并转让,但法律另有规定或者当事人另有约定的除外。"

第二,抵押权的抛弃和抵押权顺位的变更。《物权法》第194条规定:"抵押权人可以放弃抵押权或者抵押权的顺位。抵押权人与抵押人可以协议变更抵押权顺位以及被担保的债权数额等内容,但抵押权的变更,未经其他抵押权人书面同意,不得对其他抵押权人产生不利影响。债务人以自己的财产设定抵押,抵押权人放弃该抵押权、抵押权顺位或者变更抵押权的,其他担保人在抵押权人丧失优先受偿权益的范围内免除担保责任,但其他担保人承诺仍然提供担保的除外。"

3. 优先受偿权

当债务人不履行到期债务或者发生当事人约定的实现抵押权的事由时,抵押权人有权从抵押物的变价优先受偿(主要是指优先于普通债权人受到清偿)。优先受偿权是抵押权的实质内容,也是抵押权人享有的最根本的权利。

四、房地产抵押权的实现

(一)抵押权的实现条件

抵押权的实现也称"抵押权的实行",是指抵押权人在特定条件下对抵押物行使优先受偿权。抵押权的实现,应具备以下条件:

第一,抵押权有效存在。

第二，债务人不履行到期债务或者发生当事人约定的实现抵押权的情形。"债务人不履行到期债务"是实现抵押权的法定条件。"发生当事人约定的实现抵押权的情形"是实现抵押权的约定条件。例如，实践中，银行可能与借款人约定，若借款人不按照规定的用途使用贷款，则银行可行使抵押权。

第三，未超过法定期间。《物权法》将抵押权的行使期间与主债权的诉讼时效期间挂钩。《物权法》第202条规定："抵押权人应当在主债权诉讼时效期间行使抵押权；未行使的，人民法院不予保护。"

（二）抵押权的实现方法

《物权法》第195条规定："债务人不履行到期债务或者发生当事人约定的实现抵押权的情形，抵押权人可以与抵押人协议以抵押财产折价或者以拍卖、变卖该抵押财产所得的价款优先受偿。协议损害其他债权人利益的，其他债权人可以在知道或者应当知道撤销事由之日起一年内请求人民法院撤销该协议。抵押权人与抵押人未就抵押权实现方式达成协议的，抵押权人可以请求人民法院拍卖、变卖抵押财产。抵押财产折价或者变卖的，应当参照市场价格。"依此规定，抵押权的实现有两种途径：

1. 当事人自行协商

这是指抵押权人与抵押人经过磋商，达成协议，以抵押财产折价或者以拍卖、变卖该抵押财产所得的价款优先受偿。所谓折价，即以物抵债，是指在双方协议的基础上，抵押人以抵押财产折价，以该价款偿还债务，抵押权人取得抵押财产的所有权。所谓拍卖，是指以公开竞价的方式将特定物品或者财产权利转让给最高应价者的买卖方式。所谓变卖，是指以一般买卖形式出卖抵押物以使债权人受偿的方式。

2. 请求人民法院拍卖、变卖抵押财产

若抵押权人与抵押人未能就抵押权的实现达成协议，可以通过法院实现抵押权。根据《民事诉讼法》及相关司法解释的规定，通过法院实现抵押权并非诉讼程序，而是一种特殊程序。具体而言，应如此操作：

第一，申请。申请实现抵押权，由抵押权人依照《物权法》等法律，向抵押财产所在地的基层人民法院提出。申请时应提交下列材料：(1)申请书，应当记明申请人、被申请人的姓名或者名称、联系方式等基本信息，具体的请求和事实、理由；(2)证明抵押权存在的材料，包括主合同、抵押合同、抵押登记证明或者他项权利证书等;(3)证明实现抵押权条件成就的材料;(4)抵押财产现状的说明;(5)人民法院认为需要提交的其他材料。

第二,送达。人民法院受理申请后,应当在五日内向被申请人送达申请书副本、异议权利告知书等文书。被申请人有异议的,应当在收到人民法院通知后的五日内向人民法院提出,同时说明理由并提供相应的证据材料。

第三,审查。人民法院审查实现抵押权案件,可以询问申请人、被申请人、利害关系人,必要时可以依职权调查相关事实。人民法院应当就主合同的效力、期限、履行情况,抵押权是否有效设立、抵押财产的范围、被担保的债权范围、被担保的债权是否已届清偿期等担保物权实现的条件,以及是否损害他人合法权益等内容进行审查。

第四,裁定。人民法院审查后,按下列情形分别处理:当事人对实现抵押权无实质性争议且实现抵押权条件成就的,裁定准许拍卖、变卖抵押财产,当事人依据该裁定可以向人民法院申请执行;当事人对实现抵押权有部分实质性争议的,可以就无争议部分裁定准许拍卖、变卖抵押财产;当事人对实现抵押权有实质性争议的,裁定驳回申请,并告知申请人向人民法院提起诉讼。

五、房地产最高额抵押

(一)含义与特征

房地产最高额抵押,是指抵押人与抵押权人协议,在最高债权额限度内,以某一房地产作为抵押物,对一定期间内连续发生的债权作担保。

与一般抵押相比,最高额抵押的特性在于被担保债权十分特别。最高额抵押中的被担保债权具有如下特征:

第一,未来性。最高额抵押系为将来发生的债权提供担保。不过,对于已经发生的债权,经当事人特别约定,可以转入最高额抵押权的担保范围。

第二,连续性。最高额抵押系为将来连续发生的债权提供担保,主要适用于连续性借款合同和连续性商品交易合同。

第三,不确定性。最高额抵押设定时,被担保债权是否会发生、债权数额为多少还不确定。

第四,有限性。为限定抵押人的责任,最高额抵押中的被担保债权具有最高限额。由此可以看出,被担保债权的不确定性是相对的。

第五,不完全从属性。最高额抵押权并不从属于某一特定债权,因此在抵押期间,除非当事人另有约定,抵押权并不随某一特定债权的转让而转让。《物权法》第 204 条规定:"最高额抵押担保的债权确定前,部分债权转让的,最高额抵押权不得转让,但当事人另有约定的除外。"例如,甲公司以某房产为乙银行设定最高额抵押权,作为某一期间内发生的多笔借款债务的担保,若乙银行将某一笔借款债权转让给丙公司,乙银行的抵押权并不随之转让。

(二)设立

设立房地产最高额抵押,应当签订抵押合同并办理抵押登记。

申请最高额抵押权设立登记,应当提交下列材料:(1)登记申请书;(2)申请人的身份证明;(3)房屋所有权证书或房地产权证书;(4)最高额抵押合同;(5)一定期间内将要连续发生的债权的合同或者其他登记原因证明材料;(6)其他必要材料。

当事人将最高额抵押权设立前已存在债权转入最高额抵押担保的债权范围,申请登记的,应当提交下列材料:(1)已存在债权的合同或者其他登记原因证明材料;(2)抵押人与抵押权人同意将该债权纳入最高额抵押权担保范围的书面材料。

对符合规定条件的最高额抵押权设立登记,除了要登记抵押当事人和债务人的姓名或者名称、被担保债权的数额、登记时间外,登记机构还应当将最高债权额、债权确定的期间记载于不动产登记簿,并明确记载其为最高额抵押权。

(三)被担保债权的确定

只有被担保债权确定以后,最高额抵押权转化为普通抵押权,抵押权人才可实现其抵押权,就标的物的变价优先受偿。《物权法》第 206 条规定:"有下列情形之一的,抵押权人的债权确定:(一)约定的债权确定期间届满;(二)没有约定债权确定期间或者约定不明确,抵押权人或者抵押人自最高额抵押权设立之日起满二年后请求确定债权;(三)新的债权不可能发生;(四)抵押财产被查封、扣押;(五)债务人、抵押人被宣告破产或者被撤销;(六)法律规定债权确定的其他情形。"

六、在建房屋抵押

(一) 概述

关于正在建造的房屋能否抵押,理论界有不同观点。有的学者认为,尚未完工的房屋,只要足以遮风避雨,能够成为某种经营场所,具有经济上的使用目的,即可成为抵押物。有的学者则认为,在建房屋并未建成,当事人尚未取得所有权登记,不存在独立的使用价值和交换价值,因而不能抵押。对此问题,《物权法》作出了肯定的回答。该法第180条第1款规定:"债务人或者第三人有权处分的下列财产可以抵押:……(五)正在建造的建筑物、船舶、航空器;……"

在实务中,在建房屋抵押主要有两种情况:一是在建工程抵押,二是预购商品房贷款抵押。

(二) 在建工程抵押

1. 含义

根据《城市房地产抵押管理办法》的规定,在建工程抵押,是指抵押人为取得在建工程继续建造资金的贷款,以其依法取得的土地使用权连同在建工程的投入资产,以不转移占有的方式抵押给贷款银行作为偿还贷款履行担保的行为。

2. 特点

在建工程抵押具有如下特点:

第一,在建工程抵押的抵押物是"在建工程"。所谓在建工程,是指正在施工建设的房屋。

第二,根据"房地一致"原则,以在建工程抵押的,该在建工程占用范围内的土地使用权必须同时抵押。

第三,在建工程抵押担保的债权是为了该工程继续建造所发放的银行贷款。换言之,在建工程抵押只能为这一特定类型的债权提供担保。

3. 设立

第一,抵押合同。以在建工程抵押,抵押合同除了包括一般内容外,还应当载明:(1)《国有土地使用权证》《建设用地规划许可证》和《建设工程规划许可证》编号;(2)已交纳的土地使用权出让金或需交纳的相当于土地使用权出让金的款额;(3)已投入在建工程的工程款;(4)施工进度及工程竣工日期;(5)已完成的工作量和工程量。

第二,抵押登记。申请在建工程抵押设立登记,需向登记机构提交如下材料:(1)登记申请书;(2)申请人的身份证明;(3)抵押合同;(4)主债权合同;(5)建设用地使用权证书或者记载土地使用权状况的房地产权证书;(6)建设工程规划许可证;(7)其他必要材料。

特别需要指出的是,在建工程竣工并经房屋所有权初始登记后,当事人应当申请将在建工程抵押权登记转为一般的房地产抵押权登记。

(三)预购商品房贷款抵押

1. 含义

根据《城市房地产抵押管理办法》的规定,预购商品房贷款抵押,是指购房人在支付首期规定的房价款后,由贷款银行代其支付其余的购房款,将所购商品房抵押给贷款银行作为偿还贷款履行担保的行为。

2. 特点

预购商品房贷款抵押具有如下特点:

第一,预购商品房贷款抵押的抵押物是预购商品房。所谓预购商品房,也称"楼花",是指尚未竣工交付的商品房。

第二,预购商品房贷款抵押的抵押人是购房人。与在建工程抵押的抵押人多为房地产开发企业不同,预购商品房贷款抵押的抵押人是预购商品房的人。

第三,预购商品房贷款抵押的抵押权人是银行。银行向购房人发放了贷款,为对此提供担保,购房人需要将预购商品房抵押。

第四,预购商品房贷款抵押担保的债权是银行向购房人发放的供其支付剩余房款的贷款。

3. 设立

设立预购商品房贷款抵押,应当签署抵押合同并办理抵押登记。根据《房屋登记办法》的规定,预购商品房贷款抵押属于一种预告登记。[①]

申请预购商品房抵押权预告登记,应当提交下列材料:(1)登记申请书;(2)申请人的身份证明;(3)抵押合同;(4)主债权合同;(5)预购商品房预告登记证明;(6)当事人关于预告登记的约定;(7)其他必要材料。

---

① 预告登记,是指为了保全关于不动产物权变动的请求权而将此权利予以登记。《物权法》第 20 条规定:"当事人签订买卖房屋或者其他不动产物权的协议,为保障将来实现物权,按照约定可以向登记机构申请预告登记。预告登记后,未经预告登记的权利人同意,处分该不动产的,不发生物权效力。预告登记后,债权消灭或者自能够进行不动产登记之日起三个月内未申请登记的,预告登记失效。"

第四节 房屋租赁

一、房屋租赁概述

房屋租赁,是指出租人将房屋交付承租人使用,承租人支付租金的行为。与房屋买卖一样,房屋租赁也是实践中一种十分常见的房地产交易方式。

各国租房居住者的比重[①]

国家	德国	荷兰	中国(城市)	美国	英国	葡萄牙	挪威	爱尔兰
租房居住者的比重	57%	46%	33%	30%	30%	24%	22%	20%

房屋租赁具有如下法律特征:

第一,房屋租赁的标的物为房屋。租赁的房屋既可以是住房,也可以是商铺、厂房、仓库、写字楼等经营性用房;既可以是整套房屋,也可以是房屋的某一部分(如承租一间卧室,甚至是仅仅承租一个床铺)。

第二,房屋租赁仅转移租赁房屋的使用权。在租赁期间,承租人取得的是租赁房屋的占有、使用权,而不是其所有权,租赁房屋的所有权仍然归属于原所有权人。这是房屋租赁与房屋买卖最主要的区别。

第三,房屋租赁合同属于双务、有偿合同。在房屋租赁合同中,出租人有义务将租赁房屋交付给承租人占有、使用,承租人有义务向出租人支付租金。

第四,房屋租赁合同属于诺成性合同。房屋租赁合同的成立无须实际交付租赁房屋。

第五,房屋租赁合同属于继续性合同。房屋租赁合同的效力并非一次给付即告完结,而是在一定期限内持续发生。

二、房屋租赁合同的形式

《城市房地产管理法》第 54 条规定:"房屋租赁,出租人和承租人应当签订书

[①] 数据来源:陈杰:《又见"中国住房自有率世界第一"论》,载《中国房地产报》2007 年 9 月 17 日第 5 版;建设部课题组:《住房、住房制度改革和房地产市场专题研究》,中国建筑工业出版社 2007 年版,第 339 页。

面租赁合同,约定租赁期限、租赁用途、租赁价格、修缮责任等条款,以及双方的其他权利和义务,并向房产管理部门登记备案。"对该规定,可作如下说明:

第一,房屋租赁合同应当采用书面形式,属于要式合同。不过,若当事人未采用书面形式订立房屋租赁合同,并不会导致合同不成立或无效,而只是导致该房屋租赁成为不定期租赁。

第二,尽管我国存在房屋租赁合同登记备案制度,但是一般认为:"《城市房地产管理法》中关于房屋租赁合同登记备案的内容,并没有登记后合同才能生效的规定,该条规定并不属于效力性强制性规定而仅属于管理性规范,不能作为房屋租赁合同的生效要件。"[1]若出租人与承租人签订了房屋租赁合同,但是未依法办理登记备案手续,并不会导致房屋租赁合同无效。

第三,未依法办理登记备案手续尽管不会导致房屋租赁合同无效,但是并非没有任何法律后果。不少地方性法规、地方政府规章规定,当事人未办理登记备案手续的,应对其予以行政处罚。例如,《上海市居住房屋租赁管理办法》第33条规定:"违反本办法第十三条规定,租赁当事人未在期限内办理租赁合同登记备案手续的,由区、县房屋行政管理部门责令限期改正;逾期不改正的,对个人处以1000元以下罚款,对单位处以1000元以上1万元以下罚款。"

三、房屋租赁合同的主要内容

(一)出租人

绝大多数情况下,将房屋出租给他人的房屋所有权人便是出租人。不过,在实践中也存在房屋所有权人之外的人出租房屋的情形。一般认为,租赁合同属于负担行为,并非处分行为,其有效性不以出租人具有租赁物的所有权或处分权为要件。当出租人擅自出租他人的房屋时,租赁合同仍然能够有效成立。[2]

(二)承租人

法律对于承租人的资格并无特别限制,无论是单位还是个人,均可作为承租人承租他人的房屋。

(三)租赁房屋

原则上,各种房屋均可用于出租,需要注意的是:

---

[1] 最高人民法院民事审判第一庭编著:《最高人民法院关于审理城镇房屋租赁合同纠纷案件司法解释的理解与适用》,人民法院出版社2009年版,第50页。
[2] 参见黄立主编:《民法债编各论(上)》,中国政法大学出版社2003年版,第188—189页。

第一,违章建筑。根据有关司法解释的规定,若租赁房屋属于违章建筑,则租赁合同无效。《房屋租赁合同司法解释》第 2 条规定:"出租人就未取得建设工程规划许可证或者未按照建设工程规划许可证的规定建设的房屋,与承租人订立的租赁合同无效。但在一审法庭辩论终结前取得建设工程规划许可证或者经主管部门批准建设的,人民法院应当认定有效。"第 3 条规定:"出租人就未经批准或者未按照批准内容建设的临时建筑,与承租人订立的租赁合同无效。但在一审法庭辩论终结前经主管部门批准建设的,人民法院应当认定有效。租赁期限超过临时建筑的使用期限,超过部分无效。但在一审法庭辩论终结前经主管部门批准延长使用期限的,人民法院应当认定延长使用期限内的租赁期间有效。"

第二,"群租"。这是指将房屋分割成多个部分,分别出租给他人。由于"群租"存在不少安全隐患,因此不少地方对于"群租"有限制性乃至禁止性规定。例如,《上海市居住房屋租赁管理办法》第 10 条规定:"出租居住房屋,每个房间的居住人数不得超过 2 人(有法定赡养、抚养、扶养义务关系的除外),且居住使用人的人均居住面积不得低于 5 平方米。"

(四) 租赁房屋的用途

租赁房屋的用途由双方当事人约定,法律对此原则上不作干预。在实践中,一个容易引发争议的问题是,住房本来的用途是供人居住,但是有些承租人承租他人的住房用于生产经营性活动(例如,承租一套住房作为公司的办公场所或仓库)。对于这种情况是否应当允许,理论界有不同的看法。我们认为,根据《物权法》第 77 条的规定,法律并未完全禁止承租他人的住房用于生产经营性活动,只不过应满足如下条件:(1) 遵守法律、法规以及管理规约;(2) 征得出租人的同意;(3) 征得有利害关系的业主的同意。

(五) 租赁期限

房屋租赁受到期限限制,不可能永久性存在。根据双方当事人是否对租赁期限作了明确约定,可将房屋租赁分为两种类型:

第一,定期租赁。这是指租赁合同对租赁期限有明确的约定。租赁期限可长可短,最长不得超过 20 年;超过 20 年的,超过的部分无效。租赁期间届满,当事人可以续订租赁合同,但是约定的租赁期限自续订之日起不得超过 20 年。

第二,不定期租赁。这是指租赁合同对租赁期限没有约定或约定不明确。

不定期租赁在法律效果上有其特殊性。《合同法》第232条规定:"当事人对租赁期限没有约定或者约定不明确,依照本法第六十一条的规定仍不能确定的,视为不定期租赁。当事人可以随时解除合同,但出租人解除合同应当在合理期限之前通知承租人。"换言之,在不定期租赁中,合同双方当事人均享有任意解除权。

（六）租金

房屋租赁合同属于有偿合同,承租人占有、使用租赁房屋应当向出租人支付租金。在房屋租赁合同中,双方当事人应就租金的数额、支付方式、支付期限等进行约定。

（七）押金

押金又称"押租金""押租""担保金""保证金",一般是指租赁关系成立时,为担保承租人的租金债务或损害赔偿债务的履行,由承租人交付给出租人的一定数额的金钱。租赁关系结束后,倘若承租人不存在债务不履行的情形,出租人应将押金返还给承租人;倘若承租人存在拖欠租金或应承担损害赔偿责任等情形,出租人即可直接从押金中扣除相应数额,并将余额返还给承租人。尽管《合同法》未就押金作出规定,但是实践中绝大多数房屋租赁合同都存在押金条款。

案例 4-5

2010年1月16日,甲、乙签署房屋租赁合同,约定甲承租乙的两间商铺(商铺A、商铺B)做服装生意,每月租金为5万元。合同签订后,乙将商铺交由甲使用。但是,甲仅支付了3个月的租金,剩余的租金一直拖欠。无奈之下,乙诉至法院,要求法院判令甲支付拖欠的租金共计45万元。经查,商铺A虽有合法建设手续,但尚未办理产权证;商铺B是乙私自搭建的,未办理任何建造手续。

〉〉评析

本案的关键问题在于房屋租赁合同的效力。对此,应一分为二地分析:(1)房屋A。根据相关司法解释的规定,违法建筑的租赁是无效的,而判定是否属于违法建筑的主要依据是该房屋是否取得了建设工程规划许可证以及是否按照建设工程规划许可证的规定进行建设。就房屋A而言,它是依法建造完成的,尽管尚未办理房产证,但是并不意味着该房屋属于违法建筑。因此,房屋A的租赁是合法有效的,承租人应当按照约定支付相应数额的租金。(2)房屋B。由于房屋B未取得建设工程规划许可证,完全是出租人乙私自搭建的,因此属于违法建筑,其租赁是无效的。然而,《房屋租赁合同司法解释》第 5 条第 1 款规定:"房屋租赁合同无效,当事人请求参照合同约定的租金标准支付房屋占有使用费的,人民法院一般应予支持。"因此,尽管房屋 B 的租赁无效,但是由于甲实际占有、使用了该房屋,乙有权请求甲按照合同约定的租金标准支付房屋 B 的占有使用费。

四、房屋出租人的义务

(一)交付租赁房屋,并保持租赁房屋符合约定的用途

《合同法》第 216 条规定:"出租人应当按照约定将租赁物交付承租人,并在租赁期间保持租赁物符合约定的用途。"对该规定,可作如下说明:

第一,出租人应当将租赁房屋交付承租人。为使承租人能够占有、使用租赁房屋,出租人有义务将租赁房屋交付承租人。此处所谓"交付",一般是指出租人将租赁房屋的占有权转移给承租人。在实务中,出租人多是通过交付房屋钥匙的方式履行交付义务。关于出租人的交付义务,有一个较为特殊的问题值得讨论:房屋租赁合同签订后,一些出租人为了获取更多租金或基于其他考虑,可能不惜违反诚实信用原则,又与他人订立房屋租赁合同。这种现象便是"一房二租"。根据债的相容性原理,在"一房二租"时,两份租赁合同均为合法有效的合同。但是,毕竟租赁标的物只有一个,倘若两个承租人均要求出租人向其交付租赁房屋,便会发生权利冲突。对此,《房屋租赁合同司法解释》第 6 条第 1 款规定:"出租人就同一房屋订立数份租赁合同,在合同均有效的情况下,承租人均主张履行合同的,人民法院按照下列顺序确定履行合同的承租人:(一)已经合法占有租赁房屋的;(二)已经办理登记备案手续的;(三)合同成立在先的。"

第二,出租人交付承租人的租赁房屋应当符合约定的用途。倘若出租人交付承租人的租赁房屋不符合约定的用途,承租人的合同目的便无法实现或无法完全实现。至于租赁房屋是否符合约定的用途,"应斟酌承租人用益之目的、当事人所约定租赁物应有之品质、租金额度之高低、交易习惯等事项综合判断"[①]。

第三,出租人应当在整个租赁期间保持租赁房屋符合约定的用途。换言之,出租人不仅有义务在交付租赁房屋时保证租赁房屋符合约定的用途(学界称之

---

① 黄立主编:《民法债编各论(上)》,中国政法大学出版社 2003 年版,第 203 页。

为"用益状态提供义务"),而且有义务保持租赁房屋在整个租赁期间符合约定的用途(学界称之为"用益状态维持义务"),这"是一种持续性义务,不因债务人曾经一次之提供而免除"①。具体而言,出租人的用益状态维持义务主要包括如下内容:其一,出租人不得无故剥夺承租人对租赁房屋的占有、使用。其二,出租人不得无故干扰承租人对租赁房屋的占有、使用。其三,出租人应当容忍承租人按照约定的方法或者租赁房屋的性质使用租赁房屋。其四,承租人对租赁房屋的占有、使用受到妨害时,无论是人为的原因还是自然的原因,出租人都有义务采取适当的方法除去此妨害。② 最后,租赁房屋在租赁期间发生毁损,需要维修时,出租人有维修义务,以恢复租赁房屋的正常使用功能。

(二)维修租赁房屋

1. 维修义务的承担

当租赁房屋发生毁损需要维修时,究竟应由出租人还是承租人承担维修义务,各国有不同的做法。根据《合同法》第220条的规定,在我国,原则上由出租人承担租赁房屋的维修义务,除非双方当事人另有约定。

2. 维修义务的成立

出租人维修义务的成立,需具备如下要件:

第一,维修的必要性。所谓维修的必要性,是指租赁房屋发生毁损,如果不维修,租赁房屋将无法达到约定的使用、收益状态。换言之,并非一旦租赁房屋发生毁损,即有维修的必要性。如果租赁房屋的毁损并不影响承租人对租赁房屋的使用,那么并无维修的必要性,出租人无须承担维修义务。例如,租赁房屋的门窗油漆略有脱落,并不会影响承租人对租赁房屋的正常使用,此时出租人无须承担维修义务。

第二,维修的可能性。出租人的维修义务以租赁房屋有维修的可能为前提。如果根本没有维修的可能(如租赁房屋被烧为灰烬),出租人不可能承担维修义务。维修是否有可能,应依据一般的社会观念判定,而不以物理上或技术上不能修理为限。物理上或技术上虽可以修理,但花费过大,也应解释为没有维修的可能性(经济上不能)。

第三,租赁房屋的毁损并非由于承租人的过错导致。如果由于出租人或第

---

① 黄立主编:《民法债编各论(上)》,中国政法大学出版社2003年版,第205页。
② 参见吴启宾:《租赁法论》,台湾五南图书出版公司1998年版,第40页。

三人的过错导致租赁房屋的毁损,出租人应当承担维修义务。倘若由于承租人的过错导致租赁房屋的毁损,出租人无须负担维修义务。这是因为,既然是由于承租人的过错导致租赁房屋的毁损,根据《合同法》第222条的规定,承租人应当向出租人承担损害赔偿责任,此时若要求出租人向承租人承担维修义务,有违诚实信用原则,明显不符合公平正义的基本法律理念。

3. 维修义务的履行

《合同法》第221条规定:"承租人在租赁物需要维修时可以要求出租人在合理期限内维修。出租人未履行维修义务的,承租人可以自行维修,维修费用由出租人负担。因维修租赁物影响承租人使用的,应当相应减少租金或者延长租期。"

(三) 物的瑕疵担保责任

这是指出租人交付的租赁房屋应符合约定的用途,否则出租人应承担相应的法律责任。

出租人物的瑕疵担保责任的成立要件为:

第一,租赁房屋存在物的瑕疵。这是指租赁房屋不具备应有的品质。例如,租赁房屋未配置约定的设施设备、租赁房屋存在安全隐患、租赁房屋的面积小于租赁合同的约定等情形均属于物的瑕疵。

第二,承租人不知道租赁房屋存在物的瑕疵。如果承租人明知租赁房屋存在物的瑕疵,仍然与出租人缔结租赁合同,则表明其愿意承受有瑕疵的租赁房屋,出租人无须承担物的瑕疵担保责任。但是,为了保护承租人的人身利益,《合同法》第233条特别规定:"租赁物危及承租人的安全或者健康的,即使承租人订立合同时明知该租赁物质量不合格,承租人仍然可以随时解除合同。"

(四) 权利瑕疵担保责任

这是指出租人应担保第三人对于租赁房屋不得向承租人主张任何权利,倘若因第三人向承租人主张权利导致承租人无法正常占有、使用租赁房屋,便存在权利瑕疵,出租人应承担相应的法律责任。《合同法》第228条规定:"因第三人主张权利,致使承租人不能对租赁物使用、收益的,承租人可以要求减少租金或者不支付租金。第三人主张权利的,承租人应当及时通知出租人。"

租赁房屋存在权利瑕疵,在实践中主要有两种情形:

第一,第三人主张所有权。租赁合同的有效不以出租人具有租赁物的所有权或处分权为要件,当出租人擅自出租他人的房屋时,租赁合同仍然能够有效成立。但是,此时承租人是基于租赁合同占有租赁房屋,该占有不得对抗租赁房屋的所有权人。对于租赁房屋的所有权人而言,承租人的占有属于无权占有。因此,租赁房屋的所有权人有权要求承租人返还租赁房屋。当所有权人向承租人主张所有物返还请求权时,承租人有义务将租赁房屋返还给所有权人。这也就意味着承租人无法继续占有、使用租赁房屋,承租人自然有权向出租人主张权利瑕疵担保责任。

第二,第三人主张抵押权。《物权法》第 190 条规定:"订立抵押合同前抵押财产已出租的,原租赁关系不受该抵押权的影响。抵押权设立后抵押财产出租的,该租赁关系不得对抗已登记的抵押权。"据此,第三人主张抵押权时,承租人能否要求出租人承担权利瑕疵担保责任,需要区分不同情形具体分析:(1) 若出租人先将房屋出租,再将房屋设立抵押,租赁权与抵押权可以并存,效力上并不冲突。即便后来实现抵押权,租赁房屋的所有权由第三人取得,根据"买卖不破租赁"规则,并不影响承租人对租赁房屋的占有、使用,承租人不得向出租人主张权利瑕疵担保责任。(2) 若出租人先将房屋抵押,再将房屋出租,租赁权与抵押权可以并存,效力上并不冲突。但是,若抵押权人实现抵押权,租赁房屋的所有权由第三人取得,第三人可以向承租人主张所有物返还请求权,要求承租人搬离租赁房屋。这也就意味着承租人无法继续占有、使用租赁房屋,承租人自然有权向出租人主张权利瑕疵担保责任。

案例 4-6[①]

2000 年,重庆城口县葛城镇电器销售商韩某与城口县百货公司口头达成门市租赁协议。据了解,韩某所租的门市系百货公司的大门市改造而成。在改造中,百货公司未使用防火材料将门市之间的墙完全隔断。同年 10 月 14 日,临近韩某的一电器维修门市发生火灾,大火沿墙壁缝隙蔓延至韩某门市,导致韩某的商品受损。

消防部门认定,百货公司的消防管理职责落实不够,所改造的墙体不符合消

---

① 案例来源:http://cqfy.chinacourt.org/article/detail/2008/07/id/627822.shtml,2017 年 1 月 26 日访问。

防安全要求。同时,消防部门认定韩某的火灾损失金额为12万元。

法院认为,韩某与百货公司口头达成租赁合同并已实际履行,其租赁合同合法有效,依法应受法律保护。在本案中,百货公司的出租房屋不符合消防安全要求,致使火灾发生后火势蔓延,造成韩某的商品遭受损失,应当承担相应的责任,故判决百货公司赔偿韩某损失12万元。

>> 评析

在房屋租赁合同中,出租人应承担物的瑕疵担保责任。所谓租赁房屋存在物的瑕疵,是指租赁房屋不具备应有的品质。例如,租赁房屋未配置约定的设施设备、租赁房屋存在安全隐患等情形。在本案中,百货公司的出租房屋不符合消防安全要求,并造成了承租人的损失,理应承担相应的违约责任。

五、房屋承租人的义务

(一)支付租金

关于支付租金,需注意以下几点:

第一,支付租金的期限。《合同法》第226条规定:"承租人应当按照约定的期限支付租金。对支付期限没有约定或者约定不明确,依照本法第六十一条的规定仍不能确定,租赁期间不满一年的,应当在租赁期间届满时支付;租赁期间一年以上的,应当在每届满一年时支付,剩余期间不满一年的,应当在租赁期间届满时支付。"

第二,违约责任。《合同法》第227条规定:"承租人无正当理由未支付或者迟延支付租金的,出租人可以要求承租人在合理期限内支付。承租人逾期不支付的,出租人可以解除合同。"

第三,租金的调整。根据《合同法》的有关规定,在以下几种情况下,可相应减少租金:其一,因维修租赁物影响承租人使用的(第221条);其二,因第三人主张权利,致使承租人不能对租赁物使用、收益的(第228条);其三,因不可归责于承租人的事由,致使租赁物部分或者全部毁损、灭失的(第231条)。

(二)按照约定的方法或者租赁房屋的性质使用租赁房屋

承租人毕竟不是租赁房屋的所有人,不可能任意使用租赁房屋。《合同法》第217条规定:"承租人应当按照约定的方法使用租赁物。对租赁物的使用方法没有约定或者约定不明确,依照本法第六十一条的规定仍不能确定的,应当按照租赁物的性质使用。"

如果承租人按照约定的方法或者租赁房屋的性质使用租赁房屋,致使租赁房屋受到损耗的(例如,木质地板因正常使用而出现磨损、水龙头因正常使用而生锈、墙壁上的油漆自然发生脱落等),不承担损害赔偿责任。反之,承租人未按照约定的方法或者租赁房屋的性质使用租赁房屋,致使租赁房屋受到损失的,出租人可以解除合同并要求承租人赔偿损失。

(三) 保管租赁房屋

在租赁期间,承租人有权占有、使用租赁物,同时也有义务保管租赁物。《合同法》第222条明确规定:"承租人应当妥善保管租赁物,因保管不善造成租赁物毁损、灭失的,应当承担损害赔偿责任。"这便是关于承租人保管义务的规定。对该规定,可作如下说明:

第一,承租人保管义务的发生以出租人将租赁房屋交付承租人为前提条件。倘若出租人并未将租赁房屋交付承租人,承租人并未取得对租赁房屋的占有权,自然不可能承担所谓的"保管义务"。

第二,保管既包括对租赁房屋的保存,也包括对租赁房屋的正常维护。例如,打扫租赁房屋、清理租赁房屋中的垃圾、下大雨时关闭租赁房屋的门窗等均属于保管行为。不过,承租人的保管义务并不包括对租赁房屋进行维修。这是因为,根据《合同法》第220条的规定,租赁房屋的维修义务由出租人承担。

第三,对于《合同法》第222条所规定的"妥善保管",我国学者一般认为,这是指承租人应以善良管理人的注意保管租赁房屋,[①]即承租人应以通常的合理人的注意保管租赁房屋。

第四,承租人若违反保管义务,致使租赁房屋毁损、灭失,应向出租人承担损害赔偿责任。一般认为,这一责任的归责原则为过错责任。

(四) 不得擅自对租赁房屋进行改善或者增设他物

《合同法》第223条规定:"承租人经出租人同意,可以对租赁物进行改善或者增设他物。承租人未经出租人同意,对租赁物进行改善或者增设他物的,出租人可以要求承租人恢复原状或者赔偿损失。"就房屋租赁而言,若承租人擅自变

---

① 参见马俊驹、余延满:《民法原论》(第四版),法律出版社2010年版,第676页。

动房屋建筑主体、扩建或者装饰装修,出租人有权根据具体情况要求承租人恢复原状、赔偿损失或者解除合同。

（五）返还租赁房屋

《合同法》第235条规定："租赁期间届满,承租人应当返还租赁物。返还的租赁物应当符合按照约定或者租赁物的性质使用后的状态。"就租赁房屋的返还而言,有如下几个问题值得注意：

第一,承租人经出租人同意装饰装修,租赁期间届满时,除当事人另有约定外,未形成附合的装饰装修物,可由承租人拆除。因拆除造成房屋毁损的,承租人应当恢复原状。

第二,承租人经出租人同意装饰装修,租赁期间届满时,承租人请求出租人补偿附合装饰装修费用的,不予支持。但是,当事人另有约定的除外。

第三,承租人未经出租人同意装饰装修发生的费用,由承租人负担,出租人有权请求承租人恢复原状或者赔偿损失。

六、房屋租赁合同与第三人

（一）"买卖不破租赁"

为了维护租赁关系的稳定性,保护承租人的利益,《合同法》第229条规定："租赁物在租赁期间发生所有权变动的,不影响租赁合同的效力。"对该规定,可作如下说明：

第一,该条适用的前提是"租赁物在租赁期间发生所有权变动",这不仅包括因买卖发生的所有权变动,还包括因赠与、互易、出资、继承等因素发生的所有权变动。

第二,所谓"不影响租赁合同的效力",是指租赁合同按照原来的内容继续存在于租赁物的受让人和承租人之间。换言之,租赁合同内容（租赁期限、租金、租赁物等）保持不变,只是出租人发生了替换,租赁物的受让人替代原出租人成为新的出租人,原出租人退出租赁关系。

第三,"买卖不破租赁"规则的例外。《房屋租赁合同司法解释》第20条规定："租赁房屋在租赁期间发生所有权变动,承租人请求房屋受让人继续履行原租赁合同的,人民法院应予支持。但租赁房屋具有下列情形或者当事人另有约定的除外:（一）房屋在出租前已设立抵押权,因抵押权人实现抵押权发生所有权变动的;(二)房屋在出租前已被人民法院依法查封的。"

(二) 优先购买权

《合同法》第 230 条规定:"出租人出卖租赁房屋的,应当在出卖之前的合理期限内通知承租人,承租人享有以同等条件优先购买的权利。"对该规定,可作如下说明:

第一,只有在房屋租赁中,承租人才享有优先购买权。倘若是动产租赁或土地租赁,则承租人不享有优先购买权。

第二,只有在出租人出卖租赁房屋时,承租人才享有优先购买权。如果出租人不是将房屋出卖给他人,而是由于赠与、征收、继承等原因导致租赁房屋的所有权发生转移,此时承租人不可能主张优先购买权。此外,在两种特殊情形下,承租人也享有优先购买权:(1)拍卖。出租人委托拍卖人拍卖租赁房屋,应当在拍卖五日前通知承租人,承租人享有优先购买权。承租人未参加拍卖的,应当认定承租人放弃优先购买权。(2)出租人与抵押权人协议折价、变卖租赁房屋偿还债务。在这种情形下,出租人应当在合理期限内通知承租人,承租人有权主张以同等条件优先购买房屋。

第三,承租人应以同等条件行使优先购买权。《合同法》第 230 条所规定的优先购买权,是指承租人享有的在同等条件下优先于他人购买租赁房屋的权利。只有在同等条件下,承租人才能够行使优先购买权。首先,同等条件是指价格相同,即承租人愿意支付的价款数额与第三人愿意支付的价款数额相等。其次,对其他条件是否相同应作具体分析。价款的支付方式、支付时间以及买受人的履行能力等都会对出租人的利益产生一定的影响,如果强求这些条件也完全相同,那么承租人几无行使优先购买权的可能性。因此,价款之外的其他条件是否需要相同,要看这些条件是否会对出租人的利益产生实质性的、较为重要的影响。如果存在实质性的、较为重要的影响,那么这些条件也应相同;如果并无影响或虽有影响但不属于实质性的、较为重要的影响,那么不必苛求这些条件也相同。

第四,基于合同的相对性,若出租人出卖租赁房屋未在合理期限内通知承租人或者存在其他侵害承租人优先购买权的情形,那么承租人有权请求出租人承担赔偿责任,但是无权请求确认出租人与第三人签订的房屋买卖合同无效。

第五,优先购买权的例外。《房屋租赁合同司法解释》第 24 条规定:"具有下列情形之一,承租人主张优先购买房屋的,人民法院不予支持:(一)房屋共有人行使优先购买权的;(二)出租人将房屋出卖给近亲属,包括配偶、父母、子女、兄弟姐妹、祖父母、外祖父母、孙子女、外孙子女的;(三)出租人履行通知义务后,承租人在十五日内未明确表示购买的;(四)第三人善意购买租赁房屋并已经办理登记手续的。"

(三) 转租

租赁房屋的转租,是指承租人不退出原有的租赁关系,而是将租赁房屋出租给第三人(次承租人)使用。转租涉及三方当事人、两个合同关系。三方当事人是指出租人、承租人(转租人)、次承租人。两个合同关系是指出租人与承租人之间的原租赁关系、转租人与次承租人之间的转租关系。至于出租人与次承租人之间,则不存在直接的合同关系。例如,出租人不得要求次承租人支付租金,次承租人不得要求出租人承担维修义务。

转租并非"租赁权的转让"的简称。因为若是租赁权的转让,则原承租人退出租赁关系,不再是承租人。在转租中,原租赁关系不变,承租人仍然受到租赁合同的约束,承担支付租金等合同义务。

转租分为两种:(1)经出租人同意的转租。承租人经出租人同意,可以将租赁房屋转租给第三人。承租人转租的,承租人与出租人之间的租赁合同继续有效;次承租人对租赁房屋造成损失的,承租人应当向出租人赔偿损失。(2)未经出租人同意的转租。《合同法》第224条第2款规定:"承租人未经出租人同意转租的,出租人可以解除合同。"不过,若出租人知道或者应当知道承租人转租,但在六个月内未提出异议,则其不得再主张解除合同。

案例 4-7

张某租住了一套房屋,租赁期限为3年。后来,因工作调动,他把该房屋转租给了李某。房东于2016年1月1日得知有关转租的情况,但是未作任何表示。当年底,房东以张某擅自转租为由,要求解除合同。

>> **评析**

根据《合同法》第224条第2款的规定,承租人未经出租人同意擅自转租的,出租人有权解除租赁合同。不过,出租人解除权的行使不仅影响到出租人与承租人之间的租赁关系,也势必影响到承租人与次承租人之间的转租关系。为避免当事人之间的法律关系长期悬而未决(解除还是不解除),对出租人解除权的行使期间应有所限制。为此,《房屋租赁合同司法解释》第16条第1款规定:"出租人知道或者应当知道承租人转租,但在六个月内未提出异议,其以承租人未经同意为由请求解除合同或者认定转租合同无效的,人民法院不予支持。"本案中,房东于2016年1月1日得知承租人擅自转租,当年底才主张解除合同,已经超过了六个月的期限,所以无法得到法院的支持。

(四)同住人的租赁权

《合同法》第234条规定:"承租人在房屋租赁期间死亡的,与其生前共同居住的人可以按照原租赁合同租赁该房屋。"对该规定,可作如下说明:

第一,立法宗旨。在住房租赁实务中,尽管是承租人一人与出租人签订租赁合同,但是承租人的家人或关系密切的朋友也可能与其共同居住。倘若严格遵循合同相对性原则,一旦承租人死亡,租赁关系即归于消灭,那么与承租人共同居住的人势必要搬离租赁房屋,重新寻找新的住处,这显然会对承租人的同住人的利益产生较大的不利影响。为保护承租人的同住人的居住利益,维护居住关系的稳定性和延续性,《合同法》第234条打破了合同相对性这一基本原则,规定了同住人的租赁权。

第二,同住人的范围。同住人不限于承租人的近亲属,还包括近亲属之外的其他人,甚至包括未婚同居者。

第三,同住人租赁权的效力。《合同法》第234条意味着承租人在租赁期间死亡的,其依据租赁合同所享有的权利、负担的义务概括转移给与其生前共同居住的人。换言之,租赁合同的内容不变,只不过承租人发生了变化,与原承租人生前共同居住的人成为新的承租人。

思考题

1. 商品房预售应当符合哪些条件?
2. 如何理解商品房销售合同中房地产开发企业的瑕疵担保责任?
3. 在建工程抵押、预购商品房贷款抵押有哪些特点?
4. 房屋租赁中,房屋出租人的义务有哪些?
5. 房屋租赁中,房屋承租人的义务有哪些?

第五章 房地产税费

【教学目的】

通过本章的学习,了解房地产税、涉房产费等相关概念,重点掌握房地产流转税、收益税、财产税和行为税的具体税种,并了解各类房地产税的纳税主体、征税对象、税率、纳税期限和减免税,全面掌握我国房地产税收制度的基本内容,了解我国房地产费体系。

第一节 房地产税

根据我国现行税法的规定,房地产税主要包括九种:房产税、城镇土地使用税、印花税、契税、耕地占用税、房地产营业税、固定资产投资方向调节税、城市维护建设税和土地增值税。以征税对象性质之不同为标准,房地产税可分为流转税、收益税、财产税和行为税四大类。

一、房地产流转税

房地产流转税是以房地产流转额为征税对象课征的一种税,包括土地使用权转让及建筑物销售营业税和城市维护建设税。

(一)土地使用权转让及建筑物销售营业税

土地使用权转让及建筑物销售营业税是对在我国境内转让土地使用权或者销售不动产的单位和个人,就其营业额按率计征的一种税。征税依据是《营业税暂行条例》(1993年12月13日国务院令第136号发布,2008年11月5日国务院第34次常务会议修订通过)。土地使用权转让及建筑物销售营业税的主要内容是:

第一,纳税主体。土地使用权转让及建筑物销售营业税的纳税主体为在我国境内转让土地使用权或者销售不动产的单位和个人。转让土地使用权或销售不动产,是指有偿转让土地使用权或者不动产所有权的行为。转让不动产有限产权或者永久使用权,以及单位将不动产无偿赠与他人的,视同销售不动产。

第二,征税对象和计税依据。土地使用权转让及建筑物销售营业税的征税对象是转让土地使用权或者销售不动产的营业额,包括纳税人向对方收取的全部价款和一切价外费用(包括向对方收取的手续费、基金、集资费、代收款项、代垫款项及其他各种性质的价外收费)。计税依据是计算应纳营业税税额的法定收入额,分为两种情况:一是全额计税依据。即营业税以营业收额为计税依据,包括纳税人向对方收取的全部价款和价外费用,不得从中扣除任何成本和费用。二是以税务机关核定的营业额为计税依据。针对纳税人转让土地使用权或销售不动产、个人自建建筑后销售价格明显偏低并无正当理由的,以及单位将不动产无偿赠与他人的,由主管税务机关核定其营业额。

第三,税率。土地使用权转让及建筑物销售营业税采5%税率,但是土地所有者出让土地使用权和土地使用者将土地使用权归还给土地所有者的行为,不征收营业税;在销售不动产时连同不动产所占土地的使用权一并转让的行为,比照销售不动产征税;以不动产投资入股,参与接受投资方利润分配,共同承担投资风险行为,不征收营业税,而转让该项股权则是例外。

第四,纳税期限和纳税地点。土地使用权转让及建筑物销售营业税的纳税时间是纳税人收讫营业收入款项或营业收款项凭据的当天;纳税人转让土地使用权或销售不动产,采用预收款方式的,其纳税时间为收到预收款的当天;纳税人发生自建行为的,纳税时间为销售自建建筑物并收取营业额或营业额凭据的当天;纳税人将不动产无偿赠与他人的,纳税时间为不动产所有权转移的当天。营业税的纳税期限分别为5日、10日、15日、1个月或者1个季度。纳税人的具体纳税期限,由主管税务机关根据纳税人应纳税额的大小分别核定,不能按照固定期限纳税的,可以按次纳税。纳税人以1个月或者1个季度为一个纳税期的,自期满之日起15日内申报纳税;以5日、10日或者15日为一个纳税期的,自期满之日起5日内预缴税款,于次月1日起15日内申报纳税并结清上月应纳税款。扣缴义务人解缴税款的期限,依照以上规定执行。

土地使用权转让及建筑物销售营业税纳税地点的确认规则:第一,纳税人提供应税劳务应当向其机构所在地或者居住地的主管税务机关申报纳税。但是,纳税人提供的建筑业劳务以及国务院财政、税务主管部门规定的其他应税劳务,应当向应税劳务发生地的主管税务机关申报纳税。第二,纳税人转让无形资产应当向其机构所在地或者居住地的主管税务机关申报纳税。但是,纳税人转让、出租土地使用权,应当向土地所在地的主管税务机关申报纳税。第三,纳税人销售、出租不动产应当向不动产所在地的主管税务机关申报纳税。扣缴义务人应当向其机构所在地或者居住地的主管税务机关申报缴纳其扣缴的税款。国家根据房地产宏观调控的需要,会对涉及房地产营业税的征收作出适当调整。[①]

(二)城市维护建设税

城市维护建设税是以对缴纳消费税、增值税、营业税的单位和个人就其实缴的消费税、增值税、营业税税额为计税依据而征收的一种税。征税依据是国务院于1985年2月8日颁布并实施、2011年1月8日修订的《城市维护建设税暂行条例》。城市维护建设税的主要内容是:

第一,纳税主体。凡缴纳消费税、增值税、营业税的单位和个人,都是城市维护建设税的纳税人。

第二,计税依据。城市维护建设税以纳税人实缴的消费税、增值税、营业税税额为计税依据,分别与消费税、增值税、营业税同时缴纳。

第三,税率。城市维护建设税是比例税率,共有三档:一是纳税人所在地在市区的,税率为7%;二是纳税人所在地在县城、镇的,税率为5%;三是纳税人所在地不在市区、县城或镇的,税率为1%。

第四,纳税期限和纳税地点。城市维护建设税与消费税、增值税、营业税同时征收,其征收、管理、具体纳税环节等,比照消费税、增值税、营业税的有关规定办理。

案例 5-1[②]

某县某纺织品有限公司因长期拖欠某供应商货款,经法院裁定,用其所拥有的一处房屋进行抵偿,并由法院委托有资质的拍卖企业进行拍卖,房屋拍卖所得

[①] 2015年3月财政部发出的《关于调整个人住房转让营业税政策的通知》中明确规定,自2015年3月31日起,个人将购买不足2年的住房对外销售的,全额征收营业税;个人将购买2年以上(含2年)的非普通住房对外销售的,按照其销售收入减去购买房屋的价款后的差额征收营业税;个人将购买2年以上(含2年)的普通住房对外销售的,免征营业税。

[②] 案例来源:http://liuhuanting.findlaw.cn/lawyer/jdal/d79468.html,2017年1月8日访问。

88000元用以抵债。当公司财务人员依据法院裁定、原房屋权属证书、拍卖成交确认书等登记文件向房地产管理部门办理产权转移手续时,却被告知根据与地税部门达成的代征协议规定,对存量房交易环节所涉及的税收要实行一体化管理。也就是说,除有上述法院相关手续外,还应提供地税部门开具的销售不动产发票,对于未报送销售不动产发票的纳税人,不予受理相关产权转移手续。但是,公司财务人员认为其单位只是以房抵债,而未获得实际收入,不应缴纳相关税款。

≫ 评析

《国家税务总局关于以房屋抵顶债务应征收营业税问题的批复》(国税函〔1998〕771号)规定,单位或个人以房屋抵顶有关债务,不论是经双方(或多方)协商决定的,还是由法院裁定的,其房屋所有权已发生转移,且原房主也取得了经济利益(减少了债务),因此对单位或个人以房屋或其他不动产抵顶有关债务的行为,应按"销售不动产"税目征收营业税。就本案来说,虽然公司财务人员认为其单位未获得实际收入,不应交纳相关税款,但是该公司基于法院裁定抵偿其房屋,实际上减少了债务。营业税是基于有偿提供应税劳务、有偿转让无形财产或者有偿转让不动产所有权的行为而交纳的税种。减少了债务对公司来说实际上就是一种经济利益的获得,因此该公司应当缴纳营业税。

根据《国家税务总局关于实施房地产税收一体化管理若干具体问题的通知》(国税发〔2005〕156号),对存量房交易环节所涉及的营业税及城市维护建设税和教育费附加、个人所得税、土地增值税、印花税等相关税种的征收事项,为便于税收源泉控管,税务部门可依据法律法规的授权,委托房地产管理部门代征或协助征收。

二、房地产收益税

房地产收益税是以纳税人的纯收益额或者纯利润为征税对象课征的一种税,其中最主要的是土地增值税。

土地增值税,是指对转让国有土地使用权、地上的建筑物及附着物取得收入的单位和个人,就其所得的增值额征收的一种税。征税依据是国务院于1993年12月13日颁布并自1994年1月1日起施行的《土地增值税暂行条例》(2011年1月8日修订)。

第一，纳税主体。凡转让国有土地使用权、地上建筑物及其附着物并取得收入的单位和个人，都是土地增值税的纳税义务人，但是通过继承、赠与等方式没有取得营业性收入的转让行为不在征税之列。

第二，计税依据。土地增值税的计税依据是纳税人转让房地产所取得的增值额。增值额是纳税人转让房地产的全部收入减除法定扣除项目金额后的余额。扣除项目有：取得土地使用权所支付的金额；开发土地的成本、费用；新建房及配套设施的成本、费用，或者旧房及建筑物的评估价格；与转让房地产有关的税金；财政部规定的其他扣除项目。

第三，税率。土地增值税实行四级超率累进税率：增值额未超过扣除项目金额50%的部分，税率为30%；增值额超过扣除项目金额50%、未超过扣除项目金额100%的部分，税率为40%；增值额超过扣除项目金额100%、未超过扣除项目金额200%的部分，税率为50%；增值额超过扣除项目金额200%的部分，税率为60%。

第四，纳税期限和纳税地点。纳税人应当自转让房地产合同签订之日起7日内向房地产所在地主管税务机关办理纳税申报，并在税务机关核定的期限内缴纳土地增值税。土地增值税由税务机关征收，土地管理部门、房产管理部门应当向税务机关提供有关资料，并协助税务机关依法征收土地增值税。纳税人未按规定缴纳土地增值税的，土地管理部门、房产管理部门不得办理有关的权属变更手续。

为进一步规范土地增值税，2006年3月2日颁布的《财政部、国家税务总局关于土地增值税若干问题的通知》（财税〔2006〕21号），从以下几个方面对土地增值税作了明确规定：

第一，关于纳税人建造普通标准住宅出售和居民个人转让普通住宅的征免税问题。《土地增值税暂行条例》第8条中"普通标准住宅"和《财政部、国家税务总局关于调整房地产市场若干税收政策的通知》（财税字〔1999〕210号）第3条中"普通住宅"的认定，一律按各省、自治区、直辖市人民政府根据《国务院办公厅转发建设部等部门关于做好稳定住房价格工作意见的通知》（国办发〔2005〕26号）制定并对社会公布的"中小套型、中低价位普通住房"的标准执行。纳税人既建造普通住宅,又建造其他商品房的,应分别核算土地增值额。①

第二,关于因城市实施规划、国家建设需要而搬迁,纳税人自行转让房地产的征免税问题。《土地增值税暂行条例实施细则》第11条第4款所称因"城市实施规划"而搬迁,是指因旧城改造或因企业污染、扰民(指产生过量废气、废水、废渣和噪音,使城市居民生活受到一定危害),而由政府或政府有关主管部门根据已审批通过的城市规划确定进行搬迁的情况;因"国家建设的需要"而搬迁,是指因实施国务院、省级人民政府、国务院有关部委批准的建设项目而进行搬迁的情况。

第二,关于以房地产进行投资或联营的征免税问题。对于以土地(房地产)作价入股进行投资或联营的,凡所投资、联营的企业从事房地产开发的,或者房地产开发企业以其建造的商品房进行投资和联营的,均不适用《财政部、国家税务总局关于土地增值税一些具体问题规定的通知》(财税字〔1995〕048号)第1条暂免征收土地增值税的规定。

三、房地产财产税

房地产财产税是以法定财产为征税对象,根据财产占有或者财产转移的事实征收的一种税,包括房产税和契税。

(一) 房产税

房产税是以房屋为征税对象,按照房屋原值或房产租金向产权所有人征收的一种税。征税依据是国务院于1986年9月15日颁布并自1986年10月1日起施行的《房产税暂行条例》(2011年1月8日修订)。

第一,纳税主体。房产税的纳税主体是房屋所有人,其中产权属于全民所有的,纳税主体为产权的经营管理者,产权出典的,纳税主体为承典人;产权所有人、承典人不在房产所在地,或者产权未确定及租典纠纷未解决的,由房产代管人或者使用权人缴纳。房产税的征收范围限定在城市、县城、建制镇和工矿区。

第二,计税依据。房产税的计税依据为价款或租金:第一,从价计征,即依照房产原值一次减除10%至30%后的余值计算缴纳;如没有房产原值作为依据,

---

① 在该文件发布之日前已向房地产所在地地方税务机关提出免税申请,并经税务机关按各省、自治区、直辖市人民政府原来确定的普通标准住宅的标准审核确定,免征土地增值税的普通标准住宅,不作追溯调整。

则由房产所在地税务机关参考同类房产核定。第二,从租计征,对出租房产,以房产租金收入为计税依据。但是,出租公房不适用从租计征的,仍适用从价计征。

第三,税率。房产税采比例税率,依照计税依据不同而分设两种税率:依照房产余值计征的,税率为1.2%;依照房产租金收入计征的,税率为12%。

第四,纳税期限和纳税地点。房产税按年计征,分期缴纳,具体纳税期限由省、自治区和直辖市人民政府规定。纳税人拥有多处房产的,应分别在房产所在地纳税。

第五,减税免税。下列房产免纳房产税:国家机关、人民团体、军队自用的房产;由国家财政部门拨付事业经费的单位自用的房产;宗教寺庙、公园、名胜古迹自用的房产;个人所有非营业用的房产;经财政部批准免税的其他房产,包括各类学校、医院、托儿所自用的房产,作营业用的地下人防设施,毁损不堪的房屋和危险房屋,大修停用期间的房屋,微利企业和亏损企业的房屋。此外,纳税人纳税确有困难的,可由省、自治区和直辖市人民政府确定,定期减征或者免征房产税。

(二) 住宅房产税的试点

为调控房地产市场,重庆、上海在2011年1月28日开始试点,对个人住宅开征房产税。重庆的征税对象为:(1) 个人拥有的独栋商品住宅;(2) 个人新购的高档住房,即建筑面积交易单价达到上两年主城九区新建商品住房成交建筑面积均价2倍(含2倍)以上的住房;(3) 在重庆市同时无户籍、无企业、无工作的个人新购的首套及以上的普通住房。上海的征税对象为:从试点之日起,本市居民家庭在本市新购且属于该居民家庭第二套及以上的住房(包括新购的二手存量住房和新建商品住房);非本市居民家庭在本市新购的住房。

上海、重庆试点后,一直未在全国推广对居民住宅开征房产税。

(三) 契税

契税,是指由于土地使用权转让,房屋买卖、赠与或交换,发生房地产权属转移时,向产权受让人征收的一种税赋。征税依据是1997年7月7日国务院颁布的《契税暂行条例》。

第一,纳税主体。契税的纳税主体是房地产权转移的受让人,包括土地使用权受让人与房屋买受人、受赠人和交换人。

第二，计税依据。契税的计税依据依房地产权属转移的方式不同而不同：国有土地使用权出让、土地使用权出售、房屋买卖，为成交价格；土地使用权赠与、房屋赠与，由征收机关参照土地使用权出售、房屋买卖的市场价格核定；土地使用权交换、房屋交换，为所交换的土地使用权、房屋价格的差额。成交价格明显低于市场价格且无正当理由的，或者所交换土地使用权、房屋价格的差额明显不合理且无正当理由的，由征收机关参照市场价格核定。

第三，税率。契税采比例税率，为3%—5%，适用税率由省、自治区、直辖市人民政府在该幅度内按照本地区的实际情况确定，并报财政部和国家税务总局备案。

第四，纳税期限与纳税地点。契税的纳税时间为纳税人签订土地、房屋权属转移合同的当天，或者纳税人取得其他具有土地、房屋权属转移合同性质凭证的当天。纳税人应当自纳税义务发生之日起10日内，向土地、房屋所在地的契税征收机关进行纳税申报，并在规定的期限内缴纳税款。

第五，减税免税。契税的减税免税情形包括：国家机关、事业单位、社会团体、军事单位承受土地、房屋用于办公、教学、医疗、科研和军事设施的，免征；城镇职工按规定第一次购买公有住房的，免征；因不可抗力灭失住房而重新购买住房的，酌情准予减征或者免征；财政部规定的其他减征、免征契税的项目。

案例5-2[①]

1993年12月至1994年4月间，桑植县房地产开发公司（下称"开发公司"）分别与曾某某等12户商品房买主签订了商品房购销合同。合同中约定了购房位置、销售价格、建筑标准、结算、付款、验收方法、税费负担、违约责任以及房屋售后管理等。合同第2条第2款约定："商品房价格以建筑面积每平方米造价为计算单位，内容包括：勘测设计、土地征用青苗补偿、劳动力安置，房屋建安工程费用、给排水电等配套设施费用。"第6条第2款约定："甲方（公司）负责办理房屋交易和产权手续，并领取房权证，待乙方（买主）将全部款额交足甲方后，由甲方连同购销房屋一并移交给乙方，所需费用按有关规定执行。其余有关税费均包括在商品房的单位造价内，不再另行收取。"

---

① 案例来源：http://www.flzx.com/fagui/panli/201301/58081.html，2017年1月9日访问。

合同签订后,12户买主分别向开发公司交纳了购房定金。1994年底前,12户买主交清全部购房款后,开发公司按合同约定陆续将房屋移交给12户买主,并于1995年3月将其房屋所有权证移交完毕。1995年4月,桑植县澧源镇财政所征收了除钟某某、周某某以外其他10户买主即本案原告的契税共计19986.53元,其中刘某某、王某某因迟交契税还交滞纳金共1034元。该10户买主以契税不应由自己承担为理由,向桑植县人民法院提起诉讼。

桑植县人民法院认为,被告与原告签订合同时在第6条第2款明确规定:"其余有关税费均包括在商品房的单位造价内,不再另外收取。"其意思表示真实,权利义务明确,即已包括在单位造价内,应由被告承担契税。

开发公司不服判决,上诉至张家界市中级人民法院,请求改判。张家界市中级人民法院经审理认为,10户商品房买主与开发公司双方签订的商品房购销合同有效。合同中约定"其余有关税费均包括在商品房的单位造价内"的税费,应是指房屋买卖成立即房屋所有权转移之前的税费,不包括房屋买卖成立之后的契税。我国《契税暂行条例》明确规定应由房产买受人凭所有权证交纳契税。本案中,契税应由10户商品房买主交纳。原审判决契税由开发公司承担,适用法律错误,应予撤销。

》 评析

10户商品房买主以购销合同第6条第2款"其余有关税费均包括在商品房的单位造价内,不再另外收取"的约定而推定房产契税应由被告承担,这显然属于对房产契税形成及其征收的错误理解。

房产契税是一种财产税,是指由于土地使用权转让,房屋买卖、赠与或交换,发生房地产权属转移时,向产权受让人征收的一种税赋。它以财产的数量和总价值为对象,并且是房产售后的税目,有专门的征收机关。它不可能包含在房屋造价之内,房产公司无权代征,也无法代征。因此,本案二审判决是正确的。

四、房地产行为税

房地产行为税是就特定行为的发生,依据法定计税单位和标准,对行为人加以征收的税。房地产行为税主要有房地产印花税、城镇土地使用税、耕地占用税。

(一) 房地产印花税

房地产印花税是对以经济活动或经济交易中书立的或领受的房地产凭证征收的一种税。征税依据是国务院于1988年8月6日颁布并自同年10月1日起施行的《印花税暂行条例》(2011年1月8日修订)。

第一,纳税主体。房地产印花税的纳税主体是在我国境内书立、领受应税房地产凭证的单位和个人,以及在境外书立、受我国法律保护、在我国境内适用的应税房地产凭证的单位和个人。产权移转书据的纳税义务人是立据人,即书立产权移转书据的单位和个人,如果该项凭证是由两方或两方以上单位或个人共同书立的,各方都是纳税义务人;权利许可证照的纳税义务人是领受人,即领取并持有凭证的单位和个人;房屋租赁合同的纳税义务人是立约人;房产购销合同的纳税义务人是合同订立人。

第二,计税依据。房地产印花税的征税对象是特定行为,而其计税依据则是该种行为所负载的资金量或实物量,其中房地产产权转移书据印花税的计税依据是书据所载金额;房地产权利证书(包括房屋产权证和土地使用证)印花税按件计收;房屋租赁合同印花税的计税依据是租赁金额;房产购销合同的计税依据是购销金额。

第三,税率。房地产印花税的税率有两种:一是比例税率,适用于房地产产权转移书据,税率为万分之五;适用于房屋租赁合同,税率为千分之一;适用于房产购销合同,税率为万分之三。二是定额税率,适用于房地产权利证书,包括房屋产权证和土地使用证,税率为每件5元。

第四,纳税期限和纳税地点。纳税人根据税法规定自行计算应纳税额,购买并一次贴足印花税票(简称"贴花")。印花税实行"三自"缴纳办法,即纳税人按照应税凭证的类别和适用的税目税率自行计算应纳税额、自选购花、自行贴花。对一次贴花数额较大和贴花次数频繁的,经税务机关批准,可采用汇贴、汇缴办法纳税,汇缴期限由税务机关根据应纳税额的大小予以指定,最长不超过一个月。

第五,减税免税。下列凭证免缴房地产印花税:已缴纳印花税的凭证的副本或者抄本(以副本或者抄本视同正本使用的,应另贴印花);财产所有人将财产赠给政府、社会福利单位、学校所立的书据;财政部批准免税的其他凭证。

(二) 城镇土地使用税

城镇土地使用税是对在城市、县城、建制镇、工矿区范围内使用土地的单位和个人所征收的一种税。征收依据是《城镇土地使用税暂行条例》(1988年9月27日国务院令第17号发布,自同年11月1日起施行,2006年12月31日、2011年1月8日修订)。

第一,纳税主体。在城市、县城、建制镇、工矿区范围内使用土地的单位和个人,为城镇土地使用税(以下简称"土地使用税")的纳税人,应当依照规定缴纳土地使用税。其中,单位包括国有企业、集体企业、私营企业、股份制企业、外商投资企业、外国企业以及其他企业和事业单位、社会团体、国家机关、军队以及其他单位;个人包括个体工商户以及其他个人。

第二,计税依据。土地使用税以纳税人实际占用的土地面积为计税依据,依照规定税额计算征收。土地占用面积的组织测量工作,由省、自治区、直辖市人民政府根据实际情况确定。

第三,税率。土地使用税采用从量定额税率,以每平方米年税额为单位。土地使用税每平方米年税额为:大城市1.5元至30元;中等城市1.2元至24元;小城市0.9元至18元;县城、建制镇、工矿区0.6元至12元。省、自治区、直辖市人民政府,应当在上述规定的税额幅度内,根据市政建设状况、经济繁荣程度等条件,确定所辖地区的适用税额幅度。市、县人民政府应当根据实际情况,将本地区土地划分为若干等级,在省、自治区、直辖市人民政府确定的税额幅度内,制定相应的适用税额标准,报省、自治区、直辖市人民政府批准执行。经省、自治区、直辖市人民政府批准,经济落后地区土地使用税的适用税额标准可以适当降低,但降低额不得超过上述规定最低税额的30%。经济发达地区土地使用税的适用税额标准可以适当提高,但须报经财政部批准。

第四,纳税期限和纳税地点。土地使用税按年计算、分期缴纳。缴纳期限由省、自治区、直辖市人民政府确定。新征用的土地,依照下列规定缴纳土地使用税:征用的耕地,自批准征用之日起满1年时开始缴纳土地使用税;征用的非耕地,自批准征用次月起缴纳土地使用税。土地使用税由土地所在地的税务机关征收。土地管理机关应当向土地所在地的税务机关提供土地使用权属资料。

第五,减税免税。下列土地免缴城镇土地使用税:国家机关、人民团体、军队自用的土地;由国家拨付事业经费的单位自用的土地;宗教寺庙、公署、名胜古迹自用的土地;市政街道、广场、绿化地带等公共用地;直接用于农、林、牧、渔业的生产用地;经批准开山填海整治的土地和改造的废弃土地,从使用的月份起免缴土地使用税5年至10年;由财政部另行规定免税的能源、交通、水利设施用地和其他用地。除上述规定外,纳税人缴纳土地使用税确有困难需要定期减免的,由省、自治区、直辖市税务机关审核后,报国家税务局批准。

为规范土地使用税的执行,2008年12月18日,《财政部、国家税务总局关于房产税城镇土地使用税有关问题的通知》发布(自2009年1月1日起执行),对房产税、城镇土地使用税的有关问题予以明确:

第一,关于房产原值如何确定的问题。对依照房产原值计税的房产,不论是否记载在会计账簿固定资产科目中,均应按照房屋原价计算缴纳房产税。房屋原价应根据国家有关会计制度规定进行核算。对纳税人未按国家会计制度规定核算并记载的,应按规定予以调整或重新评估。《财政部、税务总局关于房产税若干具体问题的解释和暂行规定》(财税地字〔1986〕第008号)第15条同时废止。

第二,关于索道公司经营用地应否缴纳城镇土地使用税的问题。公园、名胜古迹内的索道公司经营用地,应按规定缴纳城镇土地使用税。

第三,关于房产税、城镇土地使用税纳税义务截止时间的问题。纳税人因房产、土地的实物或权利状态发生变化而依法终止房产税、城镇土地使用税纳税义务的,其应纳税款的计算应截止到房产、土地的实物或权利状态发生变化的当月末。

(三) 耕地占用税

耕地占用税是对占用耕地建房或从事其他非农业建设的单位和个人,按其占用耕地面积征收的一种税。征税依据是国务院2007年12月1日颁布、自2008年1月1日起施行的《耕地占用税暂行条例》。

第一,纳税主体。耕地占用税的纳税主体是占用耕地建房或从事其他非农业建设的单位和个人。其中,单位包括国有企业、集体企业、私营企业、股份制企业、外商投资企业、外国企业以及其他企业和事业单位、社会团体、国家机关、部队以及其他单位;个人包括个体工商户以及其他个人。

第二,计税依据。耕地占用税以纳税人实际占用的耕地面积为计税依据,按照规定的适用税额一次性征收。

第三,税率。耕地占用税采定额税率,按人均占用耕地的多少分别规定不同的税额。耕地占用税的税额规定如下:人均耕地不超过1亩的地区(以县级行政区域为单位,下同),每平方米为 10 元至 50 元;人均耕地超过 1 亩但不超过 2 亩的地区,每平方米为 8 元至 40 元;人均耕地超过 2 亩但不超过 3 亩的地区,每平方米为 6 元至 30 元;人均耕地超过 3 亩的地区,每平方米为 5 元至 25 元。国务院财政、税务主管部门根据人均耕地面积和经济发展情况确定各省、自治区、直辖市的平均税额。

第四,纳税期限和纳税地点。耕地占用税由地方税务机关负责征收。土地管理部门在通知单位或者个人办理占用耕地手续时,应当同时通知耕地所在地同级地方税务机关。获准占用耕地的单位或者个人应当在收到土地管理部门的通知之日起 30 日内缴纳耕地占用税。土地管理部门凭耕地占用税完税凭证或者免税凭证和其他有关文件发放建设用地批准书。

第五,减税免税。军事设施占用耕地以及学校、幼儿园、养老院、医院占用耕地的,免征耕地占用税。铁路线路、公路线路、飞机场跑道、停机坪、港口、航道占用耕地,减按每平方米 2 元的税额征收耕地占用税。根据实际需要,国务院财政、税务主管部门商国务院有关部门并报国务院批准后,可以对前述规定的情形免征或者减征耕地占用税。农村居民占用耕地新建住宅,按照当地适用税额减半征收耕地占用税。农村烈士家属、残疾军人、鳏寡孤独以及革命老根据地、少数民族聚居区和边远贫困山区生活困难的农村居民,在规定用地标准以内新建住宅缴纳耕地占用税确有困难的,经所在地乡(镇)人民政府审核,报经县级人民政府批准后,可以免征或者减征耕地占用税。免征或者减征耕地占用税后,纳税人改变原占地用途,不再属于免征或者减征耕地占用税情形的,应当按照当地适用税额补缴耕地占用税。《耕地占用税暂行条例》第 6 条、第 7 条规定,经济特区、经济技术开发区和经济发达且人均耕地特别少的地区,适用税额可以适当提高,但是提高的部分最高不得超过该条例第 5 条第 3 款规定的当地适用税额的 50%;占用基本农田的,适用税额应当在该条例第 5 条第 3 款、第 6 条规定的当地适用税额的基础上提高 50%。

案例 5-3[①]

2000 年 3 月 24 日,民和回族土族自治县房地产管理局(以下简称"房管

---

① 案例来源:青海省海东区中级人民法院(2005)东经初字第 3 号。

局")与青海双玖房地产有限公司(以下简称"双玖公司")签订一份《民和县北大街拓建工程项目合同书》,约定由双玖公司开发建设第一期工程中的全部商业用房及住宅,占地41亩;开发期限:2000年5月至2002年底。同时,合同约定了双方职责。其中,房管局的职责为:严格执行民和回族土族自治县人民政府(以下简称"民和县政府")民政〔1999〕113号《关于给予北大街拓建工程优惠政策及有关问题的通知》精神,负责协调该文件执行过程中的有关事项,保证文件所有条款及时、有效、全面地得到落实,并负责前期准备工作等。民和县政府1999年10月12日作出的民政〔1999〕113号《关于给予北大街拓建工程优惠政策及有关问题的通知》中,包含对北大街开发小区内兴建住宅楼项目实行优惠政策,其第1条规定:"免收销售环节营业税、房产税、印花税、契税、固定资产投资方向调节税。"

原告双玖公司诉称,合同签订后,己方依约履行了义务,房管局却迟迟未将税收机关已征收的税款补偿给己方,致使己方蒙受惨重的经济损失,故请求判令房管局支付补偿款593005.45元,并承担本案诉讼费。

青海省海东地区中级人民法院判决被告房管局支付原告双玖公司补偿款593005.45元(限本判决生效之次日起10日内履行完毕)。

>> 评析

《城市房地产管理法》第29条规定:"国家采取税收等方面的优惠措施鼓励和扶持房地产开发企业开发建设居民住宅。"《房产税暂行条例》第6条规定:"除本条例第五条规定者外,纳税人纳税确有困难的,可由省、自治区、直辖市人民政府确定,定期减征或者免征房产税。"因此,县政府无权作出免税的决定。本案中,房管局作为政府职能部门,为了达到引进资金的目的而以合同的形式对双玖公司作出书面承诺,在优惠条件无法落实的情况下,己方愿意补偿该款项。因此,依据《合同法》中的诚实信用原则,房管局应承担补偿责任。

第二节 涉房地产费

一、房地产费概述

广义的房地产费,是指在房地产市场活动中所产生的各种费用,包括房地产行政性收费、土地使用费和房地产事业性收费。狭义的房地产费,只指房地产行政性收费。目前,我国的房地产费主要有三种:房地产行政性收费、土地使用费和房地产事业性收费。① 但是,有的学者只承认房地产行政性收费和房地产事业性收费。② 我国房地产费多、杂、乱,应当改变这种不规范的现状。西方国家的房地产费主要为房地产管理费,如不动产转移手续费、登记费等,比较清晰,可以借鉴。

房地产费与房地产税的主要区别在于:

第一,收取依据不同。房地产费依据国家法律,或者是政策、地方性规章,甚至由收缴主体自行规定,其效力一般较低。房地产税的收取依据是国家税收法律,其效力较高。

第二,收取主体不同。房地产费由行政机关、事业单位收取。房地产税只能由国家征收,包括中央和地方两级政府,具体由税务机关征收或由其委托机关代收。

第三,收取目的不同。房地产费主要是为了填补行政事业单位的经费支出。房地产税的直接目的是增加财政收入,同时以之为经济杠杆,调节社会经济关系。

第四,征纳双方的地位不同。房地产费中,国家有时需作为缴纳方向相对人交费,如安置补偿费等。房地产税中,国家始终是接受方,征纳方向是固定不变的。③

二、房地产行政性收费

房地产行政性收费,是指房地产行政管理机关或其授权机关管理房地产业所收取的费用。

房地产行政性收费主要有以下两项:

第一,产权管理收费,包括登记费(如总登记费、转移登记费等)、勘丈费、权证费和手续费。

第二,房屋租赁管理收费,包括房屋租赁登记费、房屋租赁手续费(又称"房

---

① 参见郑瑞琨等:《房地产交易》,北京大学出版社2007年版,第206—209页;符启林:《房地产法》(第四版),法律出版社2009年版,第304—307页。
② 参见吴春岐、楚道文、王倩:《房地产法新论》,中国政法大学出版社2008年版,第347—349页。
③ 参见符启林:《房地产法》(第四版),法律出版社2009年版,第304—305页。

屋租赁监证费")。

三、土地使用费

土地使用费,是指取得土地使用权的单位和个人,按照规定向国家交付的使用土地的费用。土地使用费的收费对象是使用国有土地的单位和个人。1990年5月19日,国务院发布施行《城镇国有土地使用权出让和转让暂行条例》,把收取土地使用费改为收取土地使用权出让金,即国家以土地所有者的身份将土地使用权在一定年限内让与土地使用者,由土地使用者向国家支付土地使用权出让金。土地使用费的征收标准,因取得土地使用权方式的不同而有所不同。我国土地使用权的取得方式有两种:出让和划拨。

以出让方式取得土地使用权的,土地使用者须向国家支付土地使用权出让金(即土地使用费)。土地使用权出让金实质上是地租。但是,实践中,土地使用权出让金的价格构成除地租以外,还包括出让前国家对土地的开发成本以及有关的征地、拆迁、补偿、安置等费用。

以划拨方式取得土地使用权的,经县级以上人民政府依法批准,在土地使用者缴纳补偿、安置等费用后,将该幅土地交付其使用,或者将土地使用权无偿交付给土地使用者。土地使用者无偿使用是否缴纳土地使用费,分为两种情况:[①]

第一,缴纳补偿、安置等费用,构成土地使用费。这主要是指以下两种情况:(1)县级以上人民政府依据《土地管理法》,批准征用集体所有土地,在土地使用者缴纳补偿、安置等费用后,国家将其征用的土地划拨给土地使用者使用;(2)县级以上人民政府依据《土地管理法》,对国家建设使用其他单位使用的国有土地,按照国家建设征用集体所有土地的程序和审批权限批准,在土地使用者缴纳补偿、安置或搬迁等费用后,国家将国有土地划拨给土地使用者使用。

第二,无偿使用,不缴纳土地使用费。这主要是指县级以上人民政府依据《土地管理法》,对国家建设使用国有荒山荒地的,经审查批准后,国家将其国有土地无偿划拨给土地使用者使用。

《物权法》第42条规定:"为了公共利益的需要,依照法律规定的权限和程序可以征收集体所有的土地和单位、个人的房屋及其他不动产。征收集体所有的

[①] 参见房维廉主编:《〈中华人民共和国城市房地产管理法〉释义》,人民法院出版社1994年版,第76—77页。

土地,应当依法足额支付土地补偿费、安置补助费、地上附着物和青苗的补偿费等费用,安排被征地农民的社会保障费用,保障被征地农民的生活,维护被征地农民的合法权益。征收单位、个人的房屋及其他不动产,应当依法给予拆迁补偿,维护被征收人的合法权益;征收个人住宅的,还应当保障被征收人的居住条件。任何单位和个人不得贪污、挪用、私分、截留、拖欠征收补偿费等费用。"第44条规定:"因抢险、救灾等紧急需要,依照法律规定的权限和程序可以征用单位、个人的不动产或者动产。被征用的不动产或者动产使用后,应当返还被征用人。单位、个人的不动产或者动产被征用或者征用后毁损、灭失的,应当给予补偿。"第121条规定:"因不动产或者动产被征收、征用致使用益物权消灭或者影响用益物权行使的,用益物权人有权依照本法第四十二条、第四十四条的规定获得相应补偿。"

四、房地产事业性收费

房地产事业性收费,是指房地产行政管理机关及其所属的事业单位为社会或个人提供特定服务所收取的费用。

房地产事业性收费主要包括:

第一,拆迁管理收费。这是承办拆迁的单位向建设单位即拆迁人收取的费用。对于拆迁管理收费,目前我国尚无统一规范,一般按拆迁费总额的一定比例收取。

第二,房屋估价收费。这是房屋管理部门对房屋进行估价,向产权人或委托人收取的费用。对于房屋估价收费,目前我国也无统一规范,一般按估价金额的一定比例收取。

思考题

1. 我国现行税法规定的房地产税有哪几类?
2. 房地产流转税包括哪些税种?
3. 土地增值税有哪些减免税情况?
4. 房产税和契税的税率分别是多少?
5. 房地产费和房地产税的区别是什么?
6. 在出让和划拨取得土地使用权的情况下,分别应如何征收土地使用费?

第六章 物业管理制度

【教学目的】

通过本章的学习,能够了解物业管理的概念、类型、与物业管理相关的权利,熟悉物业管理权的制度设计理由与权利来源,深入理解物业管理制度构建的关键问题,并能够准确定位物业管理中存在的各种法律关系。

第一节 物业管理概述

一、物业管理的概念与类型

(一) 物业管理的概念

物业,就其基本的含义而言,是指以土地及土地上建筑物形式存在的不动产。在东南亚,物业一般作为"房地产"的同义词使用。概括地说,物业是指房屋建筑、附属设施以及相关的场地,主要包括:已经完成并具有规定使用功能和经济价值的各类房屋建筑;与这些房屋建筑相配套的设备和公共设施;房屋建筑所在的建筑场地(包括绿化)、庭院、停车场以及小区内非主干交通道路。物业是房地产开发建设的最终产品,也是物业管理的主要物质对象。城市物业不仅是城市经济、政治和文化活动的基本场所,而且是城市居民生存和安居乐业的最重要空间。

物业管理,是指物业管理公司依法律、合同和规约,运用现代管理科学、环境生态科学和先进的维修养护技术,对物业及周边环境、安全保卫等进行全方位、专业化统一管理,并提供综合性服务,以提高物业的使用价值和经济效益。概言之,物业管理是以物为载体,以人为核心,以法律、合同和规约为依据的经济法律行为。物业管理是房地产业的延伸和拓展。

案例 6-1[①]

原告系上海市松江区某小区的业主,被告为该小区的物业管理公司。2007年6月30日起,原告将自己所有的一辆桑塔纳轿车停放在被告指定的车位内,并支付了2007年7月至2008年6月的停车费1500元,被告向原告发放了停车证。2008年5月31日晚11点多,经小区保安核实停车证后,原告将车辆停放在车位,并将停车证带回家里。次日9点,原告发现自己的车辆被盗,车位上有许多碎玻璃,立即通知了物业,并报了警。现该案尚未侦破。原告认为被告向自己收取固定车位费、发放停车证,原、被告之间形成了事实上的保管合同关系,故被告有责任保管好车辆。现被告未尽到妥善保管的义务,导致车辆被盗,理应赔偿原告损失。原告诉至法院,要求被告赔偿自己丢失车辆的购车费、购置税以及养路费等费用共计124900元。

被告辩称:原、被告之间未订立书面的保管合同,在实际履行中也未形成事实上的保管关系。被告向原告收取的停车费数额较小,其性质系占用小区场地的费用,而且收取的所有停车费中有70%交于业主委员会,所以不能将停车费视为保管费用。在物业管理方面,被告聘用了专业的保安公司,履行24小时巡查义务,每隔一小时由巡查人员就巡查情况进行记录。被告对于进出小区的车辆通过检查停车证予以放行,在物业管理过程中已尽到了安保职责。同时,原告自身存在重大的过错,车锁本来就存在问题,他又没有购买盗抢险。另外,现在盗窃案件尚未侦破,车辆是否在小区内被盗也未予证实。综上,被告请求驳回原告的诉讼请求。

本案主要的争点为:原、被告之间是否存在保管合同关系?法院认为原告停放车辆的车位系露天开放式,庭审中原、被告也一致确认原告在停入车辆后并不交付车辆钥匙、行驶证等,故据此可以确认被告并不实际控制车辆。被告虽收取了每月一百余元的费用,但相对于车辆数十万元的价值而言,差距巨大,法院认定被告收取的停车费并不具有保管费的性质。鉴于原、被告间并无口头、书面或其他形式符合保管合同法律特征的协议,法院对原告主张的双方形成保管合同关系的意见未予采纳。

[①] 案例来源:http://china.findlaw.cn/lawyers/article/d141079.html,2017年1月15日访问。

同时，法院认为双方之间的保管合同关系不成立并不表示可以免除被告的一切责任，被告作为物业管理公司应当依据合同约定履行保安服务。但是，该保安服务的内容限于为保障公共区域内的公共秩序和物业使用的安全而实施的必要的正常防范性安全保卫活动。物业管理公司不承担确保物业管理区域内业主的人身、财产不遭受不法侵害的义务。本案中，原告未提供相应的证据材料证明被告没有尽到基本的安保义务，根据查明的事实也尚难认定被告对于原告车辆丢失存在过错，法院遂判决驳回原告的诉讼请求。

>> 评析

物业管理公司对停放在小区内的车辆的管理义务，是维护车辆秩序的物业管理义务，还是合同法上的保管义务？一种观点认为，业主与物业管理公司之间成立车辆保管合同关系，物业管理公司对发生在小区内的车辆被盗应当承担保管不善的责任。另一种观点认为，业主与物业管理公司之间仅成立服务与被服务的关系，物业管理公司仅在未尽到合理的管理义务时承担责任。如果业主与物业管理公司之间是保管合同关系，那么根据保管合同的规定，物业管理公司就要承担车辆被盗的大部分甚至是全部损失；如果业主与物业管理公司之间是服务合同关系，那么物业管理公司仅在管理不到位时承担与之相适应的责任，即使赔偿也只占实际被盗车辆价值的很小一部分。我们赞同第二种观点，主要原因如下：

第一，小区有偿停车不符合保管合同的实质要件。如前所述，保管合同要求托管人实际转移保管物的占有，并且在领取保管物之前事先通知保管人。从小区车辆停放的合同形式来看，业主通过每月向物业管理公司缴纳一定数额的停车费用，将车辆停放在小区指定位置。表面上，物业管理公司似乎已实际管理车辆。但是，实际上，车辆管理权还是由车主本人掌控，车辆的占有并没有实际发生转移，车主仍可随时使用车辆，并不需要事先通知物业管理公司。上述特征与保管合同的构成要件大相径庭。

第二，从物业管理公司设立的目的来看，小区全体业主为了能够获得一个良好的居住环境，委托物业管理公司对其所在的小区进行管理，提供服务。物业管理公司履行职能是基于小区全体业主的委托，目的是维护好全体业主或大多数业主的共同利益。因此，维护好小区居民的财产安全是物业管理公司的一项重要职责。那么，物业管理公司是否负有绝对的安全和保管义务？这无疑是不现实的，事实上也不可能做到。物业管理公司对小区应尽的基本安全义务包括：安排保安对小区进行连续巡逻,安置必要的小区周边监视装置,实行门卫登记制度等。除此之外,除非物业合同中有特别规定或者是物业管理公司存在重大过失和故意,否则物业管理公司在已尽到基本安保义务的情况下,不再承担责任。

第三,从权利义务相一致的原则分析,等价有偿是民事活动的一般准则。物业管理公司作为营利性的机构,自身要追求一定的经济利益。此时,经济利益的获取表现为物业管理公司通过提供优质、良好的物业服务,赢得大多数业主的认可,从而获取一定数额的物业管理费用。反过来,一定数额的物业管理费用在很大程度上决定了物业管理公司的服务手段和服务质量。从小区停车费缴纳的数额来看,通常是车主每月缴纳数十元到数百元不等的费用,该费用相对于车辆的价值而言,自然微不足道。物业管理公司在已尽到基本管理义务的情况下,再就车辆的价值进行赔偿,显然有失公平。另外,就停车费的性质而言,小区的资源归全体业主所有,车辆的地面固定停放位置属小区全体业主所有,除有特别约定外,停车费应被纳入物业维修基金,归全体业主所有,用于公共设施的维修、更新。也就是说,业主的停车费仍然是归业主所有,停车费并非保管费。物业管理公司是小区业主的代理人,小区车位的划定与使用实际上是为了全体业主的利益,保障小区内空间的合理使用。

需要指出的是,物业管理公司并不是对小区车辆被盗当然地不承担任何责任。如果根据双方约定或者实际情况可以推定双方成立保管关系,那么物业管理公司应按照保管合同的规定承担相应的责任。物业管理公司担负着维护小区安全的责任,其对小区车辆被盗减轻责任的前提,是自身已经尽到应尽的管理义务,如确保专人巡逻,对于进出小区的车辆进行必要的登记、询问等。否则,物业管理公司就必须承担因管理不善导致车辆失窃的赔偿责任。实践中,确实有物业管理公司由于疏于管理,对小区车辆被盗进行赔偿的案例。如果物业管理公司采取对进出小区的车辆发放出入凭证、限定车辆只能认人(即车主或由车主委托的人)驾驶放行等措施,对小区车辆进行管理,那么此时小区车辆被盗,物业管理公司不需要承担责任。如果物业管理公司未尽到上述管理职责,那么就应承担与其过错相适应的责任。

物业管理包含以下要素:(1)物业管理的管理对象是物业,通过管理使其保持良好的状态;(2)物业管理的服务对象是人,包括物业所有人和物业使用人,旨在为人们营造一个惬意、舒适、清洁、美好的生活、工作环境;(3)物业管理通过管理服务活动,完善物业使用功能和提高物业的使用效率,促使物业保值和增值;(4)物业管理是采用现代科学管理手段,对物业实施全方位的社会化、专业化和企业化的管理;(5)物业管理是通过合同、规约,明确各方的权利、义务和职责范围所进行的一种管理活动。

世界各国都有自己的物业管理制度。例如,新加坡以其清洁的卫生、草坪绿化、环境优美誉满全球,其富有实效的物业管理值得借鉴。新加坡的物业管理组织系统健全,其物业管理统一归建设发展局负责。该局下设 36 个区办事处,每个区办事处一般管理 2—3 个小区,每个小区拥有 4000—6000 个住户。区办事处所管理住宅一般为 10000—15000 套(户)。新加坡政府强调对居住小区进行法治化管理。物业管理部门编写了住户手册、住户公约、防火须知等规章,同时制定了公共住宅室内外装修、室外公共设施保养等规定,为物业管理法治化奠定了基础。例如,政府对室内装修有非常严格的规定:政府出售的公共住宅,室内装修要在领到钥匙之日起 3 个月内完成,此后 3 年内不准再进行第二次装修。住户装修须向建设发展局申请装修许可证,由领有建设发展局施工执照的承包商承包。装修户与承包商一起前往物业管理单位办理装修手续,并且缴纳一笔建筑材料搬运费和废物清理费。工程装修完毕,住宅稽查员根据申请装修内容进行工程检查验证。为了保持建筑物的结构完整性和外观统一性并保证安全,政府对室内装修项目有严格的规定:不准改变住宅主体结构(墙体、柱子、梁),厨房、卫生间的磨石地板和墙壁瓷砖 3 年内不准更换,室内管线、电源开关不准改变,楼房外观不准改变。政府对住宅小区公共设施(设备)的保养维修十分重视,要求物业管理公司提供最优质的服务。政府规定,每 5 年对整幢楼房外墙、公共走廊、楼梯、屋顶及其他公共场所进行一次维修。所有住宅电梯都必须保证性能良好,一旦电梯发生故障,5 分钟内电梯维修工必须到场维修。建设发展局设有热线电话,与各区办事处的保养组保持联系,为居民提供 24 小时服务。各区办事处都有维修车,车内设有无线电话,以提供工作便利。

(二)物业管理的类型

以业主的数量为标准,物业管理可分为两种类型:

1. 单一所有权型

单一所有权型,是指物业的所有权人只有一人。该类型不排除在个别情况下以一个所有权人为主的情形。例如,计划经济时期的公房管理中,直管公房中可以包含部分代管或托管的房产。

单一所有型物业管理具有以下特征:(1)基本采取委托或行政授权方式进

行管理。比如,直管公房多由政府主管部门通过行政授权交由各级房产经营单位进行管理,单位房产由其委托给内部组建的有关机构进行管理。(2)物业管理权不仅源于占主导地位的业主,还有非业主的行政授权。比如,房管所的管理是基于政府公房管理部门的授权。

2. 多元所有权型

多元所有权型,是指物业有多个业主,且任一业主都不能在决策上起支配作用。市场经济体制下的物业管理多属该类型。

多元所有权型物业管理具有以下特征:(1)该项物业分属于不同的产权人,且每个产权人所拥有的财产份额都形成不了垄断。(2)物业管理权源于商事委托合同。物业管理的立法大多规定在业主入住达到一定比例后成立业主委员会,由业主委员会选聘物业管理公司进行管理。目前,有一些先期进入的物业管理属于临时管理,其管理权并非源于业主,在业主入住达到一定比例后,应由业主重新选定物业管理公司。(3)物业管理人是物业管理公司。业主委员会以自己的名义将物业委托物业管理公司管理,而作为委托合同另一方的物业管理公司必须是具备法人资格的企业。

二、与物业管理有关的权利

物业管理的逻辑前提是关于物业的权利,权利的主体是人,因此物业管理的核心是人,是对物业权利人合理权益的保护和调节。物业管理的权利来源于物业权利人。与物业管理有关的权利主要有物业所有权、物业使用权、物业管理权以及物业租赁权。

(一)物业所有权

物业所有权,是指物业所有人在法律规定的范围内占有、使用、处理其物业,并从物业获得合法收益的权利。物业所有权人(业主)包括区分所有的专有所有权人和非区分所有的房地产所有权人。

(二)物业使用权

物业使用权,是指非物业所有人依法占有物业并进行有效利用的权利。物业使用权的存在要以实际占有物业为前提,物业使用权人必须根据法律和合同的规定行使物业使用权。物业使用权人(如房屋借用人)权利范围的界定涉及业主、物业管理公司、物业使用权人以及第三人的利益。

（三）物业租赁权

物业租赁权，是指物业所有权人或物业使用权人依法作为物业出租人，将物业出租给承租人，由承租人向出租人支付租金的权利。物业租赁只能转移物业的暂时占有权、使用权。

（四）物业管理权

物业管理权，是指由业主聘用物业管理公司，并赋予其对物业（包括业主）进行管理的权利。

第二节 物业管理权

一、物业管理权制度设计的理由

在物业管理中，由业主聘用物业管理公司并赋予其物业管理权，对物业（包括业主）进行管理。作此制度设计的理由在于：

第一，区分所有建筑相当于"准公共物品"。准公共物品，是指产权介于全民所有和私人所有的一种中间状态。从法学角度讲，准公共物品的权利内容与日耳曼法中的总有制度比较相似，"总有权为绝对的私有权与绝对的国家所有权之中间的形态"，现在的法学理论和实践将其归为区分所有制度。这种所有方式有以下几个特征：(1) 业主多元化。在成片或成幢建造、分散出售的物业中，除专有部分，其余部分均为该项物业全体业主共有。(2) 不能分割。对准公共物品进行管理、使用、处分的权利属全体共有人，但是每个产权人不得对准公共物品就实物或权利提出分割的要求。(3) 集体决策。准公共物品属全体共有的直接体现，是采用集体决策的原则，包括民主选举、少数服从多数、组建核心领导机构、实施重大决策与一般决策的分离以及决策与实施的分离等。准公共物品体现的准公共利益，要求有一个与之相适应的准公共机构进行管理。在管理决策与管理实施相分离的情况下，管理决策者为业主委员会，管理实施者为业主委员会委托并按照业主委员会意志行事的物业管理公司。

第二，物业管理权的创设源于社会分工与专业化要求。社会分工的细化与专业经理阶层的出现，是经济发展与社会进步的必然。就物业管理这一专业领域而言，要求全体业主都具有物业管理专业知识是不可能的，要求每个业主都直接进行管理也是不现实的，这决定了物业管理作为一种新兴的行业出现的必要性和必然性。特别是现代化的高层楼宇,其布局与结构的复杂性、用途与功能的多样性以及设备与设施的高技术性,需要具备各类专业科技人员的物业管理公司进行管理,因此需要赋予管理公司物业管理权。

二、物业管理权的权源

物业管理公司的物业管理权的权源有三:法律、规约与合同。

(一) 法定物业管理权

法定物业管理权,即由法律、行政法规、规章、地方立法规定的物业管理公司享有的管理权。任何一个功能齐全的小区或大楼内部,都应该包括各种生活性的基础设施,如供电、通信、燃气、给排水、环卫、绿化、交通等。这些设施原属于市政工程或垄断经营事业,设有专门的政府部门进行管理,对损坏电力设施的政府部门可采取必要的行政处罚,触犯法律的要送交司法机关处理;对乱倒垃圾、破坏绿化等行为,可予罚款;对违章泊车的,可以拖走或锁住,缴纳"拖车费"或"开锁费"后始准驶离等。物业分散出售后,其售出部分虽具备私有属性,但仍存在相当数量的公共物品。原由专门的政府部门管理的公共物品基于法律规定,随着物业管理公司的进入转移给物业管理公司。北京市政府1995年发布的《北京市居住小区物业管理企业与各专业管理部门职责分工的规定》第11条规定:"……树木、花草、绿地等的日常养护和管理,可由园林部门委托物业管理企业负责,物业管理企业接受委托的,应当接受园林绿化部门的业务指导。"

我国目前尚无《物业管理法》,对于物业消防、保安、装修等问题由谁负责尚无明文规定。在此种情况下,不妨采取一些变通措施,与政府有关部门(如环卫、交通、消防、公安等)密切联系,联合行使管理权。为规范物业管理,应尽快制定物业管理的基本法规,主要内容包括:确立物业管理公司的法律地位、经营性质和实施物业管理服务的原则、运作措施、业务范围以及应负有的法律责任;规定物业管理市场公平竞争的规则、违规的处罚和物业管理权获得的形式及标准;确定政府主管部门、发展商、建筑商、物业管理公司、社会有关各方和业主委员会相互之间应遵守的规定、享有的权利以及履行的义务等。制定法规应借鉴国内外物业管理的经验,先制定暂行条例,以后逐步健全完善。但是,基本法规应具有一定的层次性和权威性,一旦制定,必须予以执行实施。

根据物业管理的基本法规,应制定统一的物业管理行业标准和规范,例如:

设备操作与标准、劳动定员与定额、收费标准与财务开支、公共契约、住户手册、管理费收支规定、特约服务及规则、各类人员的岗位责任制、经营性用房管理办法、维修基金标准及实施方案、业主委员会章程等。当然,除住宅小区物业管理服务法规外,还应包括工业厂房、商业大楼、办公楼、宾馆和仓储等非住宅物业管理服务法规。

（二）规约规定的物业管理权

规约又称"公契""公约",是指对所有业主具有普遍约束力的公共契约。我国香港地区的《多层大厦条例》称规约为各业主相互间之权利、权益及义务的规定。

规约是业主间的契约,适用范围仅限于全体业主,目前在我国的实际运作情况是：先由物业公司（一般多隶属于开发商）与单个业主签订物业管理合同,诸如"入伙合同""住户手册""管理公约""入住规定"等,内容多为管理服务、居家指南、联络投诉等,类似于使用须知、管理规章等文件。它与"公契"的根本区别在于签约主体资格的不对等,物业管理公司与业主之间的行为规范只能通过物业管理的委托合同。在众多业主整体权益的代表——业主委员会尚未产生之前,与物业管理公司的约定只能是暂时的、个别的。

规约作为具有法律约束力的文件,必须由所有业主书面签名或出具对规约条文予以履行的书面承诺。规约必须按统一格式记明主要内容。

（三）约定物业管理权

物业管理公司与业主签订委托管理合同,就有关的权利义务关系逐项作出明确规范,任何业主都必须接受合同的约束；若有违反,就得承担相应的责任。

案例 6-2[①]

泰宇房地产公司是厦门幸福花园商品房的开发商。2002 年,泰宇房地产公司与永康物业管理公司签订物业管理合同,由永康物业管理公司对幸福花园进行物业管理,合同期限至 2005 年 7 月止。2003 年 10 月,幸福花园业主委员会经选举并报厦门市建委批准成立。2004 年 2 月,幸福花园业主委员会与玉林物业管理公司签订了一份物业管理委托合同,委托玉林物业管理公司对幸福花园

---

① 案例来源：厦门市湖里区人民法院(2005)湖民初字第 36 号。

进行物业管理。因幸福花园业主支持厦门永康物业管理公司并对此合同提出异议,幸福花园召开业主大会,以投票表决形式决定授权业主委员会聘任物业管理公司。业主委员会于2004年5月再次与玉林物业管理公司签订物业管理委托合同。合同签订后,玉林物业管理公司、幸福花园业主委员会、永康物业管理公司、泰宇房地产公司多次协商移交管理权及资料未果,原告幸福花园业主委员会于2005年初将被告永康物业管理公司诉至法院,要求移交管理权及资料。被告永康物业管理公司答辩:己方基于广大业主的意愿行使管理权;幸福花园业主委员会的成立不符合规范,无权解除已聘用的物业管理公司。

>> 评析

这个案件涉及选聘物业管理公司的问题,有三个焦点:(1) 部分业主对选聘物业管理公司的权利如何实现;(2) 业主委员会可否选聘物业管理公司;(3) 前期物业管理的效力。

选聘物业管理公司是业主大会的集体行为,不能通过业主的个别行为决定。《物业管理条例》(以下简称《条例》)中充分区分并明确了单个业主的权利与业主委员会享有的权利。业主的物业管理权根据其来源的不同,亦有两种不同的实现方式,即直接方式和间接方式。首先,由于业主对建筑物专有部分享有所有权,因此可以对物业自用部分直接地占有、使用、经营、处置、修缮、改建。其次,由于业主对建筑物共有部分享有共有权,因此对小区物业区域涉及全体居民利益的各事项具有一定的管理权。但是,该项权利涉及众多利益主体,应通过间接方式实现,主要表现为监督、建议、批准。《条例》第11条规定,物业服务企业应由业主大会选聘和解聘。作为业主大会成员的业主享有选择物业服务企业的权利,这种物业管理权的享有是一种集体行为,并不由单个或部分业主通过自己的个别行为实现,而应该通过业主大会共同实现。

由于业主不能通过自己的个别行为决定物业管理公司的选聘,本案中,永康物业管理公司以受绝大部分业主委托为由,继续对小区行使物管权,便没有法律依据。《条例》规定,业主可"提议召开业主大会会议,并就物业管理的有关事项提出建议",最终由业主大会授权业主委员会实现其建议。所以,本案中,幸福花园部分业主如不满原告聘请的物业管理公司管理,要另行选择被告永康物业管理公司管理,应提议召开业主大会会议重新选择,并授权业主委员会与新物业管理公司签订物业管理合同。

根据《条例》第 11 条的规定,选聘、解聘物业服务企业是业主大会决定的事项。业主大会由小区全体业主组成,对小区共同事务具有最高的决定权。根据该条的规定,除了选聘、解聘物业服务企业,业主大会还有制定、修改管理规约和业主大会议事规则,选举、更换业主委员会委员,监督业主委员会的工作,以及决定专项维修资金的筹集、使用等职责。

《条例》规定,业主大会选聘和解除物业服务企业,必须经物业管理区域内全体业主所持投票权 2/3 以上通过,然后由业主委员会代表业主与业主大会选聘的物业管理公司签订物业管理合同。但是,在实践中,由于业主维权意识不强,参加业主大会的积极性不强,要达到全体业主所持投票权 2/3 以上通过是相当难的,甚至不可能实现。一个现代住宅小区要保持良好的生活秩序及居住环境,物业管理不可中断。因此,从效率原则出发,许多地方性法规都规定,业主大会可授权业主委员会行使权利。

可见,在一般情况下,从实现业主意愿及原则出发,物业服务企业之选聘、解聘应由业主大会决定,并由全体业主所持投票权 2/3 以上通过。但是,在业主大会出席人数尚不足全体业主投票权 2/3 以上通过,或虽有足够多的业主出席大会,但通过率达不到全体业主所持投票权 2/3 时,可由业主大会授权业委会选聘或解聘物业服务企业。

本案中,被告提出的幸福花园业委会另行招聘物业管理公司是否符合规范程序,其起诉是否经业主大会授权,属小区内部管理事宜,不在本案的审查范围内。但是,业主委员会由业主大会选举产生,并报厦门建委登记,其成立程序完全符合《厦门市物业管理条例》的规定,应为有效主体。业主委员会选聘物业管理公司,乃是由业主大会以投票表决形式授权而定,故业主委员会于 2004 年 5 月与玉林物业管理公司签订的物业管理委托合同具有合法性。

《条例》第 26 条规定:"前期物业服务合同可以约定期限;但是,期限未满,业主委员会与物业服务企业签订的物业服务合同生效的,前期物业服务合同终止。"按照该规定,前期物业服务合同实际上已成为不定期的合同,即业主大会和业主委员会随时可以终止合同。如此,对物业服务企业是缺乏基本保障的,势必影响其对物业管理区域的投入,最终不利于广大业主利益。所有的投入回收和获得回报都需要一定的时间和周期。如果业主在购房合同中另行作出意思表示,同意前期物业服务合同不少于一定期限,并且达到物业管理区域内全体业主表决权 2/3 以上,则可以认为该期限是具有法律约束力的。

实践中,可以限制前期物业管理期限,即小区业主委员会成立后,提早结束前期物业管理,并由业主委员会选聘新的物业服务企业。除第 26 条外,《条例》第 29 条第 2 款规定:"物业服务企业应当在前期物业服务合同终止时将上述资料交给业主委员会。"可见,不管前期物业服务合同是否约定管理期限,到业主委员会成立,签订新物业服务合同并生效时,前期物业服务合同必然终止其效力,前期物业服务企业必须向业主委员会移交有关小区的相关资料。通过该规定,一方面,前期物业服务企业无法以合同未到期为由长期管理小区和物业,从而排除了与开发商有利害关系的物业服务企业长期霸占小区物业管理权,损害业主利益的可能;另一方面,也促使小区业主在具备成立业主委员会的条件时,要求成立业主委员会,积极行使业主的管理权利,维护自己的利益。

本案中,永康物业管理公司与开发商签订的物业管理合同,是对幸福花园进行物业管理,性质上属于前期物业管理。虽然前期合同约定的管理期限截至 2005 年 7 月,但是幸福花园业委会经业主大会授权,终止永康物业管理公司对幸福花园进行物业管理,永康物业管理公司应按法律规定将管理权及相资料移交给原告幸福花园业委会。

第三节 我国物业管理的制度构建

一、我国物业管理状况

(一)我国物业管理的历程

物业管理是 20 世纪 90 年代在我国出现的新事物。随着房地产业的飞速发展,物业管理也逐步走向专业化、市场化和社会化,并逐步形成有中国特色的物业管理制度。物业管理在我国出现并迅速发展,其原因可以概括为以下两方面:

第一,自 20 世纪 80 年代开始,我国城市住宅建设迅猛发展,大量住宅小区投入使用。至 2010 年 11 月,我国城镇住宅面积达 187 亿平方米。新建房屋大部分属于城镇居民区分所有,原有的国家房管所、单位房管处(科)的房管体制已经无法适应同一栋建筑物、小区区分所有的格局,而且这些新建房屋的维修、附属设施、附属设备、环卫绿化、场地、道路、治安等的维护和管理等事务已经超出国家负担能力,客观上要求引进国外比较成熟的物业管理制度,以克服原有房管体制的种种弊端。

第二,专业化、市场化的物业管理体制促进了房地产业的进一步发展,同时满足了居民较高的住房消费需求。在"国家包、低租金、福利制"的住房体制下,由国家和政府负责公房的后期维护,包袱很重,扯皮推诿,效果很差。住房商品化以后,业主自治与物业管理公司专业化管理相结合,物业管理公司提供经营型管理和有偿服务,实现了以业养业、自我发展、良性循环,既使政府甩掉了包袱,也为物业管理公司提供了诸多就业机会。随着生活水平的提高,居民对住房的要求已经从关注大小转为关注环境和社区服务,物业管理的优劣已经成为居民选购房屋时考虑的重要因素,为越来越多的居民所接受,其行业地位不断提升。

经过多年的发展,我国引进的物业管理制度取得了相当大的成效:(1)物业管理成为重要的行业;(2)物业管理范围不断扩展;(3)物业管理方面的立法逐渐完善。

(二)我国物业管理存在的问题

1997年《上海市居住物业管理条例》(已废止)曾经确立了以业委会为中心的物业管理体系,业委会拥有选聘物业管理公司、决定专项维修资金使用等权利。《物业管理条例》(2003年6月8日国务院公布,自2003年9月1日起施行,2007年8月26日、2016年2月6日修订)确立的是以业主大会为中心的物业管理体系,业委会的上述权利由业主大会行使。《物业管理条例》第12条规定:"业主大会会议可以采用集体讨论的形式,也可以采用书面征求意见的形式;但是,应当有物业管理区域内专有部分占建筑物总面积过半数的业主且占总人数过半数的业主参加。业主可以委托代理人参加业主大会会议。业主大会决定本条例第十一条第(五)项和第(六)项规定的事项,应当经专有部分占建筑物总面积2/3以上的业主且占总人数2/3以上的业主同意;决定本条例第十一条规定的其他事项,应当经专有部分占建筑物总面积过半数的业主且占总人数过半数的业主同意。业主大会或者业主委员会的决定,对业主具有约束力。业主大会或者业主委员会作出的决定侵害业主合法权益的,受侵害的业主可以请求人民法院予以撤销。"这一权利中心的转换对于防止业委会滥用权力、侵犯业主利益等有一定价值,但是不能从根本上解决问题。规范、高效的物业管理需要解决三个问题:

第一,在理论上澄清业主、业主大会、业主委员会三者之间的关系。物业管理的基础是建筑物区分所有权理论,建筑物区分所有是随着城市发展,人口越来越集中,为解决城市居民住宅问题而创造的法律制度。区分所有权包括业主对建筑结构上和使用上具有独立性的专有部分(即所买的房屋)享有的专有权,业主对附属设施、附属设备、小区内公共部分享有的共有权,以及因区分所有建筑物共同关系而成为业主大会成员享有的成员权。其中,成员权是与物业管理关系最直接的权利,具体包括:(1)表决权。(2)参与制定规约权。(3)选举及解任管理者的权利。(4)请求权。请求权又包括:请求召集集会;请求正当管理共同关系之事务;请求收取共用部分应得之利益;请求停止违反共同利益之行为,对于违反义务的区分所有人,其他的全体区分所有人或管理机构法人可以请求对这种行为采取停止权利措施,还可以通过集会的决议提起要求停止其行为的诉讼;禁止使用的请求,如果有难以维持区分所有人共同生活之情形,管理人等可以按照集会的特别决议,提起要求禁止违反者使用专有部分的诉讼;区分所有权的拍卖请求。(5)监督权。根据区分所有权理论,区分所有建筑物权利的主体是业主和业主大会,业主是业主大会的当然成员,业主委员会只不过是全体业主按照选举程序产生的代表,其权源是业主的授权。业主的成员权与股东的股权是不同的,因此可以借鉴但不能完全照搬公司机关模式。公司机关理论由股东会中心主义转为董事会中心主义、经理人中心主义,不适合物业管理制度。物业管理应当采取业主大会中心主义。从理论上看,业主委员会不是真正的权利主体,既非中心,也不是焦点,其工作内容可分为三个层次:(1)执行业主大会的重大决定;(2)严格依照法律程序做好召开会议、签订合同等各项组织工作;(3)日常协调、管理工作。

第二,准确理解和适用《物权法》所确立的建筑物区分所有权制度。虽然我国《物权法》确立了建筑物区分所有权制度,但是理论上关于区分所有的认识并不统一,也无效力较高的法律明文规定,物业管理的基本制度结构便无由确立,基本结构不稳定,基本利益关系不清楚,发生实务纠纷时难于处理。尽管《物权法》规定了区分所有权,但是对于小区内公共部分的权利归属界定不清,这为业委会与物业管理公司串通留下了寻租空间。因此,准确理解和适用《物权法》所确立的建筑物区分所有权制度及其理念,对于物业管理实践尤为重要。

案例 6-3[①]

原告袁某诉称:己方与被告系上下邻居关系。1999 年底,被告进行房屋装修时,擅自破墙开门开窗,将五层共用平台占为私用,在上面种植花草,放置石桌、石凳等。被告还在通往五层共用平台的五层共用走道上安装铁门,将铁门之内的共用走道作为厨房占用,妨碍原告及其他居民进出五层共用平台。后经居民投诉,2004 年,在区房地局的干预下,被告拆除了上述部分违章搭建。2006 年底,被告又擅自在五层共用平台上搭建阳光房,该阳光房房顶距原告窗户仅 90 厘米,严重影响原告安全。为此,原告多次与被告交涉,但是被告置之不理,给原告人身安全及身心健康均造成严重影响。故原告起诉至法院,要求判令被告:(1) 拆除搭建在某路 1072 弄 29 号五层共用平台上的阳光房,恢复共用平台原状;(2) 排除通向五层共用平台的妨碍,拆除搭建在某路 1072 弄 29 号五层共用走道上的厨房,恢复五层共用走道原状;(3) 赔偿原告精神损害费 3000 元。

被告袁某某辩称:某路 1072 弄 29 号五层共用平台上的阳光房非被告搭建,五层走道上搭建的厨房系被告的前任住户所为,且与居住六层的原告无任何关联,不影响原告的通风、采光和通行,原告对此没有诉权。综上,被告要求法院驳回原告的所有诉讼请求。

法院判决及其理由:不动产的相邻方应当按照有利于物业使用、安全、方便、合理的原则,正确处理相邻关系。给相邻方造成妨碍的,应当停止侵害、排除妨碍。行为人擅自占用业主共有部分、改变其使用功能,权利人请求排除妨碍、恢复原状,人民法院应予支持。本案中,五层共用平台及走道均系业主共有部分,被告擅自在五层共用平台上搭建阳光房,并将五层走道改作厨房占为己用。经现场查看,被告搭建的阳光房房顶距原告窗户仅 90 厘米,客观上影响原告的居住安全。故原告作为与被告同号房屋 606 室的权利人,要求被告拆除搭建在五层共用平台上的阳光房;拆除搭建在五层走道上的厨房,恢复五层走道原状的诉讼请求,于法无悖,法院予以支持。但是,原告要求被告赔偿精神损害费 3000 元的诉讼请求,于法无据,法院不予支持。关于被告称原告所诉的违章搭建大部分系其前任住户所为,与其无关一节,法院认为,违章搭建即便由被告前任住户搭

---

① 案例来源:上海市松江区人民法院(2007)松民一初字第 69 号。

建,也已随房屋一起转让给被告,被告从搭建物上获得利益,理应承担相应的民事责任。故对该抗辩理由,法院不予采纳。被告虽称阳光房非其搭建,其妻黄某在另案中也称阳光房系己搭建,但被告与黄某作为夫妻,且共同使用阳光房,因此被告亦应对该阳光房的拆除承担责任。故对被告该抗辩理由,法院亦不予采纳。据此,依照《民法通则》第83条、第134条第1款第2项,《最高人民法院关于审理建筑物区分所有权纠纷案件具体应用法律若干问题的解释》第3条第1款第1项、第14条之规定,判决如下:(1)袁某某于本判决生效之日起30日内拆除某路1072弄29号五层共用平台上搭建的阳光房;(2)袁某某于本判决生效之日起30日内拆除安装在某路1072弄29号五层走道上的铁门及其附件,将某路1072弄29号五层走道通往五层共用平台之间的窗恢复成原来的门;(3)袁某某于本判决生效之日起30日内清除安装在某路1072弄29号五层走道上的厨房设备及放置的所有物品,恢复走道原状;(4)驳回袁某的其余诉讼请求。

≫ 评析

本案的争议焦点为:争议的平台及走道归属于谁?被告的行为是否构成侵权?补充协议的效力如何?原告提出精神损害赔偿是否有法律依据?

审理法院认为:"不动产的相邻方应当按照有利于物业使用、安全、方便、合理的原则,正确处理相邻关系。给相邻方造成妨碍的,应当停止侵害、排除妨碍。"由此可以看出,法院是以我国民法之不动产相邻关系为本案的法律适用依据。相邻关系是民法上的一项重要制度。所谓相邻关系,是指两个或两个以上相互毗邻的不动产的所有人或使用人,在行使不动产的所有权或使用权时,相互之间应当给予便利或者接受限制而发生的权利义务关系。其后,法院又以"行为人擅自占用业主共有部分、改变其使用功能,权利人请求排除妨碍、恢复原状,人民法院应予支持"作为并列的判决理由之一。此处又适用了建筑物区分所有权制度。

审理法官并没有对本案中涉及的法律关系作出准确的定性,而是将相邻关系和建筑物区分所有权两项制度叠加适用。司法实践中,造成此种情形是由于建筑物区分所有权与相邻关系之间的界限不是很明确。特别是因共有部分产生纠纷时,两者甚至还会产生竞合的情形。但是,必须明确,建筑物区分所有权和相邻关系毕竟是两项不同的法律制度,即使是相同的情形,选择适用不同的法律制度必然会产生不同的法律后果。

就本案而言,对于被告在五层属于建筑物区分所有人共有的平台上搭建阳光房的行为,一方面,原告对该平台也享有共有权,可以基于共有权提起物上请求权。另一方面,由于该阳光房房顶距原告窗户仅90厘米,严重影响原告安全,因此原告也可以基于相邻关系提起诉讼。但是,对于本案中涉及的走道,被告将其占用为厨房的行为,正如被告辩称所言,并不影响原告的通风、采光和通行等,原告不能基于相邻关系而请求被告拆除,只得基于共有权提出请求。在审理此案时,若原告是基于共有权提起诉讼,就要适用建筑物区分所有权制度,则原告要求拆除五层共用平台上的阳光房、拆除五层共用走道上的厨房以及恢复五层共用走道原状这几项请求都可得到法院的支持。若是基于相邻关系而应适用相邻关系法律制度,则拆除五层共用走道上的厨房之请求是不能得到法院支持的。

第三,业主权益的普及与保障。理论认识上的一致和法律关系清晰并不必然产生业主满意的物业管理。由于一般业主对自己的权利义务、行使权利的法律规则和程序并不知晓,如果没有一整套合理的流程和制度,在业主与业委会信息不对称的情况下,往往会形成业委会的"内部人控制"现象,业主权益可能受到业委会侵犯。为此,应进一步普及业主权益并完善相关保障措施:(1)政府有关部门应当制定一整套流程,如业主大会召开的流程,包括通知、公告、送达、签收、登记、参会、表决、备案、通告等;(2)居住物业管理可以借鉴非居住物业管理的一些流程和经验;(3)应当发挥居委会的监督和扶持作用,特别是当业委会侵权时,要发挥居委会对单个业主的扶持作用。

二、我国物业管理制度的构建

从经济角度看,区分所有建筑物是公共物品。从法律角度看,区分所有建筑物是一种共有关系。由于业主的个性品行、利益取向等的差异,维系这种共有关系需要通过法律调整和组织约束,以便统一意志、协调利益,达到共同利益的最大化。

(一)正确定位物业管理法律关系

1. 物业管理的理论基础

理论上,要澄清业主、业主大会、业主委员会和物业管理公司之间法律关系的性质及基本定位。这些定位的基础是区分所有权理论。我国现行《物权法》也确立了区分所有权。关于区分所有权的性质,有"一元论""二元论"和"三元论"

三种学说。"三元论"是大陆法系各国理论和立法实践所采用的通说,即业主享有的区分所有权包括业主对所买房屋享有的专有所有权,对附属设施、附属设备、小区内公共部分享有的共有所有权,以及因区分所有建筑物共同关系而成为业主大会成员享有的成员权。其中,专有所有权是基础和核心,共有所有权和成员权的产生和存在都是因为专有所有权。成员权是与物业管理关系最直接的权利,具体包括:(1)表决权;(2)参与制定规约权;(3)选举及解任管理者的权利;(4)请求权;(5)监督权。

《物业管理条例》第 6 条规定,房屋的所有权人为业主。业主在物业管理活动中,享有下列权利:(1) 按照物业服务合同的约定,接受物业服务企业提供的服务;(2) 提议召开业主大会会议,并就物业管理的有关事项提出建议;(3) 提出制定和修改管理规约、业主大会议事规则的建议;(4) 参加业主大会会议,行使投票权;(5) 选举业主委员会成员,并享有被选举权;(6) 监督业主委员会的工作;(7) 监督物业服务企业履行物业服务合同;(8) 对物业共用部位、共用设施设备和相关场地使用情况享有知情权和监督权;(9) 监督物业共用部位、共用设施设备专项维修资金的管理和使用;(10) 法律、法规规定的其他权利。

2. 业主大会与业主委员会

第一,业主大会。《物业管理条例》对业主大会的性质并无界定,理论上基本认为业主大会是自治性组织。在民商事主体分类中,业主大会应当属于其他组织范畴。在登记归口管理上,业主大会应当归口房地产行政部门进行登记并确认其主体资格。在诉讼中,业主大会应当是独立的适格诉讼主体。当业主委员会侵犯业主共同利益时,业主大会有权行使代位诉讼权。

第二,业主委员会。《物业管理条例》对业主委员会的性质亦无界定。我们认为,业主委员会在交易中无独立的法律主体资格,无独立的法律地位,但是可以作为侵权主体和诉讼主体。业主委员会的性质和地位可以从业主大会和业主委员会的关系中探知。《物业管理条例》第 15 条规定:"业主委员会执行业主大会的决定事项,履行下列职责:(一)召集业主大会会议,报告物业管理的实施情况;(二)代表业主与业主大会选聘的物业服务企业签订物业服务合同;(三)及时了解业主、物业使用人的意见和建议,监督和协助物业服务企业履行物业服务合同;(四)监督管理规约的实施;(五)业主大会赋予的其他职责。"

案例 6-4[①]

2004年10月27日,北京市新新房地产开发有限责任公司在北京市海淀区长春桥开发完成了一个商住两用的"良缘小区"。在销售房屋的同时,北京市新新房地产开发有限责任公司聘请了原告北京市天明物业管理有限责任公司(以下简称"天明物业公司")对该小区进行前期物业管理,并与原告天明物业公司签订了前期物业服务合同,期限为2004年11月1日至2007年11月1日。

2005年3月27日,由于该小区业主入住率逐渐提高,在众多业主的建议和组织下,该小区依法成立了业主委员会。业主委员会成立后,便召开了第一次业主大会,决定原告天明物业公司继续履行前期物业服务合同中约定的事项,对小区进行物业管理。同年8月15日,原告天明物业公司收到被告"良缘小区"业主委员会的解聘通知,解聘理由为不满意原告提供的物业服务质量,"良缘小区"已经另行选聘其他物业管理公司对该小区进行管理,并且签订了物业管理服务合同。被告现在要求原告天明物业公司退出该小区的管理,并进行物业和相关资料的移交,以便其他物业管理公司顺利进入小区进行物业管理。

原告天明物业公司认为,本公司已经与该小区建设单位签订了前期物业服务合同,合同未到期,被告"良缘小区"业主委员会便另行选聘其他物业管理公司,违反了前期物业服务合同的相关约定。同时,根据《物业管理条例》第11条的规定,选聘、解聘物业服务企业是业主大会履行的职责。在本案中,"良缘小区"业主委员会不具有法律主体资格,是没有权力解聘本公司的。原告遂向北京市海淀区人民法院提起诉讼,请求法院判令原告天明物业公司继续为被告"良缘小区"业主委员会履行前期物业服务合同,并要求被告"良缘小区"业主委员会承担违约责任。

法院经审理认为,被告"良缘小区"业主委员会具有法律主体资格。同时,经过调查,被告"良缘小区"业主委员会提供的证据足以证明原告提供的物业管理水平和物业管理服务极差。因此,被告"良缘小区"业主委员会决定解聘原告,并另行选聘其他物业管理公司从事提供物业服务,是符合法律规定的。法院遂驳回原告天明物业公司的诉讼请求。

---

① 案例来源:北京市海淀区人民法院(2005)海民初字第87号。

>> **评析**

本案的焦点为：物业管理公司未提供完善的物业服务，在物业管理合同期间，业主委员会是否可以解聘物业管理公司？要解决这个问题，我们首先需对业主委员会的性质和法律地位有清楚的认识。从我国司法实践来看，业主委员会是一个物业管理区域内长期存在的、代表广大业主行使业主自治管理权的必设机构，是业主自我管理、自我教育、自我服务，实行业主自知自律与专业化管理相结合的管理体制，保障物业的安全与合理使用，贯彻执行国家有关物业的法律、法规及相关政策，并办理本辖区涉及物业管理的公共事务和公益事业的社会性自治组织。因此，业主委员会不仅是业主参与民主管理的组织形式，也是业主实现民主管理的最基本的组织形式。《物业管理条例》第11条第4项规定，业主大会有权"选聘和解聘物业服务企业"。第15条第2款规定，业主委员会"代表业主与业主大会选聘的物业服务企业签订物业服务合同"。第21条规定："在业主、业主大会选聘物业服务企业之前，建设单位选聘物业服务企业的，应当签订书面的前期物业服务合同。"第26条规定："前期物业服务合同可以约定期限；但是，期限未满、业主委员会与物业服务企业签订的物业服务合同生效的，前期物业服务合同终止。"因此，在本案中，原告天明物业公司在物业服务合同有效期间未提供完善的物业服务，新成立的业主委员会可以根据《物业管理条例》以及相关的法律规定，解聘未尽职责的物业管理公司，另行聘请其他物业管理公司。

3. 法律关系

（1）业主与业主大会的关系

根据区分所有权理论，区分所有建筑物权利的主体是业主，基于共同关系形成的区分所有建筑物整体权利的主体是业主大会，业主是业主大会的当然成员，业主的成员权也只有在业主大会中才能行使和表现出来。因此，业主与业主大会是成员与组织的关系，两者之间的关系同股东与公司之间的关系并不完全相同。业主与业主大会的利益应当是一致的，当两者利益发生冲突时，业主大会基于合法的程序和全体业主共同利益的决定占优。

（2）业主委员会与业主大会的关系

关于业主委员会与业主大会的关系，理论上有不同的见解。

第一，委托代理关系说。该说认为，业主委员会与业主大会之间，成立的是委托代理关系。但是,我们认为,该说不符合业主委员会与业主大会之间关系的真实情况。

第二,代表关系说。该说认为,业主委员会只不过是全体业主按照选举程序产生的代表,是业主大会内部的常设性组织,其权源是业主基于区分所有权而进行的授权,这些授权通过立法予以法定化并固化为组织性权利,以减低交易成本和提高效率。我们赞同该说之见解。业主的成员权与股东的股权是不同的,因此可以借鉴但不能完全照搬公司机关模式建立业主管理制度。公司机关理论由股东会中心主义转为董事会中心主义、经理人中心主义,不适合物业管理制度,物业管理应当采取业主大会中心主义。业主委员会不是真正的权利主体,其工作内容可分为三个层次:一是执行业主大会的重大决定;二是严格依照法律程序做好召开会议、签订合同等各项组织工作;三是日常协调、管理工作。

业主委员会是业主大会的意思机关和执行机关,两者之间的关系是内部关系。业主委员会本身对外无法律权利能力和行为能力,只能代表业主大会发生外部关系。

(3) 业主与业主委员会的关系

已被废止的《上海市居住物业管理条例》确立了以业主委员会为中心的物业管理制度(第9条、第12条),业主委员会拥有选聘物业管理公司、决定专项维修资金使用等权利。业主委员会的权利来源于业主,上海市通过立法的方式剥夺了业主通过购买房屋取得的区分所有权,加强业主委员会权力的做法是公权对私权的无理伤害。我国现行《物业管理条例》确立的是以业主大会为中心的物业管理体系,业主委员会的上述权利由业主大会行使,符合区分所有权理论,对于防止业主委员会滥用权力、侵犯业主利益等有一定作用。

业主委员会只是业主大会这一自治组织的内部意思机构,因此业主与业主委员会基于区分所有权同业主大会产生关系。

(4) 业主大会与物业管理公司的关系

业主大会与物业管理公司是聘用委托关系。

(5) 业主、业主委员会与物业管理公司的关系

业主、业主委员会与物业管理公司并不直接产生关系。

(二) 合理规定物业管理的程序

有效的、到位的法律制度不能回避三个层面的问题:一是法律制度的基本定

位,二是具体的实体权利义务的规定,三是公正的程序和精致的流程。利害关系人之间关系的定位和定性解决了物业管理法律制度的基本框架或模式,而各利害关系人实体权利义务的规定使物业管理法律制度得以确立,接下来就是程序正义和流程精致问题了。

首先,业主委员会筹委会的组成以及第一次业主大会召开前的准备程序和流程非常重要。首届业主委员会如何成立、筹备组如何产生非常重要,一旦成立就是一种既成事实。在很多业主对小区物业管理漠不关心的今天,很难改变原有的物业管理。政府应当制定详细的筹备、召开程序,内容包括如何通知业主、如何公告相关内容、如何送达相关文件并附送达回证、如何参加筹备会、如何行使投票权等。

其次,物业维修基金及财务制度是立法规制的重点。物业维修基金是小区物业的基本保障,应当严格监管。物业管理财务制度应当被纳入国家监管范畴,并实行"三公开一审查"制度,公开原始发票或原始凭证,公开收入与支出项目,公开法定的财务会计账簿。专户管理银行应当每年至少一次向直辖市、市、县人民政府建设(房地产)主管部门,负责管理公有住房住宅专项维修资金的部门,以及业主委员会发送住宅专项维修资金对账单。直辖市、市、县建设(房地产)主管部门,负责管理公有住房住宅专项维修资金的部门,以及业主委员会对资金账户变化情况有异议的,可以要求专户管理银行进行复核。专户管理银行应当建立住宅专项维修资金查询制度,接受业主、公有住房售房单位对其分户账中住宅专项维修资金使用、增值收益和账面余额的查询。

《物权法》第79条规定:"建筑物及其附属设施的维修资金,属于业主共有。经业主共同决定,可以用于电梯、水箱等共有部分的维修。维修资金的筹集、使用情况应当公布。"《物业管理条例》第53条规定:"住宅物业、住宅小区内的非住宅物业或者与单幢住宅楼结构相连的非住宅物业的业主,应当按照国家有关规定交纳专项维修资金。专项维修资金属于业主所有,专项用于物业保修期满后物业共用部位、共用设施设备的维修和更新、改造,不得挪作他用。专项维修资金收取、使用、管理的办法由国务院建设行政主管部门会同国务院财政部门制定。"根据《住宅专项维修资金管理办法》第2条、第4条的规定,住宅专项维修资金,是指专项用于住宅共用部位、共用设施设备保修期满后的维修和更新、改造的资金;住宅专项维修资金管理实行专户存储、专款专用、所有权人决策、政府监督的原则。根据《最高人民法院关于审理建筑物区分所有权纠纷案件具体应用法律若干问题的解释》第 13 条的规定,业主请求公布、查阅建筑物及其附属设施的维修资金的筹集、使用情况的,人民法院应予支持。此外,还有学者建议引入信托模式,以确保专项维修资金的安全,维护业主的知情权。[①]

(三) 物业管理的合理补充

1. 居委会

《物业管理条例》第 20 条第 2 款规定:"在物业管理区域内,业主大会、业主委员会应当积极配合相关居民委员会依法履行自治管理职责,支持居民委员会开展工作,并接受其指导和监督。"我们认为,不应当过分突出居委会的作用。如果居委会进行指导、监督造成损失,应否承担赔偿责任?居委会参与物业管理,谁支付报酬?居委会应当依法在职责范围内工作,而不应当插手物业管理,更不能享有只有业主才享有的权利。

2. 党支部

在物业管理中,应充分发挥党支部的作用。但是,党员在物业管理中并不享有《物业管理条例》规定的权利。

3. 开发商

除安排前期物业管理之外,开发商与物业管理的关系不大。

三、物业服务纠纷处理

《最高人民法院关于审理物业服务纠纷案件具体应用法律若干问题的解释》为正确审理物业服务纠纷案件,依法保护当事人的合法权益,提供了基本的规则。

建设单位依法与物业服务企业签订的前期物业服务合同,以及业主委员会与业主大会依法选聘的物业服务企业签订的物业服务合同,对业主具有约束力。业主以其并非合同当事人为由提出抗辩的,人民法院不予支持。

符合下列情形之一,业主委员会或者业主请求确认合同或者合同相关条款无效的,人民法院应予支持:(1) 物业服务企业将物业服务区域内的全部物业服务业务一并委托他人而签订的委托合同;(2) 物业服务合同中免除物业服务企

---

① 参见金锦萍:《专项维修资金监管问题研究》,载《政治与法律》2009 年第 2 期。

业责任、加重业主委员会或者业主责任、排除业主委员会或者业主主要权利的条款。前述物业服务合同包括前期物业服务合同。

物业服务企业不履行或者不完全履行物业服务合同约定的或者法律、法规规定以及相关行业规范确定的维修、养护、管理和维护义务,业主请求物业服务企业承担继续履行、采取补救措施或者赔偿损失等违约责任的,人民法院应予支持。物业服务企业公开作出的服务承诺及制定的服务细则,应当认定为物业服务合同的组成部分。

业主违反物业服务合同或者法律、法规、管理规约,实施妨害物业服务与管理的行为,物业服务企业请求业主承担恢复原状、停止侵害、排除妨害等相应民事责任的,人民法院应予支持。

物业服务企业违反物业服务合同约定或者法律、法规、部门规章规定,擅自扩大收费范围、提高收费标准或者重复收费,业主以违规收费为由提出抗辩的,人民法院应予支持。业主请求物业服务企业退还其已收取的违规费用的,人民法院应予支持。

经书面催交,业主无正当理由拒绝交纳或者在催告的合理期限内仍未交纳物业费,物业服务企业请求业主支付物业费的,人民法院应予支持。物业服务企业已经按照合同约定以及相关规定提供服务,业主仅以未享受或者无须接受相关物业服务为抗辩理由的,人民法院不予支持。

业主与物业的承租人、借用人或者其他物业使用人约定由物业使用人交纳物业费,物业服务企业请求业主承担连带责任的,人民法院应予支持。

业主大会按照《物权法》第76条规定的程序作出解聘物业服务企业的决定后,业主委员会请求解除物业服务合同的,人民法院应予支持。物业服务企业向业主委员会提出物业费主张的,人民法院应当告知其向拖欠物业费的业主另行主张权利。

物业服务合同的权利义务终止后,业主请求物业服务企业退还已经预收,但尚未提供物业服务期间的物业费的,人民法院应予支持。物业服务企业请求业主支付拖欠的物业费的,按照该解释第6条规定处理。

物业服务合同的权利义务终止后,业主委员会请求物业服务企业退出物业服务区域、移交物业服务用房和相关设施,以及物业服务所必需的相关资料和由其代管的专项维修资金的,人民法院应予支持。物业服务企业拒绝退出、移交,并以存在事实上的物业服务关系为由,请求业主支付物业服务合同权利义务终止后的物业费的,人民法院不予支持。

上述涉及物业服务企业的规定,适用于《物权法》第76、81、82条所称"其他管理人"。因物业的承租人、借用人或者其他物业使用人实施违反物业服务合同,以及法律、法规或者管理规约的行为引起的物业服务纠纷,人民法院应当参照上述关于业主的规定处理。

案例 6-5[①]

2005年8月8日,业主李某某在北京市海淀区购买了某公寓顶层的一套商品房。入住后,李某某封闭了顶层观景阳台并加了防护栏。北京市田阳物业管理有限责任公司(以下简称"北京田阳物业公司")发现后,认为李某某封闭顶层观景台的行为给小区楼房总体规划带来了不协调后果,影响小区总体上的美观。据此,北京田阳物业公司多次要求李某某自行拆除封闭的顶层观景台和防护栏,遭到李某某的强烈拒绝。

在双方多次协商未果的情况下,北京田阳物业公司根据《物业公约》中"为维持小区整体形象和相邻住户的安全,业主不得私自封闭观景阳台,不得在窗户上加装防护栏"的约定,再次要求李某某拆除封闭的观景阳台和防护栏,再次被李某某拒绝。

2005年10月12日,北京田阳物业公司根据《物业公约》的有关规定,决定对李某某罚款2000元,并要求李某某在三日之内缴纳,否则对其采取停电、停水的措施。李某某仍然拒绝缴纳罚款,北京田阳物业公司便对其采取了断水、断电的"制裁"措施。

在此期间,李某某以北京田阳物业公司在顶楼做的霓虹灯广告影响了其晚上正常休息为由,掐断了霓虹灯的电源。

北京田阳物业公司认为:(1)李某某违反小区《物业公约》的规定,擅自将自家观景阳台封闭并将窗户装上防护栏,其安装行为已经构成违约。根据公约规定,李某某应当自行拆除。(2)本公司在楼房顶层做广告,对外进行宣传,目的是扩大本公司的知名度,对小区升值起到良好宣传作用。李某某将广告霓虹灯

---

① 案例来源:北京市海淀区人民法院(2006)海民初字第351号。

的电源掐断,其行为已经构成侵权,应当承担侵权责任。

鉴于此,北京田阳物业公司于 2005 年 12 月 15 日依法向北京市海淀区人民法院提起诉讼,要求李某某自行拆除封闭的观景阳台和防护栏,以及承担掐断广告霓虹灯的电源带来的经济损失 8500 元。

李某某依法向北京市海淀区人民法院提出反诉并认为:(1)自己购买房屋后,就应享有房屋的所有权,包括阳台和窗户部分。现自己对自家阳台和窗户进行改造,属于自己处分自己财产的行为,任何人无权进行干涉。因此,北京田阳物业公司无权干涉自己基于房屋所有权而采取的封闭阳台、窗户等维持居住安全的措施。(2)根据法律法规规定,物业管理公司不具有罚款的主体资格。因此,北京田阳物业公司在非法干涉自己改造房屋时,对自己进行罚款的行为构成侵权。同时,在自己拒绝缴纳非法罚款时,物业公司采取停水、停电的野蛮手段对自己进行非法制裁,上述行为均已构成侵权,请求法院依法判决北京田阳物业公司承担自己的经济损失 5300 元。(3)关于楼顶广告牌问题,若业主委员会同意在楼顶安装,北京田阳物业公司应当把收入交给业主委员会,并将其 1/2 的收入付给顶层受影响最大的住户,否则北京田阳物业公司应予以拆除。

北京市海淀区人民法院经审理认为,在本案中,北京田阳物业公司对业主进行罚款的行为不符合法律法规规定,其行为已经构成侵权且无效,故其罚款行为应当予以撤销。在业主拒绝缴纳非法罚款时,北京田阳物业公司对业主采取停水、停电措施,其处理措施不符合法律法规规定,构成侵权,理应承担侵权责任。在案件审理过程中,双方当事人均同意调解。在法院的主持下,双方当事人达成以下协议:(1)北京田阳物业公司撤销对李某某的罚款,并对其赔礼道歉;(2)北京田阳物业公司承担采取停电、停水措施给李某某造成的经济损失 5000 元;(3)李某某自行拆除防护栏,拆除费用由北京田阳物业公司承担;(4)北京田阳物业公司经业主委员会同意后可继续发布霓虹灯广告,收益由北京田阳物业公司和全体业主共有,分给顶层业主的比例为 1/3。

》》评析

本案中,焦点问题在于:物业管理公司有无权利对违约业主进行罚款,或者采取断水、断电等措施对违约业主进行制裁?首先,根据《行政处罚法》第 8 条的规定,罚款是行政处罚的种类之一。根据该法第 15 条的规定,行政处罚应由具有行政处罚权的行政机关在法定职权范围内实施。物业管理公司作为经营主体,不具有行政处罚权,因此无权对业主或使用人采取罚款措施。其次,小区居民的水电费虽是由物业管理公司代收代缴,但水电的提供者是自来水公司和供电局,物业公司在任何情况下都无权对业主或物业使用人断水、断电。

楼顶作为公用部分,其产权属于小区该栋楼全体业主所有,其使用权也由小区该栋楼全体业主所有。但是,这种权利可以通过协议予以让与。北京田阳物业公司若想在楼顶做广告,应通过业主的同意。若小区成立了业主委员会,则可通过与业主委员会协商的方法,确定做广告事宜,并确定广告收益的归属。在未取得业主同意的情况下,北京田阳物业公司就擅自在楼顶做广告,对小区该栋楼全体业主的权利构成了侵犯。

思考题

1. 物业管理的类型有哪些?
2. 物业管理权的权利来源是什么?
3. 我国物业管理制度构建的关键性问题是什么?
4. 如何理解业主、业主大会、业主委员会之间的关系?
5. 物业管理的程序是怎样的?

附录　房地产法律法规

中华人民共和国城市房地产管理法

第一章　总　　则

第一条　为了加强对城市房地产的管理，维护房地产市场秩序，保障房地产权利人的合法权益，促进房地产业的健康发展，制定本法。

第二条　在中华人民共和国城市规划区国有土地（以下简称国有土地）范围内取得房地产开发用地的土地使用权，从事房地产开发、房地产交易，实施房地产管理，应当遵守本法。

本法所称房屋，是指土地上的房屋等建筑物及构筑物。

本法所称房地产开发，是指在依据本法取得国有土地使用权的土地上进行基础设施、房屋建设的行为。

本法所称房地产交易，包括房地产转让、房地产抵押和房屋租赁。

第三条　国家依法实行国有土地有偿、有限期使用制度。但是，国家在本法规定的范围内划拨国有土地使用权的除外。

第四条　国家根据社会、经济发展水平，扶持发展居民住宅建设，逐步改善居民的居住条件。

第五条　房地产权利人应当遵守法律和行政法规，依法纳税。房地产权利人的合法权益受法律保护，任何单位和个人不得侵犯。

第六条　为了公共利益的需要，国家可以征收国有土地上单位和个人的房屋，并依法给予拆迁补偿，维护被征收人的合法权益；征收个人住宅的，还应当保障被征收人的居住条件。具体办法由国务院规定。

第七条　国务院建设行政主管部门、土地管理部门依照国务院规定的职权划分，各司其职，密切配合，管理全国房地产工作。

县级以上地方人民政府房产管理、土地管理部门的机构设置及其职权由省、自治区、直辖市人民政府确定。

第二章 房地产开发用地

第一节 土地使用权出让

第八条 土地使用权出让,是指国家将国有土地使用权(以下简称土地使用权)在一定年限内出让给土地使用者,由土地使用者向国家支付土地使用权出让金的行为。

第九条 城市规划区内的集体所有的土地,经依法征收转为国有土地后,该幅国有土地的使用权方可有偿出让。

第十条 土地使用权出让,必须符合土地利用总体规划、城市规划和年度建设用地计划。

第十一条 县级以上地方人民政府出让土地使用权用于房地产开发的,须根据省级以上人民政府下达的控制指标拟订年度出让土地使用权总面积方案,按照国务院规定,报国务院或者省级人民政府批准。

第十二条 土地使用权出让,由市、县人民政府有计划、有步骤地进行。出让的每幅地块、用途、年限和其他条件,由市、县人民政府土地管理部门会同城市规划、建设、房产管理部门共同拟定方案,按照国务院规定,报经有批准权的人民政府批准后,由市、县人民政府土地管理部门实施。

直辖市的县人民政府及其有关部门行使前款规定的权限,由直辖市人民政府规定。

第十三条 土地使用权出让,可以采取拍卖、招标或者双方协议的方式。

商业、旅游、娱乐和豪华住宅用地,有条件的,必须采取拍卖、招标方式;没有条件,不能采取拍卖、招标方式的,可以采取双方协议的方式。

采取双方协议方式出让土地使用权的出让金不得低于按国家规定所确定的最低价。

第十四条 土地使用权出让最高年限由国务院规定。

第十五条 土地使用权出让,应当签订书面出让合同。

土地使用权出让合同由市、县人民政府土地管理部门与土地使用者签订。

第十六条 土地使用者必须按照出让合同约定,支付土地使用权出让金;未按照出让合同约定支付土地使用权出让金的,土地管理部门有权解除合同,并可以请求违约赔偿。

第十七条 土地使用者按照出让合同约定支付土地使用权出让金的,市、县人民政府土地管理部门必须按照出让合同约定,提供出让的土地;未按照出让合同约定提供出让的土地的,土地使用者有权解除合同,由土地管理部门返还土地使用权出让金,土地使用者并可以请求违约赔偿。

第十八条 土地使用者需要改变土地使用权出让合同约定的土地用途的,必须取得出让方和市、县人民政府城市规划行政主管部门的同意,签订土地使用权出让合同变更协议或者重新签订土地使用权出让合同,相应调整土地使用权出让金。

第十九条 土地使用权出让金应当全部上缴财政,列入预算,用于城市基础设施建设和土地开发。土地使用权出让金上缴和使用的具体办法由国务院规定。

第二十条 国家对土地使用者依法取得的土地使用权,在出让合同约定的使用年限届满前不收回;在特殊情况下,根据社会公共利益的需要,可以依照法律程序提前收回,并根据土地使用者使用土地的实际年限和开发土地的实际情况给予相应的补偿。

第二十一条 土地使用权因土地灭失而终止。

第二十二条 土地使用权出让合同约定的使用年限届满,土地使用者需要继续使用土地的,应当至迟于届满前一年申请续期,除根据社会公共利益需要收回该幅土地的,应当予以批准。经批准准予续期的,应重新签订土地使用权出让合同,依照规定支付土地使用权出让金。

土地使用权出让合同约定的使用年限届满,土地使用者未申请续期或者虽申请续期但依照前款规定未获批准的,土地使用权由国家无偿收回。

第二节 土地使用权划拨

第二十三条 土地使用权划拨,是指县级以上人民政府依法批准,在土地使用者缴纳补偿、安置等费用后将该幅土地交付其使用,或者将土地使用权无偿交付给土地使用者使用的行为。

依照本法规定以划拨方式取得土地使用权的,除法律、行政法规另有规定外,没有使用期限的限制。

第二十四条 下列建设用地的土地使用权,确属必需的,可以由县级以上人民政府依法批准划拨：

（一）国家机关用地和军事用地；

（二）城市基础设施用地和公益事业用地；

（三）国家重点扶持的能源、交通、水利等项目用地；

（四）法律、行政法规规定的其他用地。

第三章　房地产开发

第二十五条　房地产开发必须严格执行城市规划，按照经济效益、社会效益、环境效益相统一的原则，实行全面规划、合理布局、综合开发、配套建设。

第二十六条　以出让方式取得土地使用权进行房地产开发的，必须按照土地使用权出让合同约定的土地用途、动工开发期限开发土地。超过出让合同约定的动工开发日期满一年未动工开发的，可以征收相当于土地使用权出让金百分之二十以下的土地闲置费；满二年未动工开发的，可以无偿收回土地使用权；但是，因不可抗力或者政府、政府有关部门的行为或者动工开发必需的前期工作造成动工开发迟延的除外。

第二十七条　房地产开发项目的设计、施工，必须符合国家的有关标准和规范。

房地产开发项目竣工，经验收合格后，方可交付使用。

第二十八条　依法取得的土地使用权，可以依照本法和有关法律、行政法规的规定，作价入股，合资、合作开发经营房地产。

第二十九条　国家采取税收等方面的优惠措施鼓励和扶持房地产开发企业开发建设居民住宅。

第三十条　房地产开发企业是以营利为目的，从事房地产开发和经营的企业。设立房地产开发企业，应当具备下列条件：

（一）有自己的名称和组织机构；

（二）有固定的经营场所；

（三）有符合国务院规定的注册资本；

（四）有足够的专业技术人员；

（五）法律、行政法规规定的其他条件。

设立房地产开发企业，应当向工商行政管理部门申请设立登记。工商行政管理部门对符合本法规定条件的,应当予以登记,发给营业执照;对不符合本法规定条件的,不予登记。

设立有限责任公司、股份有限公司,从事房地产开发经营的,还应当执行公司法的有关规定。

房地产开发企业在领取营业执照后的一个月内,应当到登记机关所在地的县级以上地方人民政府规定的部门备案。

第三十一条　房地产开发企业的注册资本与投资总额的比例应当符合国家有关规定。

房地产开发企业分期开发房地产的,分期投资额应当与项目规模相适应,并按照土地使用权出让合同的约定,按期投入资金,用于项目建设。

第四章　房地产交易

第一节　一般规定

第三十二条　房地产转让、抵押时,房屋的所有权和该房屋占用范围内的土地使用权同时转让、抵押。

第三十三条　基准地价、标定地价和各类房屋的重置价格应当定期确定并公布。具体办法由国务院规定。

第三十四条　国家实行房地产价格评估制度。

房地产价格评估,应当遵循公正、公平、公开的原则,按照国家规定的技术标准和评估程序,以基准地价、标定地价和各类房屋的重置价格为基础,参照当地的市场价格进行评估。

第三十五条　国家实行房地产成交价格申报制度。

房地产权利人转让房地产,应当向县级以上地方人民政府规定的部门如实申报成交价,不得瞒报或者作不实的申报。

第三十六条　房地产转让、抵押,当事人应当依照本法第五章的规定办理权属登记。

第二节　房地产转让

第三十七条　房地产转让,是指房地产权利人通过买卖、赠与或者其他合法方式将其房地产转移给他人的行为。

第三十八条　下列房地产,不得转让:

（一）以出让方式取得土地使用权的,不符合本法第三十九条规定的条件的;

（二）司法机关和行政机关依法裁定、决定查封或者以其他形式限制房地产权利的;

（三）依法收回土地使用权的;

（四）共有房地产,未经其他共有人书面同意的;

（五）权属有争议的;

（六）未依法登记领取权属证书的;

（七）法律、行政法规规定禁止转让的其他情形。

第三十九条　以出让方式取得土地使用权的,转让房地产时,应当符合下列条件:

（一）按照出让合同约定已经支付全部土地使用权出让金,并取得土地使用权证书;

（二）按照出让合同约定进行投资开发,属于房屋建设工程的,完成开发投资总额的百分之二十五以上,属于成片开发土地的,形成工业用地或者其他建设用地条件。

转让房地产时房屋已经建成的,还应当持有房屋所有权证书。

第四十条　以划拨方式取得土地使用权的,转让房地产时,应当按照国务院规定,报有批准权的人民政府审批。有批准权的人民政府准予转让的,应当由受让方办理土地使用权出让手续,并依照国家有关规定缴纳土地使用权出让金。

以划拨方式取得土地使用权的,转让房地产报批时,有批准权的人民政府按照国务院规定决定可以不办理土地使用权出让手续的,转让方应当按照国务院规定将转让房地产所获收益中的土地收益上缴国家或者作其他处理。

第四十一条　房地产转让,应当签订书面转让合同,合同中应当载明土地使用权取得的方式。

第四十二条　房地产转让时,土地使用权出让合同载明的权利、义务随之转移。

第四十三条　以出让方式取得土地使用权的,转让房地产后,其土地使用权的使用年限为原土地使用权出让合同约定的使用年限减去原土地使用者已经使用年限后的剩余年限。

第四十四条 以出让方式取得土地使用权的,转让房地产后,受让人改变原土地使用权出让合同约定的土地用途的,必须取得原出让方和市、县人民政府城市规划行政主管部门的同意,签订土地使用权出让合同变更协议或者重新签订土地使用权出让合同,相应调整土地使用权出让金。

第四十五条 商品房预售,应当符合下列条件:

(一) 已交付全部土地使用权出让金,取得土地使用权证书;

(二) 持有建设工程规划许可证;

(三) 按提供预售的商品房计算,投入开发建设的资金达到工程建设总投资的百分之二十五以上,并已经确定施工进度和竣工交付日期;

(四) 向县级以上人民政府房产管理部门办理预售登记,取得商品房预售许可证明。

商品房预售人应当按照国家有关规定将预售合同报县级以上人民政府房产管理部门和土地管理部门登记备案。

商品房预售所得款项,必须用于有关的工程建设。

第四十六条 商品房预售的,商品房预购人将购买的未竣工的预售商品房再行转让的问题,由国务院规定。

第三节 房地产抵押

第四十七条 房地产抵押,是指抵押人以其合法的房地产以不转移占有的方式向抵押权人提供债务履行担保的行为。债务人不履行债务时,抵押权人有权依法以抵押的房地产拍卖所得的价款优先受偿。

第四十八条 依法取得的房屋所有权连同该房屋占用范围内的土地使用权,可以设定抵押权。

以出让方式取得的土地使用权,可以设定抵押权。

第四十九条 房地产抵押,应当凭土地使用权证书、房屋所有权证书办理。

第五十条 房地产抵押,抵押人和抵押权人应当签订书面抵押合同。

第五十一条 设定房地产抵押权的土地使用权是以划拨方式取得的,依法拍卖该房地产后,应当从拍卖所得的价款中缴纳相当于应缴纳的土地使用权出让金的款额后,抵押权人方可优先受偿。

第五十二条 房地产抵押合同签订后,土地上新增的房屋不属于抵押财产。需要拍卖该抵押的房地产时,可以依法将土地上新增的房屋与抵押财产一同拍卖,但对拍卖新增房屋所得,抵押权人无权优先受偿。

第四节 房屋租赁

第五十三条 房屋租赁,是指房屋所有权人作为出租人将其房屋出租给承租人使用,由承租人向出租人支付租金的行为。

第五十四条 房屋租赁,出租人和承租人应当签订书面租赁合同,约定租赁期限、租赁用途、租赁价格、修缮责任等条款,以及双方的其他权利和义务,并向房产管理部门登记备案。

第五十五条 住宅用房的租赁,应当执行国家和房屋所在城市人民政府规定的租赁政策。租用房屋从事生产、经营活动的,由租赁双方协商议定租金和其他租赁条款。

第五十六条 以营利为目的,房屋所有权人将以划拨方式取得使用权的国有土地上建成的房屋出租的,应当将租金中所含土地收益上缴国家。具体办法由国务院规定。

第五节 中介服务机构

第五十七条 房地产中介服务机构包括房地产咨询机构、房地产价格评估机构、房地产经纪机构等。

第五十八条 房地产中介服务机构应当具备下列条件:

(一)有自己的名称和组织机构;

(二)有固定的服务场所;

(三)有必要的财产和经费;

(四)有足够数量的专业人员;

(五)法律、行政法规规定的其他条件。

设立房地产中介服务机构,应当向工商行政管理部门申请设立登记,领取营业执照后,方可开业。

第五十九条 国家实行房地产价格评估人员资格认证制度。

第五章 房地产权属登记管理

第六十条 国家实行土地使用权和房屋所有权登记发证制度。

第六十一条 以出让或者划拨方式取得土地使用权,应当向县级以上地方人民政府土地管理部门申请登记,经县级以上地方人民政府土地管理部门核实,由同级人民政府颁发土地使用权证书。

在依法取得的房地产开发用地上建成房屋的,应当凭土地使用权证书向县级以上地方人民政府房产管理部门申请登记,由县级以上地方人民政府房产管理部门核实并颁发房屋所有权证书。

房地产转让或者变更时,应当向县级以上地方人民政府房产管理部门申请房产变更登记,并凭变更后的房屋所有权证书向同级人民政府土地管理部门申请土地使用权变更登记,经同级人民政府土地管理部门核实,由同级人民政府更换或者更改土地使用权证书。

法律另有规定的,依照有关法律的规定办理。

第六十二条 房地产抵押时,应当向县级以上地方人民政府规定的部门办理抵押登记。

因处分抵押房地产而取得土地使用权和房屋所有权的,应当依照本章规定办理过户登记。

第六十三条 经省、自治区、直辖市人民政府确定,县级以上地方人民政府由一个部门统一负责房产管理和土地管理工作的,可以制作、颁发统一的房地产权证书,依照本法第六十一条的规定,将房屋的所有权和该房屋占用范围内的土地使用权的确认和变更,分别载入房地产权证书。

第六章 法律责任

第六十四条 违反本法第十一条、第十二条的规定,擅自批准出让或者擅自出让土地使用权用于房地产开发的,由上级机关或者所在单位给予有关责任人员行政处分。

第六十五条 违反本法第三十条的规定,未取得营业执照擅自从事房地产开发业务的,由县级以上人民政府工商行政管理部门责令停止房地产开发业务活动,没收违法所得,可以并处罚款。

第六十六条 违反本法第三十九条第一款的规定转让土地使用权的,由县级以上人民政府土地管理部门没收违法所得,可以并处罚款。

第六十七条 违反本法第四十条第一款的规定转让房地产的,由县级以上人民政府土地管理部门责令缴纳土地使用权出让金,没收违法所得,可以并处罚款。

第六十八条　违反本法第四十五条第一款的规定预售商品房的,由县级以上人民政府房产管理部门责令停止预售活动,没收违法所得,可以并处罚款。

第六十九条　违反本法第五十八条的规定,未取得营业执照擅自从事房地产中介服务业务的,由县级以上人民政府工商行政管理部门责令停止房地产中介服务业务活动,没收违法所得,可以并处罚款。

第七十条　没有法律、法规的依据,向房地产开发企业收费的,上级机关应当责令退回所收取的钱款;情节严重的,由上级机关或者所在单位给予直接责任人员行政处分。

第七十一条　房产管理部门、土地管理部门工作人员玩忽职守、滥用职权,构成犯罪的,依法追究刑事责任;不构成犯罪的,给予行政处分。

房产管理部门、土地管理部门工作人员利用职务上的便利,索取他人财物,或者非法收受他人财物为他人谋取利益,构成犯罪的,依照惩治贪污罪贿赂罪的补充规定追究刑事责任;不构成犯罪的,给予行政处分。

第七章　附　　则

第七十二条　在城市规划区外的国有土地范围内取得房地产开发用地的土地使用权,从事房地产开发、交易活动以及实施房地产管理,参照本法执行。

第七十三条　本法自1995年1月1日起施行。

中华人民共和国土地管理法

第一章　总　　则

第一条　为了加强土地管理,维护土地的社会主义公有制,保护、开发土地资源,合理利用土地,切实保护耕地,促进社会经济的可持续发展,根据宪法,制定本法。

第二条　中华人民共和国实行土地的社会主义公有制,即全民所有制和劳动群众集体所有制。

全民所有,即国家所有土地的所有权由国务院代表国家行使。

任何单位和个人不得侵占、买卖或者以其他形式非法转让土地。土地使用权可以依法转让。

国家为了公共利益的需要，可以依法对土地实行征收或者征用并给予补偿。

国家依法实行国有土地有偿使用制度。但是，国家在法律规定的范围内划拨国有土地使用权的除外。

第三条 十分珍惜、合理利用土地和切实保护耕地是我国的基本国策。各级人民政府应当采取措施，全面规划，严格管理，保护、开发土地资源，制止非法占用土地的行为。

第四条 国家实行土地用途管制制度。

国家编制土地利用总体规划，规定土地用途，将土地分为农用地、建设用地和未利用地。严格限制农用地转为建设用地，控制建设用地总量，对耕地实行特殊保护。

前款所称农用地是指直接用于农业生产的土地，包括耕地、林地、草地、农田水利用地、养殖水面等；建设用地是指建造建筑物、构筑物的土地，包括城乡住宅和公共设施用地、工矿用地、交通水利设施用地、旅游用地、军事设施用地等；未利用地是指农用地和建设用地以外的土地。

使用土地的单位和个人必须严格按照土地利用总体规划确定的用途使用土地。

第五条 国务院土地行政主管部门统一负责全国土地的管理和监督工作。

县级以上地方人民政府土地行政主管部门的设置及其职责，由省、自治区、直辖市人民政府根据国务院有关规定确定。

第六条 任何单位和个人都有遵守土地管理法律、法规的义务，并有权对违反土地管理法律、法规的行为提出检举和控告。

第七条 在保护和开发土地资源、合理利用土地以及进行有关的科学研究等方面成绩显著的单位和个人，由人民政府给予奖励。

第二章　土地的所有权和使用权

第八条 城市市区的土地属于国家所有。

农村和城市郊区的土地，除由法律规定属于国家所有的以外，属于农民集体所有；宅基地和自留地、自留山，属于农民集体所有。

第九条 国有土地和农民集体所有的土地,可以依法确定给单位或者个人使用。使用土地的单位和个人,有保护、管理和合理利用土地的义务。

第十条 农民集体所有的土地依法属于村农民集体所有的,由村集体经济组织或者村民委员会经营、管理;已经分别属于村内两个以上农村集体经济组织的农民集体所有的,由村内各该农村集体经济组织或者村民小组经营、管理;已经属于乡(镇)农民集体所有的,由乡(镇)农村集体经济组织经营、管理。

第十一条 农民集体所有的土地,由县级人民政府登记造册,核发证书,确认所有权。

农民集体所有的土地依法用于非农业建设的,由县级人民政府登记造册,核发证书,确认建设用地使用权。

单位和个人依法使用的国有土地,由县级以上人民政府登记造册,核发证书,确认使用权;其中,中央国家机关使用的国有土地的具体登记发证机关,由国务院确定。

确认林地、草原的所有权或者使用权,确认水面、滩涂的养殖使用权,分别依照《中华人民共和国森林法》《中华人民共和国草原法》和《中华人民共和国渔业法》的有关规定办理。

第十二条 依法改变土地权属和用途的,应当办理土地变更登记手续。

第十三条 依法登记的土地的所有权和使用权受法律保护,任何单位和个人不得侵犯。

第十四条 农民集体所有的土地由本集体经济组织的成员承包经营,从事种植业、林业、畜牧业、渔业生产。土地承包经营期限为三十年。发包方和承包方应当订立承包合同,约定双方的权利和义务。承包经营土地的农民有保护和按照承包合同约定的用途合理利用土地的义务。农民的土地承包经营权受法律保护。

在土地承包经营期限内,对个别承包经营者之间承包的土地进行适当调整的,必须经村民会议三分之二以上成员或者三分之二以上村民代表的同意,并报乡(镇)人民政府和县级人民政府农业行政主管部门批准。

第十五条 国有土地可以由单位或者个人承包经营,从事种植业、林业、畜牧业、渔业生产。农民集体所有的土地,可以由本集体经济组织以外的单位或者个人承包经营,从事种植业、林业、畜牧业、渔业生产。发包方和承包方应当订立承包合同,约定双方的权利和义务。土地承包经营的期限由承包合同约定。承包经营土地的单位和个人,有保护和按照承包合同约定的用途合理利用土地的义务。

农民集体所有的土地由本集体经济组织以外的单位或者个人承包经营的,必须经村民会议三分之二以上成员或者三分之二以上村民代表的同意,并报乡(镇)人民政府批准。

第十六条 土地所有权和使用权争议,由当事人协商解决;协商不成的,由人民政府处理。

单位之间的争议,由县级以上人民政府处理;个人之间、个人与单位之间的争议,由乡级人民政府或者县级以上人民政府处理。

当事人对有关人民政府的处理决定不服的,可以自接到处理决定通知之日起三十日内,向人民法院起诉。

在土地所有权和使用权争议解决前,任何一方不得改变土地利用现状。

第三章 土地利用总体规划

第十七条 各级人民政府应当依据国民经济和社会发展规划、国土整治和资源环境保护的要求、土地供给能力以及各项建设对土地的需求,组织编制土地利用总体规划。

土地利用总体规划的规划期限由国务院规定。

第十八条 下级土地利用总体规划应当依据上一级土地利用总体规划编制。

地方各级人民政府编制的土地利用总体规划中的建设用地总量不得超过上一级土地利用总体规划确定的控制指标,耕地保有量不得低于上一级土地利用总体规划确定的控制指标。

省、自治区、直辖市人民政府编制的土地利用总体规划,应当确保本行政区域内耕地总量不减少。

第十九条 土地利用总体规划按照下列原则编制:

(一)严格保护基本农田,控制非农业建设占用农用地;

(二)提高土地利用率;

(三)统筹安排各类、各区域用地;

(四)保护和改善生态环境,保障土地的可持续利用;

(五)占用耕地与开发复垦耕地相平衡。

第二十条 县级土地利用总体规划应当划分土地利用区,明确土地用途。

乡(镇)土地利用总体规划应当划分土地利用区,根据土地使用条件,确定每一块土地的用途,并予以公告。

第二十一条 土地利用总体规划实行分级审批。

省、自治区、直辖市的土地利用总体规划,报国务院批准。

省、自治区人民政府所在地的市、人口在一百万以上的城市以及国务院指定的城市的土地利用总体规划,经省、自治区人民政府审查同意后,报国务院批准。

本条第二款、第三款规定以外的土地利用总体规划,逐级上报省、自治区、直辖市人民政府批准;其中,乡(镇)土地利用总体规划可以由省级人民政府授权的设区的市、自治州人民政府批准。

土地利用总体规划一经批准,必须严格执行。

第二十二条 城市建设用地规模应当符合国家规定的标准,充分利用现有建设用地,不占或者尽量少占农用地。

城市总体规划、村庄和集镇规划,应当与土地利用总体规划相衔接,城市总体规划、村庄和集镇规划中建设用地规模不得超过土地利用总体规划确定的城市和村庄、集镇建设用地规模。

在城市规划区内、村庄和集镇规划区内,城市和村庄、集镇建设用地应当符合城市规划、村庄和集镇规划。

第二十三条 江河、湖泊综合治理和开发利用规划,应当与土地利用总体规划相衔接。在江河、湖泊、水库的管理和保护范围以及蓄洪滞洪区内,土地利用应当符合江河、湖泊综合治理和开发利用规划,符合河道、湖泊行洪、蓄洪和输水的要求。

第二十四条 各级人民政府应当加强土地利用计划管理,实行建设用地总量控制。

土地利用年度计划,根据国民经济和社会发展计划、国家产业政策、土地利用总体规划以及建设用地和土地利用的实际状况编制。土地利用年度计划的编制审批程序与土地利用总体规划的编制审批程序相同,一经审批下达,必须严格执行。

第二十五条 省、自治区、直辖市人民政府应当将土地利用年度计划的执行情况列为国民经济和社会发展计划执行情况的内容,向同级人民代表大会报告。

第二十六条 经批准的土地利用总体规划的修改,须经原批准机关批准;未经批准,不得改变土地利用总体规划确定的土地用途。

经国务院批准的大型能源、交通、水利等基础设施建设用地,需要改变土地利用总体规划的,根据国务院的批准文件修改土地利用总体规划。

经省、自治区、直辖市人民政府批准的能源、交通、水利等基础设施建设用地,需要改变土地利用总体规划的,属于省级人民政府土地利用总体规划批准权限内的,根据省级人民政府的批准文件修改土地利用总体规划。

第二十七条 国家建立土地调查制度。

县级以上人民政府土地行政主管部门会同同级有关部门进行土地调查。土地所有者或者使用者应当配合调查,并提供有关资料。

第二十八条 县级以上人民政府土地行政主管部门会同同级有关部门根据土地调查成果、规划土地用途和国家制定的统一标准,评定土地等级。

第二十九条 国家建立土地统计制度。

县级以上人民政府土地行政主管部门和同级统计部门共同制定统计调查方案,依法进行土地统计,定期发布土地统计资料。土地所有者或者使用者应当提供有关资料,不得虚报、瞒报、拒报、迟报。

土地行政主管部门和统计部门共同发布的土地面积统计资料是各级人民政府编制土地利用总体规划的依据。

第三十条 国家建立全国土地管理信息系统,对土地利用状况进行动态监测。

第四章 耕 地 保 护

第三十一条 国家保护耕地,严格控制耕地转为非耕地。

国家实行占用耕地补偿制度。非农业建设经批准占用耕地的,按照"占多少,垦多少"的原则,由占用耕地的单位负责开垦与所占用耕地的数量和质量相当的耕地;没有条件开垦或者开垦的耕地不符合要求的,应当按照省、自治区、直辖市的规定缴纳耕地开垦费,专款用于开垦新的耕地。

省、自治区、直辖市人民政府应当制定开垦耕地计划,监督占用耕地的单位按照计划开垦耕地或者按照计划组织开垦耕地,并进行验收。

第三十二条 县级以上地方人民政府可以要求占用耕地的单位将所占用耕地耕作层的土壤用于新开垦耕地、劣质地或者其他耕地的土壤改良。

第三十三条 省、自治区、直辖市人民政府应当严格执行土地利用总体规划和土地利用年度计划,采取措施,确保本行政区域内耕地总量不减少;耕地总量减少的,由国务院责令在规定期限内组织开垦与所减少耕地的数量与质量相当的耕地,并由国务院土地行政主管部门会同农业行政主管部门验收。个别省、直辖市确因土地后备资源匮乏,新增建设用地后,新开垦耕地的数量不足以补偿所占用耕地的数量的,必须报经国务院批准减免本行政区域内开垦耕地的数量,进行易地开垦。

第三十四条 国家实行基本农田保护制度。下列耕地应当根据土地利用总体规划划入基本农田保护区,严格管理:

(一)经国务院有关主管部门或者县级以上地方人民政府批准确定的粮、棉、油生产基地内的耕地;

(二)有良好的水利与水土保持设施的耕地,正在实施改造计划以及可以改造的中、低产田;

(三)蔬菜生产基地;

(四)农业科研、教学试验田;

(五)国务院规定应当划入基本农田保护区的其他耕地。

各省、自治区、直辖市划定的基本农田应当占本行政区域内耕地的百分之八十以上。

基本农田保护区以乡(镇)为单位进行划区定界,由县级人民政府土地行政主管部门会同同级农业行政主管部门组织实施。

第三十五条 各级人民政府应当采取措施,维护排灌工程设施,改良土壤,提高地力,防止土地荒漠化、盐渍化、水土流失和污染土地。

第三十六条 非农业建设必须节约使用土地,可以利用荒地的,不得占用耕地;可以利用劣地的,不得占用好地。

禁止占用耕地建窑、建坟或者擅自在耕地上建房、挖砂、采石、采矿、取土等。

禁止占用基本农田发展林果业和挖塘养鱼。

第三十七条 禁止任何单位和个人闲置、荒芜耕地。已经办理审批手续的非农业建设占用耕地,一年内不用而又可以耕种并收获的,应当由原耕种该幅耕地的集体或者个人恢复耕种,也可以由用地单位组织耕种;一年以上未动工建设的,应当按照省、自治区、直辖市的规定缴纳闲置费;连续二年未使用的,经原批准机关批准,由县级以上人民政府无偿收回用地单位的土地使用权;该幅土地原为农民集体所有的,应当交由原农村集体经济组织恢复耕种。

在城市规划区范围内,以出让方式取得土地使用权进行房地产开发的闲置土地,依照《中华人民共和国城市房地产管理法》的有关规定办理。

承包经营耕地的单位或者个人连续二年弃耕抛荒的,原发包单位应当终止承包合同,收回发包的耕地。

第三十八条 国家鼓励单位和个人按照土地利用总体规划,在保护和改善生态环境、防止水土流失和土地荒漠化的前提下,开发未利用的土地;适宜开发为农用地的,应当优先开发成农用地。

国家依法保护开发者的合法权益。

第三十九条 开垦未利用的土地,必须经过科学论证和评估,在土地利用总体规划划定的可开垦的区域内,经依法批准后进行。禁止毁坏森林、草原开垦耕地,禁止围湖造田和侵占江河滩地。

根据土地利用总体规划,对破坏生态环境开垦、围垦的土地,有计划有步骤地退耕还林、还牧、还湖。

第四十条 开发未确定使用权的国有荒山、荒地、荒滩从事种植业、林业、畜牧业、渔业生产的,经县级以上人民政府依法批准,可以确定给开发单位或者个人长期使用。

第四十一条 国家鼓励土地整理。县、乡(镇)人民政府应当组织农村集体经济组织,按照土地利用总体规划,对田、水、路、林、村综合整治,提高耕地质量,增加有效耕地面积,改善农业生产条件和生态环境。

地方各级人民政府应当采取措施,改造中、低产田,整治闲散地和废弃地。

第四十二条 因挖损、塌陷、压占等造成土地破坏,用地单位和个人应当按照国家有关规定负责复垦;没有条件复垦或者复垦不符合要求的,应当缴纳土地复垦费,专项用于土地复垦。复垦的土地应当优先用于农业。

第五章 建 设 用 地

第四十三条 任何单位和个人进行建设,需要使用土地的,必须依法申请使用国有土地;但是,兴办乡镇企业和村民建设住宅经依法批准使用本集体经济组织农民集体所有的土地的,或者乡(镇)村公共设施和公益事业建设经依法批准使用农民集体所有的土地的除外。

前款所称依法申请使用的国有土地包括国家所有的土地和国家征收的原属于农民集体所有的土地。

第四十四条 建设占用土地,涉及农用地转为建设用地的,应当办理农用地转用审批手续。

省、自治区、直辖市人民政府批准的道路、管线工程和大型基础设施建设项目、国务院批准的建设项目占用土地,涉及农用地转为建设用地的,由国务院批准。

在土地利用总体规划确定的城市和村庄、集镇建设用地规模范围内,为实施该规划而将农用地转为建设用地的,按土地利用年度计划分批次由原批准土地利用总体规划的机关批准。在已批准的农用地转用范围内,具体建设项目用地可以由市、县人民政府批准。

本条第二款、第三款规定以外的建设项目占用土地,涉及农用地转为建设用地的,由省、自治区、直辖市人民政府批准。

第四十五条 征收下列土地的,由国务院批准:

(一)基本农田;

(二)基本农田以外的耕地超过三十五公顷的;

(三)其他土地超过七十公顷的。

征收前款规定以外的土地的,由省、自治区、直辖市人民政府批准,并报国务院备案。

征收农用地的,应当依照本法第四十四条的规定先行办理农用地转用审批。其中,经国务院批准农用地转用的,同时办理征地审批手续,不再另行办理征地审批;经省、自治区、直辖市人民政府在征地批准权限内批准农用地转用的,同时办理征地审批手续,不再另行办理征地审批,超过征地批准权限的,应当依照本条第一款的规定另行办理征地审批。

第四十六条 国家征收土地的,依照法定程序批准后,由县级以上地方人民政府予以公告并组织实施。

被征收土地的所有权人、使用权人应当在公告规定期限内,持土地权属证书到当地人民政府土地行政主管部门办理征地补偿登记。

第四十七条 征收土地的,按照被征收土地的原用途给予补偿。

征收耕地的补偿费用包括土地补偿费、安置补助费以及地上附着物和青苗的补偿费。征收耕地的土地补偿费,为该耕地被征收前三年平均年产值的六至十倍。征收耕地的安置补助费,按照需要安置的农业人口数计算。需要安置的农业人口数,按照被征收的耕地数量除以征地前被征收单位平均每人占有耕地的数量计算。每一个需要安置的农业人口的安置补助费标准,为该耕地被征收前三年平均年产值的四至六倍。但是,每公顷被征收耕地的安置补助费,最高不得超过被征收前三年平均年产值的十五倍。

征收其他土地的土地补偿费和安置补助费标准,由省、自治区、直辖市参照征收耕地的土地补偿费和安置补助费的标准规定。

被征收土地上的附着物和青苗的补偿标准,由省、自治区、直辖市规定。

征收城市郊区的菜地,用地单位应当按照国家有关规定缴纳新菜地开发建设基金。

依照本条第二款的规定支付土地补偿费和安置补助费,尚不能使需要安置的农民保持原有生活水平的,经省、自治区、直辖市人民政府批准,可以增加安置补助费。但是,土地补偿费和安置补助费的总和不得超过土地被征收前三年平均年产值的三十倍。

国务院根据社会、经济发展水平,在特殊情况下,可以提高征收耕地的土地补偿费和安置补助费的标准。

第四十八条 征地补偿安置方案确定后,有关地方人民政府应当公告,并听取被征地的农村集体经济组织和农民的意见。

第四十九条 被征地的农村集体经济组织应当将征收土地的补偿费用的收支状况向本集体经济组织的成员公布,接受监督。

禁止侵占、挪用被征收土地单位的征地补偿费用和其他有关费用。

第五十条 地方各级人民政府应当支持被征地的农村集体经济组织和农民从事开发经营,兴办企业。

第五十一条 大中型水利、水电工程建设征收土地的补偿费标准和移民安置办法,由国务院另行规定。

第五十二条 建设项目可行性研究论证时,土地行政主管部门可以根据土地利用总体规划、土地利用年度计划和建设用地标准,对建设用地有关事项进行审查,并提出意见。

第五十三条 经批准的建设项目需要使用国有建设用地的,建设单位应当持法律、行政法规规定的有关文件,向有批准权的县级以上人民政府土地行政主管部门提出建设用地申请,经土地行政主管部门审查,报本级人民政府批准。

第五十四条 建设单位使用国有土地,应当以出让等有偿使用方式取得;但是,下列建设用地,经县级以上人民政府依法批准,可以以划拨方式取得:

(一)国家机关用地和军事用地;

(二)城市基础设施用地和公益事业用地;

(三)国家重点扶持的能源、交通、水利等基础设施用地;

(四)法律、行政法规规定的其他用地。

第五十五条 以出让等有偿使用方式取得国有土地使用权的建设单位,按照国务院规定的标准和办法,缴纳土地使用权出让金等土地有偿使用费和其他费用后,方可使用土地。

自本法施行之日起,新增建设用地的土地有偿使用费,百分之三十上缴中央财政,百分之七十留给有关地方人民政府,都专项用于耕地开发。

第五十六条 建设单位使用国有土地的,应当按照土地使用权出让等有偿使用合同的约定或者土地使用权划拨批准文件的规定使用土地;确需改变该幅土地建设用途的,应当经有关人民政府土地行政主管部门同意,报原批准用地的人民政府批准。其中,在城市规划区内改变土地用途的,在报批前,应当先经有关城市规划行政主管部门同意。

第五十七条 建设项目施工和地质勘查需要临时使用国有土地或者农民集体所有的土地的,由县级以上人民政府土地行政主管部门批准。其中,在城市规划区内的临时用地,在报批前,应当先经有关城市规划行政主管部门同意。土地使用者应当根据土地权属,与有关土地行政主管部门或者农村集体经济组织、村民委员会签订临时使用土地合同,并按照合同的约定支付临时使用土地补偿费。

临时使用土地的使用者应当按照临时使用土地合同约定的用途使用土地,并不得修建永久性建筑物。

临时使用土地期限一般不超过二年。

第五十八条 有下列情形之一的,由有关人民政府土地行政主管部门报经

原批准用地的人民政府或者有批准权的人民政府批准,可以收回国有土地使用权:

（一）为公共利益需要使用土地的;

（二）为实施城市规划进行旧城区改建,需要调整使用土地的;

（三）土地出让等有偿使用合同约定的使用期限届满,土地使用者未申请续期或者申请续期未获批准的;

（四）因单位撤销、迁移等原因,停止使用原划拨的国有土地的;

（五）公路、铁路、机场、矿场等经核准报废的。

依照前款第(一)项、第(二)项的规定收回国有土地使用权的,对土地使用权人应当给予适当补偿。

第五十九条 乡镇企业、乡(镇)村公共设施、公益事业、农村村民住宅等乡(镇)村建设,应当按照村庄和集镇规划,合理布局,综合开发,配套建设;建设用地,应当符合乡(镇)土地利用总体规划和土地利用年度计划,并依照本法第四十四条、第六十条、第六十一条、第六十二条的规定办理审批手续。

第六十条 农村集体经济组织使用乡(镇)土地利用总体规划确定的建设用地兴办企业或者与其他单位、个人以土地使用权入股、联营等形式共同举办企业的,应当持有关批准文件,向县级以上地方人民政府土地行政主管部门提出申请,按照省、自治区、直辖市规定的批准权限,由县级以上地方人民政府批准;其中,涉及占用农用地的,依照本法第四十四条的规定办理审批手续。

按照前款规定兴办企业的建设用地,必须严格控制。省、自治区、直辖市可以按照乡镇企业的不同行业和经营规模,分别规定用地标准。

第六十一条 乡(镇)村公共设施、公益事业建设,需要使用土地的,经乡(镇)人民政府审核,向县级以上地方人民政府土地行政主管部门提出申请,按照省、自治区、直辖市规定的批准权限,由县级以上地方人民政府批准;其中,涉及占用农用地的,依照本法第四十四条的规定办理审批手续。

第六十二条 农村村民一户只能拥有一处宅基地,其宅基地的面积不得超过省、自治区、直辖市规定的标准。

农村村民建住宅,应当符合乡(镇)土地利用总体规划,并尽量使用原有的宅基地和村内空闲地。

农村村民住宅用地,经乡(镇)人民政府审核,由县级人民政府批准;其中,涉及占用农用地的,依照本法第四十四条的规定办理审批手续。

农村村民出卖、出租住房后,再申请宅基地的,不予批准。

第六十三条　农民集体所有的土地的使用权不得出让、转让或者出租用于非农业建设;但是,符合土地利用总体规划并依法取得建设用地的企业,因破产、兼并等情形致使土地使用权依法发生转移的除外。

第六十四条　在土地利用总体规划制定前已建的不符合土地利用总体规划确定的用途的建筑物、构筑物,不得重建、扩建。

第六十五条　有下列情形之一的,农村集体经济组织报经原批准用地的人民政府批准,可以收回土地使用权:

(一)为乡(镇)村公共设施和公益事业建设,需要使用土地的;

(二)不按照批准的用途使用土地的;

(三)因撤销、迁移等原因而停止使用土地的。

依照前款第(一)项规定收回农民集体所有的土地的,对土地使用权人应当给予适当补偿。

第六章　监督检查

第六十六条　县级以上人民政府土地行政主管部门对违反土地管理法律、法规的行为进行监督检查。

土地管理监督检查人员应当熟悉土地管理法律、法规,忠于职守,秉公执法。

第六十七条　县级以上人民政府土地行政主管部门履行监督检查职责时,有权采取下列措施:

(一)要求被检查的单位或者个人提供有关土地权利的文件和资料,进行查阅或者予以复制;

(二)要求被检查的单位或者个人就有关土地权利的问题作出说明;

(三)进入被检查单位或者个人非法占用的土地现场进行勘测;

(四)责令非法占用土地的单位或者个人停止违反土地管理法律、法规的行为。

第六十八条　土地管理监督检查人员履行职责,需要进入现场进行勘测、要求有关单位或者个人提供文件、资料和作出说明的,应当出示土地管理监督检查证件。

第六十九条 有关单位和个人对县级以上人民政府土地行政主管部门就土地违法行为进行的监督检查应当支持与配合,并提供工作方便,不得拒绝与阻碍土地管理监督检查人员依法执行职务。

第七十条 县级以上人民政府土地行政主管部门在监督检查工作中发现国家工作人员的违法行为,依法应当给予行政处分的,应当依法予以处理;自己无权处理的,应当向同级或者上级人民政府的行政监察机关提出行政处分建议书,有关行政监察机关应当依法予以处理。

第七十一条 县级以上人民政府土地行政主管部门在监督检查工作中发现土地违法行为构成犯罪的,应当将案件移送有关机关,依法追究刑事责任;尚不构成犯罪的,应当依法给予行政处罚。

第七十二条 依照本法规定应当给予行政处罚,而有关土地行政主管部门不给予行政处罚的,上级人民政府土地行政主管部门有权责令有关土地行政主管部门作出行政处罚决定或者直接给予行政处罚,并给予有关土地行政主管部门的负责人行政处分。

第七章 法 律 责 任

第七十三条 买卖或者以其他形式非法转让土地的,由县级以上人民政府土地行政主管部门没收违法所得;对违反土地利用总体规划擅自将农用地改为建设用地的,限期拆除在非法转让的土地上新建的建筑物和其他设施,恢复土地原状,对符合土地利用总体规划的,没收在非法转让的土地上新建的建筑物和其他设施;可以并处罚款;对直接负责的主管人员和其他直接责任人员,依法给予行政处分;构成犯罪的,依法追究刑事责任。

第七十四条 违反本法规定,占用耕地建窑、建坟或者擅自在耕地上建房、挖砂、采石、采矿、取土等,破坏种植条件的,或者因开发土地造成土地荒漠化、盐渍化的,由县级以上人民政府土地行政主管部门责令限期改正或者治理,可以并处罚款;构成犯罪的,依法追究刑事责任。

第七十五条 违反本法规定,拒不履行土地复垦义务的,由县级以上人民政府土地行政主管部门责令限期改正;逾期不改正的,责令缴纳复垦费,专项用于土地复垦,可以处以罚款。

第七十六条 未经批准或者采取欺骗手段骗取批准,非法占用土地的,由县级以上人民政府土地行政主管部门责令退还非法占用的土地,对违反土地利用总体规划擅自将农用地改为建设用地的,限期拆除在非法占用的土地上新建的建筑物和其他设施,恢复土地原状,对符合土地利用总体规划的,没收在非法占用的土地上新建的建筑物和其他设施,可以并处罚款;对非法占用土地单位的直接负责的主管人员和其他直接责任人员,依法给予行政处分;构成犯罪的,依法追究刑事责任。

超过批准的数量占用土地,多占的土地以非法占用土地论处。

第七十七条　农村村民未经批准或者采取欺骗手段骗取批准,非法占用土地建住宅的,由县级以上人民政府土地行政主管部门责令退还非法占用的土地,限期拆除在非法占用的土地上新建的房屋。

超过省、自治区、直辖市规定的标准,多占的土地以非法占用土地论处。

第七十八条　无权批准征收、使用土地的单位或者个人非法批准占用土地的,超越批准权限非法批准占用土地的,不按照土地利用总体规划确定的用途批准用地的,或者违反法律规定的程序批准占用、征收土地的,其批准文件无效,对非法批准征收、使用土地的直接负责的主管人员和其他直接责任人员,依法给予行政处分;构成犯罪的,依法追究刑事责任。非法批准、使用的土地应当收回,有关当事人拒不归还的,以非法占用土地论处。

非法批准征收、使用土地,对当事人造成损失的,依法应当承担赔偿责任。

第七十九条　侵占、挪用被征收土地单位的征地补偿费用和其他有关费用,构成犯罪的,依法追究刑事责任;尚不构成犯罪的,依法给予行政处分。

第八十条　依法收回国有土地使用权当事人拒不交出土地的,临时使用土地期满拒不归还的,或者不按照批准的用途使用国有土地的,由县级以上人民政府土地行政主管部门责令交还土地,处以罚款。

第八十一条　擅自将农民集体所有的土地的使用权出让、转让或者出租用于非农业建设的,由县级以上人民政府土地行政主管部门责令限期改正,没收违法所得,并处罚款。

第八十二条　不依照本法规定办理土地变更登记的,由县级以上人民政府土地行政主管部门责令其限期办理。

第八十三条　依照本法规定,责令限期拆除在非法占用的土地上新建的建筑物和其他设施的,建设单位或者个人必须立即停止施工,自行拆除;对继续施工的,作出处罚决定的机关有权制止。建设单位或者个人对责令限期拆除的行政处罚决定不服的,可以在接到责令限期拆除决定之日起十五日内,向人民法院起诉;期满不起诉又不自行拆除的,由作出处罚决定的机关依法申请人民法院强制执行,费用由违法者承担。

第八十四条 土地行政主管部门的工作人员玩忽职守、滥用职权、徇私舞弊,构成犯罪的,依法追究刑事责任;尚不构成犯罪的,依法给予行政处分。

第八章 附 则

第八十五条 中外合资经营企业、中外合作经营企业、外资企业使用土地的,适用本法;法律另有规定的,从其规定。

第八十六条 本法自1999年1月1日起施行。

中华人民共和国城市规划法

第一章 总 则

第一条 为了加强城乡规划管理,协调城乡空间布局,改善人居环境,促进城乡经济社会全面协调可持续发展,制定本法。

第二条 制定和实施城乡规划,在规划区内进行建设活动,必须遵守本法。

本法所称城乡规划,包括城镇体系规划、城市规划、镇规划、乡规划和村庄规划。城市规划、镇规划分为总体规划和详细规划。详细规划分为控制性详细规划和修建性详细规划。

本法所称规划区,是指城市、镇和村庄的建成区以及因城乡建设和发展需要,必须实行规划控制的区域。规划区的具体范围由有关人民政府在组织编制的城市总体规划、镇总体规划、乡规划和村庄规划中,根据城乡经济社会发展水平和统筹城乡发展的需要划定。

第三条 城市和镇应当依照本法制定城市规划和镇规划。城市、镇规划区内的建设活动应当符合规划要求。

县级以上地方人民政府根据本地农村经济社会发展水平,按照因地制宜、切实可行的原则,确定应当制定乡规划、村庄规划的区域。在确定区域内的乡、村庄,应当依照本法制定规划,规划区内的乡、村庄建设应当符合规划要求。

县级以上地方人民政府鼓励、指导前款规定以外的区域的乡、村庄制定和实施乡规划、村庄规划。

第四条 制定和实施城乡规划,应当遵循城乡统筹、合理布局、节约土地、集约发展和先规划后建设的原则,改善生态环境,促进资源、能源节约和综合利用,保护耕地等自然资源和历史文化遗产,保持地方特色、民族特色和传统风貌,防止污染和其他公害,并符合区域人口发展、国防建设、防灾减灾和公共卫生、公共安全的需要。

在规划区内进行建设活动,应当遵守土地管理、自然资源和环境保护等法律、法规的规定。

县级以上地方人民政府应当根据当地经济社会发展的实际,在城市总体规划、镇总体规划中合理确定城市、镇的发展规模、步骤和建设标准。

第五条 城市总体规划、镇总体规划以及乡规划和村庄规划的编制,应当依据国民经济和社会发展规划,并与土地利用总体规划相衔接。

第六条 各级人民政府应当将城乡规划的编制和管理经费纳入本级财政预算。

第七条 经依法批准的城乡规划,是城乡建设和规划管理的依据,未经法定程序不得修改。

第八条 城乡规划组织编制机关应当及时公布经依法批准的城乡规划。但是,法律、行政法规规定不得公开的内容除外。

第九条 任何单位和个人都应当遵守经依法批准并公布的城乡规划,服从规划管理,并有权就涉及其利害关系的建设活动是否符合规划的要求向城乡规划主管部门查询。

任何单位和个人都有权向城乡规划主管部门或者其他有关部门举报或者控告违反城乡规划的行为。城乡规划主管部门或者其他有关部门对举报或者控告,应当及时受理并组织核查、处理。

第十条 国家鼓励采用先进的科学技术,增强城乡规划的科学性,提高城乡规划实施及监督管理的效能。

第十一条 国务院城乡规划主管部门负责全国的城乡规划管理工作。

县级以上地方人民政府城乡规划主管部门负责本行政区域内的城乡规划管理工作。

第二章 城乡规划的制定

第十二条 国务院城乡规划主管部门会同国务院有关部门组织编制全国城镇体系规划,用于指导省域城镇体系规划、城市总体规划的编制。

全国城镇体系规划由国务院城乡规划主管部门报国务院审批。

第十三条 省、自治区人民政府组织编制省域城镇体系规划,报国务院审批。

省域城镇体系规划的内容应当包括:城镇空间布局和规模控制,重大基础设施的布局,为保护生态环境、资源等需要严格控制的区域。

第十四条 城市人民政府组织编制城市总体规划。

直辖市的城市总体规划由直辖市人民政府报国务院审批。省、自治区人民政府所在地的城市以及国务院确定的城市的总体规划,由省、自治区人民政府审查同意后,报国务院审批。其他城市的总体规划,由城市人民政府报省、自治区人民政府审批。

第十五条 县人民政府组织编制县人民政府所在地镇的总体规划,报上一级人民政府审批。其他镇的总体规划由镇人民政府组织编制,报上一级人民政府审批。

第十六条 省、自治区人民政府组织编制的省域城镇体系规划,城市、县人民政府组织编制的总体规划,在报上一级人民政府审批前,应当先经本级人民代表大会常务委员会审议,常务委员会组成人员的审议意见交由本级人民政府研究处理。

镇人民政府组织编制的镇总体规划,在报上一级人民政府审批前,应当先经镇人民代表大会审议,代表的审议意见交由本级人民政府研究处理。

规划的组织编制机关报送审批省域城镇体系规划、城市总体规划或者镇总体规划,应当将本级人民代表大会常务委员会组成人员或者镇人民代表大会代表的审议意见和根据审议意见修改规划的情况一并报送。

第十七条 城市总体规划、镇总体规划的内容应当包括:城市、镇的发展布局,功能分区,用地布局,综合交通体系,禁止、限制和适宜建设的地域范围,各类专项规划等。

规划区范围、规划区内建设用地规模、基础设施和公共服务设施用地、水源地和水系、基本农田和绿化用地、环境保护、自然与历史文化遗产保护以及防灾减灾等内容,应当作为城市总体规划、镇总体规划的强制性内容。

城市总体规划、镇总体规划的规划期限一般为二十年。城市总体规划还应当对城市更长远的发展作出预测性安排。

第十八条　乡规划、村庄规划应当从农村实际出发,尊重村民意愿,体现地方和农村特色。

乡规划、村庄规划的内容应当包括:规划区范围,住宅、道路、供水、排水、供电、垃圾收集、畜禽养殖场所等农村生产、生活服务设施、公益事业等各项建设的用地布局、建设要求,以及对耕地等自然资源和历史文化遗产保护、防灾减灾等的具体安排。乡规划还应当包括本行政区域内的村庄发展布局。

第十九条　城市人民政府城乡规划主管部门根据城市总体规划的要求,组织编制城市的控制性详细规划,经本级人民政府批准后,报本级人民代表大会常务委员会和上一级人民政府备案。

第二十条　镇人民政府根据镇总体规划的要求,组织编制镇的控制性详细规划,报上一级人民政府审批。县人民政府所在地镇的控制性详细规划,由县人民政府城乡规划主管部门根据镇总体规划的要求组织编制,经县人民政府批准后,报本级人民代表大会常务委员会和上一级人民政府备案。

第二十一条　城市、县人民政府城乡规划主管部门和镇人民政府可以组织编制重要地块的修建性详细规划。修建性详细规划应当符合控制性详细规划。

第二十二条　乡、镇人民政府组织编制乡规划、村庄规划,报上一级人民政府审批。村庄规划在报送审批前,应当经村民会议或者村民代表会议讨论同意。

第二十三条　首都的总体规划、详细规划应当统筹考虑中央国家机关用地布局和空间安排的需要。

第二十四条　城乡规划组织编制机关应当委托具有相应资质等级的单位承担城乡规划的具体编制工作。

从事城乡规划编制工作应当具备下列条件,并经国务院城乡规划主管部门或者省、自治区、直辖市人民政府城乡规划主管部门依法审查合格,取得相应等级的资质证书后,方可在资质等级许可的范围内从事城乡规划编制工作:

(一) 有法人资格;

(二) 有规定数量的经国务院城乡规划主管部门注册的规划师;

(三) 有规定数量的相关专业技术人员;

(四) 有相应的技术装备;

(五) 有健全的技术、质量、财务管理制度。

规划师执业资格管理办法,由国务院城乡规划主管部门会同国务院人事行政部门制定。

编制城乡规划必须遵守国家有关标准。

第二十五条 编制城乡规划,应当具备国家规定的勘察、测绘、气象、地震、水文、环境等基础资料。

县级以上地方人民政府有关主管部门应当根据编制城乡规划的需要,及时提供有关基础资料。

第二十六条 城乡规划报送审批前,组织编制机关应当依法将城乡规划草案予以公告,并采取论证会、听证会或者其他方式征求专家和公众的意见。公告的时间不得少于三十日。

组织编制机关应当充分考虑专家和公众的意见,并在报送审批的材料中附具意见采纳情况及理由。

第二十七条 省域城镇体系规划、城市总体规划、镇总体规划批准前,审批机关应当组织专家和有关部门进行审查。

第三章 城乡规划的实施

第二十八条 地方各级人民政府应当根据当地经济社会发展水平,量力而行,尊重群众意愿,有计划、分步骤地组织实施城乡规划。

第二十九条 城市的建设和发展,应当优先安排基础设施以及公共服务设施的建设,妥善处理新区开发与旧区改建的关系,统筹兼顾进城务工人员生活和周边农村经济社会发展、村民生产与生活的需要。

镇的建设和发展,应当结合农村经济社会发展和产业结构调整,优先安排供水、排水、供电、供气、道路、通信、广播电视等基础设施和学校、卫生院、文化站、幼儿园、福利院等公共服务设施的建设,为周边农村提供服务。

乡、村庄的建设和发展,应当因地制宜、节约用地,发挥村民自治组织的作用,引导村民合理进行建设,改善农村生产、生活条件。

第三十条 城市新区的开发和建设,应当合理确定建设规模和时序,充分利用现有市政基础设施和公共服务设施,严格保护自然资源和生态环境,体现地方特色。

在城市总体规划、镇总体规划确定的建设用地范围以外,不得设立各类开发区和城市新区。

第三十一条 旧城区的改建,应当保护历史文化遗产和传统风貌,合理确定拆迁和建设规模,有计划地对危房集中、基础设施落后等地段进行改建。

历史文化名城、名镇、名村的保护以及受保护建筑物的维护和使用,应当遵守有关法律、行政法规和国务院的规定。

第三十二条 城乡建设和发展,应当依法保护和合理利用风景名胜资源,统筹安排风景名胜区及周边乡、镇、村庄的建设。

风景名胜区的规划、建设和管理,应当遵守有关法律、行政法规和国务院的规定。

第三十三条 城市地下空间的开发和利用,应当与经济和技术发展水平相适应,遵循统筹安排、综合开发、合理利用的原则,充分考虑防灾减灾、人民防空和通信等需要,并符合城市规划,履行规划审批手续。

第三十四条 城市、县、镇人民政府应当根据城市总体规划、镇总体规划、土地利用总体规划和年度计划以及国民经济和社会发展规划,制定近期建设规划,报总体规划审批机关备案。

近期建设规划应当以重要基础设施、公共服务设施和中低收入居民住房建设以及生态环境保护为重点内容,明确近期建设的时序、发展方向和空间布局。近期建设规划的规划期限为五年。

第三十五条 城乡规划确定的铁路、公路、港口、机场、道路、绿地、输配电设施及输电线路走廊、通信设施、广播电视设施、管道设施、河道、水库、水源地、自然保护区、防汛通道、消防通道、核电站、垃圾填埋场及焚烧厂、污水处理厂和公共服务设施的用地以及其他需要依法保护的用地,禁止擅自改变用途。

第三十六条 按照国家规定需要有关部门批准或者核准的建设项目,以划拨方式提供国有土地使用权的,建设单位在报送有关部门批准或者核准前,应当向城乡规划主管部门申请核发选址意见书。

前款规定以外的建设项目不需要申请选址意见书。

第三十七条 在城市、镇规划区内以划拨方式提供国有土地使用权的建设项目,经有关部门批准、核准、备案后,建设单位应当向城市、县人民政府城乡规划主管部门提出建设用地规划许可申请,由城市、县人民政府城乡规划主管部门依据控制性详细规划核定建设用地的位置、面积、允许建设的范围,核发建设用地规划许可证。

建设单位在取得建设用地规划许可证后,方可向县级以上地方人民政府土地主管部门申请用地,经县级以上人民政府审批后,由土地主管部门划拨土地。

第三十八条 在城市、镇规划区内以出让方式提供国有土地使用权的,在国有土地使用权出让前,城市、县人民政府城乡规划主管部门应当依据控制性详细规划,提出出让地块的位置、使用性质、开发强度等规划条件,作为国有土地使用权出让合同的组成部分。未确定规划条件的地块,不得出让国有土地使用权。

以出让方式取得国有土地使用权的建设项目,在签订国有土地使用权出让合同后,建设单位应当持建设项目的批准、核准、备案文件和国有土地使用权出让合同,向城市、县人民政府城乡规划主管部门领取建设用地规划许可证。

城市、县人民政府城乡规划主管部门不得在建设用地规划许可证中,擅自改变作为国有土地使用权出让合同组成部分的规划条件。

第三十九条 规划条件未纳入国有土地使用权出让合同的,该国有土地使用权出让合同无效;对未取得建设用地规划许可证的建设单位批准用地的,由县级以上人民政府撤销有关批准文件;占用土地的,应当及时退回;给当事人造成损失的,应当依法给予赔偿。

第四十条 在城市、镇规划区内进行建筑物、构筑物、道路、管线和其他工程建设的,建设单位或者个人应当向城市、县人民政府城乡规划主管部门或者省、自治区、直辖市人民政府确定的镇人民政府申请办理建设工程规划许可证。

申请办理建设工程规划许可证,应当提交使用土地的有关证明文件、建设工程设计方案等材料。需要建设单位编制修建性详细规划的建设项目,还应当提交修建性详细规划。对符合控制性详细规划和规划条件的,由城市、县人民政府城乡规划主管部门或者省、自治区、直辖市人民政府确定的镇人民政府核发建设工程规划许可证。

城市、县人民政府城乡规划主管部门或者省、自治区、直辖市人民政府确定的镇人民政府应当依法将经审定的修建性详细规划、建设工程设计方案的总平面图予以公布。

第四十一条 在乡、村庄规划区内进行乡镇企业、乡村公共设施和公益事业建设的,建设单位或者个人应当向乡、镇人民政府提出申请,由乡、镇人民政府报城市、县人民政府城乡规划主管部门核发乡村建设规划许可证。

在乡、村庄规划区内使用原有宅基地进行农村村民住宅建设的规划管理办法,由省、自治区、直辖市制定。

在乡、村庄规划区内进行乡镇企业、乡村公共设施和公益事业建设以及农村村民住宅建设,不得占用农用地;确需占用农用地的,应当依照《中华人民共和国土地管理法》有关规定办理农用地转用审批手续后,由城市、县人民政府城乡规划主管部门核发乡村建设规划许可证。

建设单位或者个人在取得乡村建设规划许可证后,方可办理用地审批手续。

第四十二条 城乡规划主管部门不得在城乡规划确定的建设用地范围以外作出规划许可。

第四十三条 建设单位应当按照规划条件进行建设;确需变更的,必须向城市、县人民政府城乡规划主管部门提出申请。变更内容不符合控制性详细规划的,城乡规划主管部门不得批准。城市、县人民政府城乡规划主管部门应当及时将依法变更后的规划条件通报同级土地主管部门并公示。

建设单位应当及时将依法变更后的规划条件报有关人民政府土地主管部门备案。

第四十四条 在城市、镇规划区内进行临时建设的,应当经城市、县人民政府城乡规划主管部门批准。临时建设影响近期建设规划或者控制性详细规划的实施以及交通、市容、安全等的,不得批准。

临时建设应当在批准的使用期限内自行拆除。

临时建设和临时用地规划管理的具体办法,由省、自治区、直辖市人民政府制定。

第四十五条 县级以上地方人民政府城乡规划主管部门按照国务院规定对建设工程是否符合规划条件予以核实。未经核实或者经核实不符合规划条件的,建设单位不得组织竣工验收。

建设单位应当在竣工验收后六个月内向城乡规划主管部门报送有关竣工验

收资料。

第四章　城乡规划的修改

第四十六条　省域城镇体系规划、城市总体规划、镇总体规划的组织编制机关,应当组织有关部门和专家定期对规划实施情况进行评估,并采取论证会、听证会或者其他方式征求公众意见。组织编制机关应当向本级人民代表大会常务委员会、镇人民代表大会和原审批机关提出评估报告并附具征求意见的情况。

第四十七条　有下列情形之一的,组织编制机关方可按照规定的权限和程序修改省域城镇体系规划、城市总体规划、镇总体规划:

（一）上级人民政府制定的城乡规划发生变更,提出修改规划要求的;

（二）行政区划调整确需修改规划的;

（三）因国务院批准重大建设工程确需修改规划的;

（四）经评估确需修改规划的;

（五）城乡规划的审批机关认为应当修改规划的其他情形。

修改省域城镇体系规划、城市总体规划、镇总体规划前,组织编制机关应当对原规划的实施情况进行总结,并向原审批机关报告;修改涉及城市总体规划、镇总体规划强制性内容的,应当先向原审批机关提出专题报告,经同意后,方可编制修改方案。

修改后的省域城镇体系规划、城市总体规划、镇总体规划,应当依照本法第十三条、第十四条、第十五条和第十六条规定的审批程序报批。

第四十八条　修改控制性详细规划的,组织编制机关应当对修改的必要性进行论证,征求规划地段内利害关系人的意见,并向原审批机关提出专题报告,经原审批机关同意后,方可编制修改方案。修改后的控制性详细规划,应当依照本法第十九条、第二十条规定的审批程序报批。控制性详细规划修改涉及城市总体规划、镇总体规划的强制性内容的,应当先修改总体规划。

修改乡规划、村庄规划的,应当依照本法第二十二条规定的审批程序报批。

第四十九条　城市、县、镇人民政府修改近期建设规划的,应当将修改后的近期建设规划报总体规划审批机关备案。

第五十条　在选址意见书、建设用地规划许可证、建设工程规划许可证或者乡村建设规划许可证发放后,因依法修改城乡规划给被许可人合法权益造成损失的,应当依法给予补偿。

经依法审定的修建性详细规划、建设工程设计方案的总平面图不得随意修改;确需修改的,城乡规划主管部门应当采取听证会等形式,听取利害关系人的意见;因修改给利害关系人合法权益造成损失的,应当依法给予补偿。

第五章 监督检查

第五十一条 县级以上人民政府及其城乡规划主管部门应当加强对城乡规划编制、审批、实施、修改的监督检查。

第五十二条 地方各级人民政府应当向本级人民代表大会常务委员会或者乡、镇人民代表大会报告城乡规划的实施情况,并接受监督。

第五十三条 县级以上人民政府城乡规划主管部门对城乡规划的实施情况进行监督检查,有权采取以下措施:

(一)要求有关单位和人员提供与监督事项有关的文件、资料,并进行复制;

(二)要求有关单位和人员就监督事项涉及的问题作出解释和说明,并根据需要进入现场进行勘测;

(三)责令有关单位和人员停止违反有关城乡规划的法律、法规的行为。

城乡规划主管部门的工作人员履行前款规定的监督检查职责,应当出示执法证件。被监督检查的单位和人员应当予以配合,不得妨碍和阻挠依法进行的监督检查活动。

第五十四条 监督检查情况和处理结果应当依法公开,供公众查阅和监督。

第五十五条 城乡规划主管部门在查处违反本法规定的行为时,发现国家机关工作人员依法应当给予行政处分的,应当向其任免机关或者监察机关提出处分建议。

第五十六条 依照本法规定应当给予行政处罚,而有关城乡规划主管部门不给予行政处罚的,上级人民政府城乡规划主管部门有权责令其作出行政处罚决定或者建议有关人民政府责令其给予行政处罚。

第五十七条 城乡规划主管部门违反本法规定作出行政许可的,上级人民政府城乡规划主管部门有权责令其撤销或者直接撤销该行政许可。因撤销行政许可给当事人合法权益造成损失的,应当依法给予赔偿。

第六章 法律责任

第五十八条 对依法应当编制城乡规划而未组织编制，或者未按法定程序编制、审批、修改城乡规划的，由上级人民政府责令改正，通报批评；对有关人民政府负责人和其他直接责任人员依法给予处分。

第五十九条 城乡规划组织编制机关委托不具有相应资质等级的单位编制城乡规划的，由上级人民政府责令改正，通报批评；对有关人民政府负责人和其他直接责任人员依法给予处分。

第六十条 镇人民政府或者县级以上人民政府城乡规划主管部门有下列行为之一的，由本级人民政府、上级人民政府城乡规划主管部门或者监察机关依据职权责令改正，通报批评；对直接负责的主管人员和其他直接责任人员依法给予处分：

（一）未依法组织编制城市的控制性详细规划、县人民政府所在地镇的控制性详细规划的；

（二）超越职权或者对不符合法定条件的申请人核发选址意见书、建设用地规划许可证、建设工程规划许可证、乡村建设规划许可证的；

（三）对符合法定条件的申请人未在法定期限内核发选址意见书、建设用地规划许可证、建设工程规划许可证、乡村建设规划许可证的；

（四）未依法对经审定的修建性详细规划、建设工程设计方案的总平面图予以公布的；

（五）同意修改修建性详细规划、建设工程设计方案的总平面图前未采取听证会等形式听取利害关系人的意见的；

（六）发现未依法取得规划许可或者违反规划许可的规定在规划区内进行建设的行为，而不予查处或者接到举报后不依法处理的。

第六十一条 县级以上人民政府有关部门有下列行为之一的，由本级人民政府或者上级人民政府有关部门责令改正，通报批评；对直接负责的主管人员和其他直接责任人员依法给予处分：

（一）对未依法取得选址意见书的建设项目核发建设项目批准文件的；

（二）未依法在国有土地使用权出让合同中确定规划条件或者改变国有土地使用权出让合同中依法确定的规划条件的；

（三）对未依法取得建设用地规划许可证的建设单位划拨国有土地使用权的。

第六十二条 城乡规划编制单位有下列行为之一的，由所在地城市、县人民政府城乡规划主管部门责令限期改正，处合同约定的规划编制费一倍以上二倍以下的罚款；情节严重的，责令停业整顿，由原发证机关降低资质等级或者吊销资质证书；造成损失的，依法承担赔偿责任：

（一）超越资质等级许可的范围承揽城乡规划编制工作的；

（二）违反国家有关标准编制城乡规划的。

未依法取得资质证书承揽城乡规划编制工作的，由县级以上地方人民政府城乡规划主管部门责令停止违法行为，依照前款规定处以罚款；造成损失的，依法承担赔偿责任。

以欺骗手段取得资质证书承揽城乡规划编制工作的，由原发证机关吊销资质证书，依照本条第一款规定处以罚款；造成损失的，依法承担赔偿责任。

第六十三条 城乡规划编制单位取得资质证书后，不再符合相应的资质条件的，由原发证机关责令限期改正；逾期不改正的，降低资质等级或者吊销资质证书。

第六十四条 未取得建设工程规划许可证或者未按照建设工程规划许可证的规定进行建设的，由县级以上地方人民政府城乡规划主管部门责令停止建设；尚可采取改正措施消除对规划实施的影响的，限期改正，处建设工程造价百分之五以上百分之十以下的罚款；无法采取改正措施消除影响的，限期拆除，不能拆除的，没收实物或者违法收入，可以并处建设工程造价百分之十以下的罚款。

第六十五条 在乡、村庄规划区内未依法取得乡村建设规划许可证或者未按照乡村建设规划许可证的规定进行建设的，由乡、镇人民政府责令停止建设、限期改正；逾期不改正的，可以拆除。

第六十六条 建设单位或者个人有下列行为之一的，由所在地城市、县人民政府城乡规划主管部门责令限期拆除，可以并处临时建设工程造价一倍以下的罚款：

（一）未经批准进行临时建设的；

（二）未按照批准内容进行临时建设的；

（三）临时建筑物、构筑物超过批准期限不拆除的。

第六十七条　建设单位未在建设工程竣工验收后六个月内向城乡规划主管部门报送有关竣工验收资料的,由所在地城市、县人民政府城乡规划主管部门责令限期补报;逾期不补报的,处一万元以上五万元以下的罚款。

第六十八条　城乡规划主管部门作出责令停止建设或者限期拆除的决定后,当事人不停止建设或者逾期不拆除的,建设工程所在地县级以上地方人民政府可以责成有关部门采取查封施工现场、强制拆除等措施。

第六十九条　违反本法规定,构成犯罪的,依法追究刑事责任。

第七章　附　　则

第七十条　本法自2008年1月1日起施行。《中华人民共和国城市规划法》同时废止。

物业管理条例

第一章　总　　则

第一条　为了规范物业管理活动,维护业主和物业服务企业的合法权益,改善人民群众的生活和工作环境,制定本条例。

第二条　本条例所称物业管理,是指业主通过选聘物业服务企业,由业主和物业服务企业按照物业服务合同约定,对房屋及配套的设施设备和相关场地进行维修、养护、管理,维护物业管理区域内的环境卫生和相关秩序的活动。

第三条　国家提倡业主通过公开、公平、公正的市场竞争机制选择物业服务企业。

第四条　国家鼓励采用新技术、新方法,依靠科技进步提高物业管理和服务水平。

第五条　国务院建设行政主管部门负责全国物业管理活动的监督管理工作。

县级以上地方人民政府房地产行政主管部门负责本行政区域内物业管理活动的监督管理工作。

第二章 业主及业主大会

第六条 房屋的所有权人为业主。

业主在物业管理活动中,享有下列权利:

(一) 按照物业服务合同的约定,接受物业服务企业提供的服务;

(二) 提议召开业主大会会议,并就物业管理的有关事项提出建议;

(三) 提出制定和修改管理规约、业主大会议事规则的建议;

(四) 参加业主大会会议,行使投票权;

(五) 选举业主委员会成员,并享有被选举权;

(六) 监督业主委员会的工作;

(七) 监督物业服务企业履行物业服务合同;

(八) 对物业共用部位、共用设施设备和相关场地使用情况享有知情权和监督权;

(九) 监督物业共用部位、共用设施设备专项维修资金(以下简称专项维修资金)的管理和使用;

(十) 法律、法规规定的其他权利。

第七条 业主在物业管理活动中,履行下列义务:

(一) 遵守管理规约、业主大会议事规则;

(二) 遵守物业管理区域内物业共用部位和共用设施设备的使用、公共秩序和环境卫生的维护等方面的规章制度;

(三) 执行业主大会的决定和业主大会授权业主委员会作出的决定;

(四) 按照国家有关规定交纳专项维修资金;

(五) 按时交纳物业服务费用;

(六) 法律、法规规定的其他义务。

第八条 物业管理区域内全体业主组成业主大会。

业主大会应当代表和维护物业管理区域内全体业主在物业管理活动中的合法权益。

第九条 一个物业管理区域成立一个业主大会。

物业管理区域的划分应当考虑物业的共用设施设备、建筑物规模、社区建设等因素。具体办法由省、自治区、直辖市制定。

第十条 同一个物业管理区域内的业主,应当在物业所在地的区、县人民政府房地产行政主管部门或者街道办事处、乡镇人民政府的指导下成立业主大会,并选举产生业主委员会。但是,只有一个业主的,或者业主人数较少且经全体业主一致同意,决定不成立业主大会的,由业主共同履行业主大会、业主委员会职责。

第十一条 下列事项由业主共同决定:

(一)制定和修改业主大会议事规则;

(二)制定和修改管理规约;

(三)选举业主委员会或者更换业主委员会成员;

(四)选聘和解聘物业服务企业;

(五)筹集和使用专项维修资金;

(六)改建、重建建筑物及其附属设施;

(七)有关共有和共同管理权利的其他重大事项。

第十二条 业主大会会议可以采用集体讨论的形式,也可以采用书面征求意见的形式;但是,应当有物业管理区域内专有部分占建筑物总面积过半数的业主且占总人数过半数的业主参加。

业主可以委托代理人参加业主大会会议。

业主大会决定本条例第十一条第(五)项和第(六)项规定的事项,应当经专有部分占建筑物总面积 2/3 以上的业主且占总人数 2/3 以上的业主同意;决定本条例第十一条规定的其他事项,应当经专有部分占建筑物总面积过半数的业主且占总人数过半数的业主同意。

业主大会或者业主委员会的决定,对业主具有约束力。

业主大会或者业主委员会作出的决定侵害业主合法权益的,受侵害的业主可以请求人民法院予以撤销。

第十三条 业主大会会议分为定期会议和临时会议。

业主大会定期会议应当按照业主大会议事规则的规定召开。经 20% 以上的业主提议,业主委员会应当组织召开业主大会临时会议。

第十四条 召开业主大会会议,应当于会议召开 15 日以前通知全体业主。

住宅小区的业主大会会议,应当同时告知相关的居民委员会。

业主委员会应当做好业主大会会议记录。

第十五条　业主委员会执行业主大会的决定事项,履行下列职责:

(一)召集业主大会会议,报告物业管理的实施情况;

(二)代表业主与业主大会选聘的物业服务企业签订物业服务合同;

(三)及时了解业主、物业使用人的意见和建议,监督和协助物业服务企业履行物业服务合同;

(四)监督管理规约的实施;

(五)业主大会赋予的其他职责。

第十六条　业主委员会应当自选举产生之日起30日内,向物业所在地的区、县人民政府房地产行政主管部门和街道办事处、乡镇人民政府备案。

业主委员会委员应当由热心公益事业、责任心强、具有一定组织能力的业主担任。

业主委员会主任、副主任在业主委员会成员中推选产生。

第十七条　管理规约应当对有关物业的使用、维护、管理,业主的共同利益,业主应当履行的义务,违反管理规约应当承担的责任等事项依法作出约定。

管理规约应当尊重社会公德,不得违反法律、法规或者损害社会公共利益。

管理规约对全体业主具有约束力。

第十八条　业主大会议事规则应当就业主大会的议事方式、表决程序、业主委员会的组成和成员任期等事项作出约定。

第十九条　业主大会、业主委员会应当依法履行职责,不得作出与物业管理无关的决定,不得从事与物业管理无关的活动。

业主大会、业主委员会作出的决定违反法律、法规的,物业所在地的区、县人民政府房地产行政主管部门或者街道办事处、乡镇人民政府,应当责令限期改正或者撤销其决定,并通告全体业主。

第二十条　业主大会、业主委员会应当配合公安机关,与居民委员会相互协作,共同做好维护物业管理区域内的社会治安等相关工作。

在物业管理区域内,业主大会、业主委员会应当积极配合相关居民委员会依法履行自治管理职责,支持居民委员会开展工作,并接受其指导和监督。

住宅小区的业主大会、业主委员会作出的决定,应当告知相关的居民委员会,并认真听取居民委员会的建议。

第三章　前期物业管理

第二十一条　在业主、业主大会选聘物业服务企业之前，建设单位选聘物业服务企业的，应当签订书面的前期物业服务合同。

第二十二条　建设单位应当在销售物业之前，制定临时管理规约，对有关物业的使用、维护、管理，业主的共同利益，业主应当履行的义务，违反临时管理规约应当承担的责任等事项依法作出约定。

建设单位制定的临时管理规约，不得侵害物业买受人的合法权益。

第二十三条　建设单位应当在物业销售前将临时管理规约向物业买受人明示，并予以说明。

物业买受人在与建设单位签订物业买卖合同时，应当对遵守临时管理规约予以书面承诺。

第二十四条　国家提倡建设单位按照房地产开发与物业管理相分离的原则，通过招投标的方式选聘具有相应资质的物业服务企业。

住宅物业的建设单位，应当通过招投标的方式选聘具有相应资质的物业服务企业；投标人少于3个或者住宅规模较小的，经物业所在地的区、县人民政府房地产行政主管部门批准，可以采用协议方式选聘具有相应资质的物业服务企业。

第二十五条　建设单位与物业买受人签订的买卖合同应当包含前期物业服务合同约定的内容。

第二十六条　前期物业服务合同可以约定期限；但是，期限未满、业主委员会与物业服务企业签订的物业服务合同生效的，前期物业服务合同终止。

第二十七条　业主依法享有的物业共用部位、共用设施设备的所有权或者使用权，建设单位不得擅自处分。

第二十八条　物业服务企业承接物业时，应当对物业共用部位、共用设施设备进行查验。

第二十九条　在办理物业承接验收手续时，建设单位应当向物业服务企业移交下列资料：

（一）竣工总平面图，单体建筑、结构、设备竣工图，配套设施、地下管网工程竣工图等竣工验收资料；

（二）设施设备的安装、使用和维护保养等技术资料；

（三）物业质量保修文件和物业使用说明文件；

（四）物业管理所必需的其他资料。

物业服务企业应当在前期物业服务合同终止时将上述资料移交给业主委员会。

第三十条 建设单位应当按照规定在物业管理区域内配置必要的物业管理用房。

第三十一条 建设单位应当按照国家规定的保修期限和保修范围，承担物业的保修责任。

第四章 物业管理服务

第三十二条 从事物业管理活动的企业应当具有独立的法人资格。

国家对从事物业管理活动的企业实行资质管理制度。具体办法由国务院建设行政主管部门制定。

第三十三条 从事物业管理的人员应当按照国家有关规定，取得职业资格证书。

第三十四条 一个物业管理区域由一个物业服务企业实施物业管理。

第三十五条 业主委员会应当与业主大会选聘的物业服务企业订立书面的物业服务合同。

物业服务合同应当对物业管理事项、服务质量、服务费用、双方的权利义务、专项维修资金的管理与使用、物业管理用房、合同期限、违约责任等内容进行约定。

第三十六条 物业服务企业应当按照物业服务合同的约定，提供相应的服务。

物业服务企业未能履行物业服务合同的约定，导致业主人身、财产安全受到损害的，应当依法承担相应的法律责任。

第三十七条 物业服务企业承接物业时，应当与业主委员会办理物业验收手续。

业主委员会应当向物业服务企业移交本条例第二十九条第一款规定的资料。

第三十八条 物业管理用房的所有权依法属于业主。未经业主大会同意,物业服务企业不得改变物业管理用房的用途。

第三十九条 物业服务合同终止时,物业服务企业应当将物业管理用房和本条例第二十九条第一款规定的资料交还给业主委员会。

物业服务合同终止时,业主大会选聘了新的物业服务企业的,物业服务企业之间应当做好交接工作。

第四十条 物业服务企业可以将物业管理区域内的专项服务业务委托给专业性服务企业,但不得将该区域内的全部物业管理一并委托给他人。

第四十一条 物业服务收费应当遵循合理、公开以及费用与服务水平相适应的原则,区别不同物业的性质和特点,由业主和物业服务企业按照国务院价格主管部门会同国务院建设行政主管部门制定的物业服务收费办法,在物业服务合同中约定。

第四十二条 业主应当根据物业服务合同的约定交纳物业服务费用。业主与物业使用人约定由物业使用人交纳物业服务费用的,从其约定,业主负连带交纳责任。

已竣工但尚未出售或者尚未交给物业买受人的物业,物业服务费用由建设单位交纳。

第四十三条 县级以上人民政府价格主管部门会同同级房地产行政主管部门,应当加强对物业服务收费的监督。

第四十四条 物业服务企业可以根据业主的委托提供物业服务合同约定以外的服务项目,服务报酬由双方约定。

第四十五条 物业管理区域内,供水、供电、供气、供热、通信、有线电视等单位应当向最终用户收取有关费用。

物业服务企业接受委托代收前款费用的,不得向业主收取手续费等额外费用。

第四十六条 对物业管理区域内违反有关治安、环保、物业装饰装修和使用等方面法律、法规规定的行为,物业服务企业应当制止,并及时向有关行政管理部门报告。

有关行政管理部门在接到物业服务企业的报告后,应当依法对违法行为予以制止或者依法处理。

第四十七条 物业服务企业应当协助做好物业管理区域内的安全防范工作。发生安全事故时,物业服务企业在采取应急措施的同时,应当及时向有关行政管理部门报告,协助做好救助工作。

物业服务企业雇请保安人员的,应当遵守国家有关规定。保安人员在维护物业管理区域内的公共秩序时,应当履行职责,不得侵害公民的合法权益。

第四十八条 物业使用人在物业管理活动中的权利义务由业主和物业使用人约定,但不得违反法律、法规和管理规约的有关规定。

物业使用人违反本条例和管理规约的规定,有关业主应当承担连带责任。

第四十九条 县级以上地方人民政府房地产行政主管部门应当及时处理业主、业主委员会、物业使用人和物业服务企业在物业管理活动中的投诉。

第五章 物业的使用与维护

第五十条 物业管理区域内按照规划建设的公共建筑和共用设施,不得改变用途。

业主依法确需改变公共建筑和共用设施用途的,应当在依法办理有关手续后告知物业服务企业;物业服务企业确需改变公共建筑和共用设施用途的,应当提请业主大会讨论决定同意后,由业主依法办理有关手续。

第五十一条 业主、物业服务企业不得擅自占用、挖掘物业管理区域内的道路、场地,损害业主的共同利益。

因维修物业或者公共利益,业主确需临时占用、挖掘道路、场地的,应当征得业主委员会和物业服务企业的同意;物业服务企业确需临时占用、挖掘道路、场地的,应当征得业主委员会的同意。

业主、物业服务企业应当将临时占用、挖掘的道路、场地,在约定期限内恢复原状。

第五十二条 供水、供电、供气、供热、通信、有线电视等单位,应当依法承担物业管理区域内相关管线和设施设备维修、养护的责任。

前款规定的单位因维修、养护等需要,临时占用、挖掘道路、场地的,应当及时恢复原状。

第五十三条 业主需要装饰装修房屋的,应当事先告知物业服务企业。

物业服务企业应当将房屋装饰装修中的禁止行为和注意事项告知业主。

第五十四条 住宅物业、住宅小区内的非住宅物业或者与单幢住宅楼结构相连的非住宅物业的业主,应当按照国家有关规定交纳专项维修资金。

专项维修资金属于业主所有,专用于物业保修期满后物业共用部位、共用设施设备的维修和更新、改造,不得挪作他用。

专项维修资金收取、使用、管理的办法由国务院建设行政主管部门会同国务院财政部门制定。

第五十五条 利用物业共用部位、共用设施设备进行经营的,应当在征得相关业主、业主大会、物业服务企业的同意后,按照规定办理有关手续。业主所得收益应当主要用于补充专项维修资金,也可以按照业主大会的决定使用。

第五十六条 物业存在安全隐患,危及公共利益及他人合法权益时,责任人应当及时维修养护,有关业主应当给予配合。

责任人不履行维修养护义务的,经业主大会同意,可以由物业服务企业维修养护,费用由责任人承担。

第六章 法 律 责 任

第五十七条 违反本条例的规定,住宅物业的建设单位未通过招投标的方式选聘物业服务企业或者未经批准,擅自采用协议方式选聘物业服务企业的,由县级以上地方人民政府房地产行政主管部门责令限期改正,给予警告,可以并处10万元以下的罚款。

第五十八条 违反本条例的规定,建设单位擅自处分属于业主的物业共用部位、共用设施设备的所有权或者使用权的,由县级以上地方人民政府房地产行政主管部门处5万元以上20万元以下的罚款;给业主造成损失的,依法承担赔偿责任。

第五十九条 违反本条例的规定,不移交有关资料的,由县级以上地方人民政府房地产行政主管部门责令限期改正;逾期仍不移交有关资料的,对建设单位、物业服务企业予以通报,处1万元以上10万元以下的罚款。

第六十条 违反本条例的规定,未取得资质证书从事物业管理的,由县级以上地方人民政府房地产行政主管部门没收违法所得,并处5万元以上20万元以下的罚款;给业主造成损失的,依法承担赔偿责任。

以欺骗手段取得资质证书的,依照本条第一款规定处罚,并由颁发资质证书的部门吊销资质证书。

第六十一条 违反本条例的规定,物业服务企业聘用未取得物业管理职业资格证书的人员从事物业管理活动的,由县级以上地方人民政府房地产行政主管部门责令停止违法行为,处5万元以上20万元以下的罚款;给业主造成损失的,依法承担赔偿责任。

第六十二条 违反本条例的规定,物业服务企业将一个物业管理区域内的全部物业管理一并委托给他人的,由县级以上地方人民政府房地产行政主管部门责令限期改正,处委托合同价款30%以上50%以下的罚款;情节严重的,由颁发资质证书的部门吊销资质证书。委托所得收益,用于物业管理区域内物业共用部位、共用设施设备的维修、养护,剩余部分按照业主大会的决定使用;给业主造成损失的,依法承担赔偿责任。

第六十三条 违反本条例的规定,挪用专项维修资金的,由县级以上地方人民政府房地产行政主管部门追回挪用的专项维修资金,给予警告,没收违法所得,可以并处挪用数额2倍以下的罚款;物业服务企业挪用专项维修资金,情节严重的,并由颁发资质证书的部门吊销资质证书;构成犯罪的,依法追究直接负责的主管人员和其他直接责任人员的刑事责任。

第六十四条 违反本条例的规定,建设单位在物业管理区域内不按照规定配置必要的物业管理用房的,由县级以上地方人民政府房地产行政主管部门责令限期改正,给予警告,没收违法所得,并处10万元以上50万元以下的罚款。

第六十五条 违反本条例的规定,未经业主大会同意,物业服务企业擅自改变物业管理用房的用途的,由县级以上地方人民政府房地产行政主管部门责令限期改正,给予警告,并处1万元以上10万元以下的罚款;有收益的,所得收益用于物业管理区域内物业共用部位、共用设施设备的维修、养护,剩余部分按照业主大会的决定使用。

第六十六条 违反本条例的规定,有下列行为之一的,由县级以上地方人民政府房地产行政主管部门责令限期改正,给予警告,并按照本条第二款的规定处以罚款;所得收益,用于物业管理区域内物业共用部位、共用设施设备的维修、养护,剩余部分按照业主大会的决定使用:

(一)擅自改变物业管理区域内按照规划建设的公共建筑和共用设施用途的;

（二）擅自占用、挖掘物业管理区域内道路、场地，损害业主共同利益的；

（三）擅自利用物业共用部位、共用设施设备进行经营的。

个人有前款规定行为之一的，处1000元以上1万元以下的罚款；单位有前款规定行为之一的，处5万元以上20万元以下的罚款。

第六十七条 违反物业服务合同约定，业主逾期不交纳物业服务费用的，业主委员会应当督促其限期交纳；逾期仍不交纳的，物业服务企业可以向人民法院起诉。

第六十八条 业主以业主大会或者业主委员会的名义，从事违反法律、法规的活动，构成犯罪的，依法追究刑事责任；尚不构成犯罪的，依法给予治安管理处罚。

第六十九条 违反本条例的规定，国务院建设行政主管部门、县级以上地方人民政府房地产行政主管部门或者其他有关行政管理部门的工作人员利用职务上的便利，收受他人财物或者其他好处，不依法履行监督管理职责，或者发现违法行为不予查处，构成犯罪的，依法追究刑事责任；尚不构成犯罪的，依法给予行政处分。

第七章　附　　则

第七十条 本条例自2003年9月1日起施行。

后 记

本书是华东政法大学经济法学院从事房地产法学研究与法律实务的各位老师在教学与研究的基础上,精心编写而成的一本教材,并经学校教务处立项,作为本校重点学科"房地产法学"的配套教材。

各位编写者的执笔分工如下:

曾大鹏:第一章、第二章

周 珺:第三章、第四章

刘言欣:第五章(部分)

王 敏:第六章(部分)

杨勤法:第五章(部分)、第六章(部分)、附录

本书的体例和内容部分参考了张忠野和曾大鹏编著的《房地产法学》,在此表示感谢。

在本书的编写过程中,我校2014级经济法学硕士研究生于蓉菁、梅士侠同学对全书相关资料的整理付出了辛勤劳动,感谢他们的付出。

特别感谢北京大学出版社朱彦老师在本书出版过程中的付出,本书的体例安排、内容审核、字句斟酌都凝聚了他的辛劳。

由于编者水平有限,书中难免存在一些问题,期待读者不吝给予批评和指正。

杨勤法
2017年4月18日